公路建设与施工技术管理

申由甲　张　军　李　珑　主编

东北林业大学出版社
Northeast Forestry University Press
·哈尔滨·

图书在版编目（CIP）数据

公路建设与施工技术管理 / 申由甲，张军，李珑主
编.一哈尔滨：东北林业大学出版社，2023.2
　　ISBN 978-7-5674-3079-2

　　Ⅰ．①公… Ⅱ．①申… ②张… ③李… Ⅲ．①道路工
程一施工管理 Ⅳ．①U415.1

　　中国国家版本馆 CIP 数据核字（2023）第 037705 号

责任编辑：刘剑秋
封面设计：文　亮
出版发行：东北林业大学出版社
　　　　　　（哈尔滨市香坊区哈平六道街 6 号　邮编：150040）
印　　装：河北创联印刷有限公司
开　　本：787 mm×1092 mm　　1/16
印　　张：14.25
字　　数：255 千字
版　　次：2023 年 2 月第 1 版
印　　次：2023 年 2 月第 1 次印刷
书　　号：ISBN 978-7-5674-3079-2
定　　价：65.00 元

如发现印装质量问题，请与出版社联系调换。（电话：0451-82113296　82191620）

编委会

前　言

随着经济的快速发展，公路建设的数量在不断增加，也出现了许多新的施工理念和施工技术，为交通运输业的发展提供了机遇。然而，在实际的公路建设过程中，公路工程的管理也存在着一些问题，使得一些安全事故经常出现在施工中，对于公路工程施工企业的长远发展是非常不利的。因此，在公路工程施工过程中，施工企业应加强对工程项目的管理，提高施工效率，保证施工安全。公路已成为全国经济的动脉，不论是铁路、公路还是村村通都为国家经济的发展做出了不可估量的贡献。优质的公路工程是严格、先进的质量管理下的产物。可以说，在整个施工过程中的质量管理对精品公路工程建设具有至关重要的作用。

在公路工程建设中，工程的管理工作在企业的发展中占有重要地位。随着我国社会主义市场经济体制的不断完善和发展，我国许多的公路工程施工项目大都选择了招投标制，在这样的环境下，公路工程建设施工企业面临的挑战也就更为严峻。因此企业一定要在项目施工管理过程中提高工程高管理水平，并及时解决施工管理中出现的问题。

本书结合公路项目在施工过程以及工程管理中存在的问题，介绍了公路施工部门需要做好的工程质量、工程造价、工程成本以及工程项目进度等相关工作。本书内容紧密结合实际情况，适合相关的施工单位以及施工人员阅读，使其根据时代的发展提升自身的专业技能和素质，做好公路建设项目管理工作。

申由甲　张军　李珑

2022 年 9 月

目　录

第一章　绪论 1

　　第一节　公路概述 1

　　第二节　公路的组成 6

第二章　公路工程施工建设 9

　　第一节　公路施工准备 9

　　第二节　公路施工技术 18

第三章　路基工程 37

　　第一节　路堤施工 37

　　第二节　路堑施工 46

　　第三节　特殊路基处理 57

　　第四节　路基压实 60

　　第五节　路基排水施工 62

　　第六节　路基防护与加固 65

　　第七节　冬、雨期路基施工 71

　　第八节　路基安全施工与环境保护 73

　　第九节　质量通病处理和预防措施 76

第四章　工程质量管理 78

　　第一节　公路工程质量控制的常用方法 78

　　第二节　公路工程质量缺陷处理方法 82

　　第三节　路基工程质量检验 84

　　第四节　路面工程质量检验 87

第五节 质量检验评定 89

第五章 项目造价与成本管理 98

第一节 公路工程量清单计价的应用 98

第二节 投标阶段合同价的确定 101

第三节 公路工程计量管理 104

第四节 公路工程预算单价分析方法 108

第五节 公路工程施工成本核算与分析 111

第六章 工程项目进度管理 115

第一节 网络计划技术概述 115

第二节 常用网络计划技术 117

第三节 工程项目进度计划 125

第四节 项目进度计划的检查与调整 136

第五节 建设项目进度控制 142

第七章 公路养护 153

第一节 公路养护基本知识 153

第二节 公路养护技术 155

第三节 公路养护施工 158

第四节 公路养护新技术的应用 186

第八章 公路工程项目信息管理 189

第一节 概述 189

第二节 公路工程项目报告系统 195

第三节 公路工程项目信息管理计划与实施 198

第四节 公路工程项目信息过程管理 203

结语 213

参考文献 215

第一章 绪 论

第一节 公 路 概 述

一、公路的基本概念

公路是指连接城市之间、城乡之间、乡村与乡村之间、各工矿基地之间按照国家技术标准修建的，由公路主管部门验收认可的道路，包括高速公路、一级公路、二级公路、三级公路、四级公路，但不包括田间或农村自然形成的小道。公路主要供汽车行驶并具备一定技术标准和设施。

道路是供各种车辆（无轨）和行人通行的工程设施。按其使用特点划分，道路分为城市道路、公路、厂矿道路、林区道路及乡村道路等。其中城市道路是指城市规划区内的公共道路，一般划设人行道、车行道和交通隔离设施等。城市道路包括城市快速路、城市主干道、城市次干道、城市直线、胡同里巷等。

公路作为最基础、最广泛的交通基础设施，是衔接其他各种运输方式和发挥综合交通网络整体效率的主要支撑，在综合交通运输体系中具有不可替代的作用。

二、公路线形

公路的线形最终是以平面线形、纵断面线形和横断面线形组合而成的立体线形映入驾驶员眼帘的。驾驶员在驾驶车辆过程中所选定的实际行驶速度是由他对三维立体线形的判断做出的。公路的立体线形除必须满足驾驶动力学要求的最小值外，还应满足驾驶员视觉、心理方面连续和舒适的要求，反映公路线形好坏的关键是车辆速度的连续性，它直接影响公路交通的安全性。

通过对多起交通事故的分析，我们发现：公路线形几何要素的不合理以及各种不良的线形组合，均可能导致交通事故的发生。

（一）常用公路功能线形的名称及要素

1. 公路中线
公路中线一般指公路路幅的中心线。规划公路断面的中心线称规划中线，公路两侧红线间的中心线，称红线中线。

2. 公路轴线
公路轴线是作为线形控制所选择的与路幅中心线相隔一定距离的平行线。

3. 公路路线
公路路线为公路中线的空间位置。

4. 公路线形
公路线形是指公路中线的空间几何形状和尺寸。

5. 平面线形
平面线形是指公路中线在水平面上的投影形状。

6. 纵面线形
纵面线形是指公路中线在纵剖面上的起伏形状。

7. 线形要素
线形要素是指构成平面线形及纵面线形的几何特征。平面线形为直线、圆曲线及缓和曲线，纵面线形为直线和圆曲线（或抛物线）。

（二）常用公路设计线形

1. 直线
直线是平面线形基本要素之一，具有能以最短的距离连接两控制点和线形易于选定的特点。但由于直线线形缺乏变化，不易与地形相适应等原因，在位于山岭重丘区铺设直线公路，往往造成工程量增大、破坏自然环境等弊端；在高速公路、一级公路行车速度快的情况下，更易使驾驶者感到单调、疲乏，难以准确目测车间间距，增加夜间行车车灯炫目的危险，还会导致出现超速行驶状态，因而在设计直线线形和确定直线长度时，必须慎重。

直线的最大与最小长度应有所限制，一条公路的直线与曲线的长度设计应合理。

2. **圆曲线**

圆曲线是指公路平面走向改变方向或竖向走向改变坡度时所设置的连接两相邻直线段的圆弧形曲线。

（1）复曲线。两个或两个以上半径不同、转向相同的圆曲线径相连接或插入缓和曲线相连接而成的平曲线。

（2）反向曲线。两个转向相反的相邻的圆曲线中间连以缓和曲线或径相连接而成的平曲线。

（3）同向曲线。两个转向相同的相邻圆曲线中间连以直线所形成的平曲线。

（4）断背曲线。两个转向相同的相邻圆曲线中间连以短直线而成的平曲线。

圆曲线最小半径是以汽车在曲线上能安全而又顺适地行驶为条件确定的。圆曲线最小半径的实质是汽车行驶在曲线部分时，所产生的离心力等横向力不超过轮胎与路面的摩阻力所允许的界限。驾驶者在大半径圆曲线上行驶时，方向盘几乎与在直线上一样无须调整。当圆曲线半径大于 900 m 时，视线集中的 300 ~ 600 m 范围内的视觉效果同在直线上没有区别，因此圆曲线半径不宜过大。

3. **平曲线**

平曲线是指在平面线形中路线转向处曲线的总称。平曲线即弯道，平曲线与交通事故的关系很大。在圆曲线上，由于横向力的存在，对汽车的安全行驶会产生不利影响。大半径曲线比小半径曲线的事故率低；连续曲线当半径协调时事故率比不协调时事故率低。调查表明曲率越大，事故率越高；尤其是曲率在 10 以上时，事故率急剧增大。原因是曲率越大，汽车在运行中的转弯半径越小，视线盲区越大。

4. **竖曲线**

竖曲线是指在公路纵坡的变坡处设置的竖向曲线。由于公路的凸形竖曲线半径过小时，会影响到驾驶员的视距，使其视野变小，此时驾驶员不易发现前方情况，容易发生碰撞。凸形竖曲线上的视距越短，则交通事故也越频繁。

（1）凸形竖曲线，设于公路纵坡呈凸形转折处的曲线，用以保证汽车按计算行车速度行驶时有足够的行车视距。

（2）凹形竖曲线，设于公路纵坡呈凹形转折处的曲线，用以缓冲行车中因运动量变化而产生的冲击，保证夜间汽车前灯视线和汽车在立交桥下行驶时的视线。

5. 回旋线

我国《公路路线设计规范》中规定回旋线或称菲涅尔螺旋线为缓和曲线线形。回旋线是指平面线形中，在直线与圆曲线、圆曲线与圆曲线之间设置的曲率连续变化的曲线。

回旋线最小长度基本满足以双车道中线为旋转轴设置超高过渡的长度，但对以行车道边缘线为旋转轴，或者行车道数较多或较宽的公路，则可能超高所需过渡段长度应更长些。因此，应视计算结果而采用其中较长的一个。

6. 回头曲线

回头曲线是指山区公路在同一坡面上回头展线时所采用的回转曲线。回头曲线是越岭展线形式之一。当控制点间的高差大，靠自然展线无法取得需要的距离以克服高差，或因地形、地质条件限制，不宜采用自然展线时，三、四级公路可利用有利地形设置回头曲线进行展线。但回头曲线的缺点是上、下线处于同一坡面且容易重叠，尤其在回头曲线前后的辅助曲线上，因受地形限制往往相距较近，对于道路施工、养护及行车均不利。

（三）线形组合与交通安全

行车安全性的大小与不同线形之间的组合是否协调有密切的关系，不适当的线形组合往往是导致交通事故发生的重要原因。

（1）线形的骤变，如长直线的末端设置急转弯曲线，尤其是长下坡（大于1 km）接小半径曲线是有危险倾向的设计，易造成车辆在不自觉的高速情况下驶入平曲线，事故隐患大为增加。

（2）在连续的高填方路段，如果没有良好的视线引导，驾驶员容易使车辆偏离车道中心线，可能冲出路面，酿成车祸。

（3）短直线介于两个弯曲的圆曲线之间，形成断背曲线，这样容易使驾驶员产生错觉，把线形看成反向曲线，从而发生操作错误，甚至酿成车祸。

（4）在直线路段的凹形纵断面上，驾驶员位于下坡时看到对面的上坡段，容易产生错觉，把上坡的坡度看得比实际的坡度大。这样驾驶员就有可能加速以便冲上对面的上坡路段；同时，在下坡路段看上坡路段，驾驶员觉察不出自己是在下坡，因而有可能发生事故。

（5）在凸形竖曲线与凹形竖曲线的顶部或底部插入急转弯的平曲线，前者因为没有视线引导，司机必须急打方向盘；后者在超出汽车设计速度的地方，司机仍然要急打方向盘，这些都是极易引起交通事故的。美国人扬格在加利福尼亚的调查表明，凸形竖曲线上的视距越短，则发生交通事故也越频繁。在凸形竖曲线的顶部或凹形竖曲线的底部设置断背曲线，在前一种情况下，视线失去诱导效果，在公路上行驶的车辆好像突入空中，而且因接近顶点才知道线形开始向相反的方向弯曲，易使驾驶员因紧张而操作失误。

（6）在平面曲线内，如果纵断面反复凹凸，即形成只能看见脚下和前头而看不见中间凹陷的线形，这样的线形容易发生事故。

（7）转弯半径较小的平曲线与陡坡组合在一起时，则会使事故急剧增加。

（8）是否设置缓和曲线对于圆曲线上安全特性有着较为显著的影响，未设缓和曲线的圆曲线段事故数显著地高于设置了缓和曲线的圆曲线段事故数。

（9）纵坡长度过短，出现锯齿形纵断面，这种地形使行车频繁颠簸，甚至可能产生颠簸的叠加与共振，危及安全。视觉上，这种地形使驾车者有路线不连续、坡长越来越小、线形破碎的感觉。坡长过大，下坡时使得车辆速度渐增，也不利于安全。

三、城市公路网

城市公路网是城市公路的系统构成，是根据城市发展，为满足城市交通、土地利用及其他要求而形成的公路网络。城市公路网大致可分为方格网式、放射环式、自由式和混合式四种类型。

1. 方格网式

方格网式公路网又称棋盘式公路系统，其优点是公路网的整体布局整齐美观，有利于建筑布置和方向识别，交通组织简单便利，不会形成复杂交叉口，不会造成市中心交通压力过重。其缺点是对角线方向交通不便，运输距离长。

2. 放射环式

放射环式公路网由放射环形干道和环形干道组成，一般以城市中心为中心，向四周引出放射形干道，并环绕市中心布置若干环形干道。放射环形公路网的优点是有利于市中心与各分区、郊区及城市外围地区之间的交通联系，公路网的交通疏导能力强。其缺点是公路不如方格网式灵活，交叉口形状不规则，有些地区联系需绕行，城市中心区易引起交通集中，如成都市就采用了这种路网形式。

3. 自由式

自由式公路网是一种不规则的公路网形状，其公路的布置受地形、地貌的限制，路线弯曲，呈不规则几何图形。自由式公路网的优点是能结合自然地形布置公路，节约公路投资。但不论从公路工程还是从交通管理角度，自由式公路系统都存在很多弊病，路线弯曲不易识别方向，交叉口畸形，公路布局疏密不均，等等。

4. 混合式

混合式是指公路网城市主体地区采用方格式布局，以外设方形或多边形环路，加放射对角线式直通公路。

第二节　公路的组成

常见的公路由七部分组成：路线、路基、路面、桥涵、隧道、公路渡口和公路交通工程及沿线设施。

一、路线

路线是指公路中线的空间线形，包括平面、纵断面和横断面三部分。三部分合成一个整体，并且必须合乎技术、经济和美学上的要求。

二、路基

路基既为车辆在公路上行驶提供基本条件，也是公路的支撑结构物，对路面的使用性能有重要影响。

路基是公路的基本结构，是支撑路面结构的基础，与路面共同承受行车荷载的作用，同时承受气候变化和各种自然灾害的侵蚀和影响。路基结构形式可以分为填方路基、挖方路基和半填半挖路基三种。从材料上分，路基可分为土路基、石路基、土石路基三种。

对路基性能要求的主要指标有以下两点。

（1）整体稳定性。在地表上开挖或填筑路基，必然会改变原地层（土层或岩层）的受力状态。原先处于稳定状态的地层，有可能由于填筑或开挖而引起不平衡，导致路基失稳。在软土地层上填筑高路堤产生的填土附加荷载如超出了软土地基的承载力，就会造成路堤沉陷；在山坡上开挖深路堑使上侧坡体失去支承，有可能造成坡体坍塌破坏；在不稳定的地层上填筑或开挖路基会加剧滑坡或坍塌。因此，施工方必须保证路基在不利的环境（地质、水文或气候）条件下具有足够的整体稳定性，以发挥路基在公路结构中的强力承载作用。

（2）变形量。路基及其下承的地基，在自重和车辆荷载作用下会产生变形，如地基软弱，填土过分疏松或潮湿时，所产生的沉陷或固结、不均匀变形，会导致路面出现过量的变形和应力增大，促使路面过早破坏并影响汽车行驶舒适性。由此，必须尽量控制路基、地基的变形量，才能给路面以坚实的支承。

三、路面

路面是铺筑在公路路基上与车轮直接接触的结构层，承受和传递车轮荷载，承受磨耗，经受自然气候的侵蚀和影响。对路面的基本要求是具有足够的强度、稳定性、平整度、抗滑性能等。

行车载荷和自然因素对路面的影响随深度的增加而逐渐减弱，对路面材料的强度、刚度和稳定性的要求也随深度的增加而逐渐降低。为适应这一特点，绝大部分路面的结构是多层次的。按使用要求、受力状况、土基支承条件和自然因素影响程度的不同，对路基顶面采用不同规格和要求的材料分别铺设面层、基层和垫层等结构层。

（1）面层。面层是直接同行车和大气相接触的层位，承受行车荷载引起的竖向力、水平力和冲击力的作用，同时又受降水的侵蚀作用和温度变化的影响。因此，面层应具有较高的强度、刚度、耐磨性、不透水性和高低温稳定性，并且其表面层还应具有良好的平整度和粗糙度。面层可由一层或数层组成，高等级路面面层可划分为磨耗层、面层上层、面层下层，或称之为上（表）面层、中面层、下（底）面层。

（2）基层。基层是路面结构中的承重层，主要承受车辆荷载的竖向力，并把由面层下传的应力扩散到土基，故基层应具有足够的、均匀一致的承载力和刚度。基层受自然因素的影响虽不如面层强烈，但沥青类面层下的基层应有足够的水稳定性，以防基层湿软后变形大导致面层损坏。

（3）垫层。垫层是介于基层和土基之间的层位，其作用为改善土基的湿度和温度状况，保证面层的强度稳定性和抗冻胀能力，扩散由基层传来的荷载应力，以减小土基所产生的变形。因此，其通常在土基湿度、温度状况不良时设置。垫层材料应具备良好的水稳定性。

四、桥涵

桥涵是指公路跨越水域、沟谷和其他障碍物时修建的构造物。按照《公路工程技术标准》规定，单孔跨径小于 5 m 或多孔跨径之和小于 8 m 的称为涵洞，大于这一规定的值则称为桥涵。

五、隧道

公路隧道通常是指建造在山岭、江河、海峡和城市地面以下，供车辆通过的工程构造物。按所处位置划分，隧道可分为山岭隧道、水底隧道和城市隧道。

六、公路渡口

公路渡口是指以渡运方式供通行车辆跨越水域的基础设施。码头是公路渡口的组成部分，可分为永久性码头和临时性码头。

七、公路交通工程及沿线设施

公路交通工程及沿线设施是保证公路功能、保障安全行驶的配套设施，是现代公路的重要标志。公路交通工程主要包括交通安全设施、监控系统、收费系统、通信系统四大类。

其他工程及沿线设施包括交叉路口（平面交叉、环形交叉、立体交叉）、交通标志、公路照明、安全设施（护栏、护柱、隔离带）标志牌、里程碑、沿线房屋、绿化设施及渡口码头等。

高速公路上还沿途设有服务设施，如加油站、应急电话、停车场、饭店、旅馆等。

第二章　公路工程施工建设

公路工程质量目标实现的最重要和最关键的过程即施工阶段。除了确保施工组织规划的科学合理、提升专业人才的素养、应用先进的技术之外，施工单位还应加强工程施工质量控制的信息化建设，以促进公路工程质量的整体提升。本章主要对公路工程施工建设进行讲解。

第一节　公路施工准备

一、技术准备

（一）熟悉与审查设计文件并进行现场核对

组织有关人员学习设计文件，其目的是对设计文件、设计图及资料进行了解和研究，使施工人员明确设计者的设计意图和业主要求，熟悉设计图的细节，并对设计文件和设计图进行现场核对。其内容主要包括以下几个方面。

（1）设计图是否齐全，规定是否明确，与说明有无矛盾。

（2）路基平、纵横断面，构造物总体布置和桥涵结构物形式等是否合理，是否有错误以及相互之间是否有矛盾。

（3）主要标高、尺寸、位置有无错误。

（4）设计文件所依据的水文、气象、土壤等资料是否准确、可靠、齐全。

（5）路线中线、主要控制点、水准点、三角点、基线等是否准确无误。

（6）路线或构造物与农田、水利航道、公路、铁路、电信、管线和其他建筑物的互相干扰情况及其解决办法是否恰当，干扰可否避免。

（7）对地质不良地段采取的处理措施。

（8）主要材料、劳动力、机械台班等计算（含运距）是否准确。

（9）施工方法、料场分布、运输工具、道路条件等是否符合实际情况。

（10）结构物工程数量计算是否有误。

（11）工程预算以及采用的定额是否合理。如现场核对时发现设计不合理或有错误之处，应做好详细记录并拟定修改意见，待设计技术交底时提交。

（二）补充调查资料

进行现场补充调查是为编制实施性施工组织设计收集资料。调查的内容主要包括以下几个方面。

（1）工程地点的水文、地形、气候条件和地质情况。

（2）自采加工料场、当地材料、可供利用的房屋情况。

（3）当地劳动力资源、工业加工能力、运输条件和运输工具情况。

（4）施工场地的水源、电源以及生活物资供应情况。

（5）当地风俗习惯等。

（三）设计交桩和设计技术交底

工程在正式施工之前，应由勘测设计单位向施工单位进行交桩和设计技术交底。交桩应在现场进行，设计单位将路线测设时所设置的导线控制点和水准点及其他重要点位的标志逐一移交给施工单位。施工单位在接受这些后，要采取必要措施进行加固与保护。

设计技术交底一般由建设单位主持，设计、监理和施工单位参加。交底时设计单位应说明工程的设计依据、设计意图，并对某些特殊结构、新材料、新技术以及施工时的难点和需注意的方面详细说明，提出设计要求。施工单位则将在研究设计文件时发现的问题及有关修改设计的意见提出，由设计单位对有关问题进行澄清和解释，对于合理的修改设计意见，必要时可在统一认识的基础上，对所讨论的结果逐一记录，并形成会议纪要，由建设单位正式行文，参加单位共同会签，作为与设计文件同时使用的技术文件和指导施工的依据，以及进行工程结算的依据。

（四）建立工地实验室

1. 工地实验室的作用

在公路工程施工过程中，必须进行各种材料试验，以便选用合适的材料并了解其性能参数，这样才能保证公路工程结构物的强度和耐久性，并有利于掌握各种材料的施工质量指标，保证结构物的施工质量。

随着公路技术等级的提高，相应的筑路材料试验任务增大，并要求试验结果具有更高的准确性和可靠性。高等级公路的线形更趋于平、直，使得路基工程的高填深挖及经过不良地带的路段增加。由于高等级公路对路面的行车性能及耐久性能提出更高的要求，相应地要求路基更为稳定，路面材料应具有更高的力学性能、耐磨蚀性和气候稳定性等。公路工程事业的进步，促进了其施工技术水平的不断提高，同时也推动了公路工程新材料的研究应用，并且使材料性能试验及质量检验工作显得日益重要。另外，随着经济体制改革的深化，要求不断改善公路工程的投资效益，因而工程质量已从一般化的要求变成了衡量工程施工单位技术质量水平的标志。因此，从某种意义来讲，一项工程的质量如何已关系到该公路施工单位以后的业务前景。基于上述情况，加强质量管理和施工质量检验，建立并充分发挥工地实验室的作用，是施工单位必须做的一项十分重要的工作。

2. 工地实验室的主要工作内容

工地实验室是为施工现场提供直接服务的实验室，主要任务是配合路基、路面施工，对工地使用的各种原材料、加工材料及结构性材料的物理力学性能以及施工结构体的几何尺寸等进行检测。

3. 工地实验室的人员及设备

工地实验室的试验检测人员必须是施工单位试验检测机构的正式人员。工地实验室负责人应由施工单位试验检测机构负责人授权，从事试验检测工作3年以上，具有交通运输部试验检测工程师资格的人员担任；工地实验室负责人需具有省交通运输厅试验检测员及以上资格的人员担任；一般试验检测人员需具有省交通运输厅试验检测员及以上资格或交通系统试验检测培训证的人员担任。未取得交通运输系统试验检测资格或培训证的人员不得上岗。

施工单位试验检测人员数量按施工合同额进行配备，5 000万元以下的至少4人；5 000万元以上、1亿元以下的至少6人；1亿元以上、2亿元以下的至少8人；2亿元以上的至少10人。

工地实验室在工程项目完工之前，不准对人员和设备进行更换和调离。确实需要更换和调离的，应取得项目建设单位的书面批准。工地实验室面积应达到300 m^2，并按检测项目要求合理布局，以满足工地试验要求。设备安置要合理，便于操作，并保持环境整洁卫生。

工地实验室应按照合同和工程实际需要配备合格的试验检测仪器设备。工地实验室试验检测仪器设备在使用前必须通过计量检定或校准。试验检测仪器设备应由专人负责日常保养、保管，做好使用记录、保养记录，对主要试验检测仪器设备应建立设备档案，仪器设备的操作规程要张贴上墙。

（五）编制施工组织设计

施工组织设计是指在工程项目施工前，根据设计人员、业主和监理工程师的要求以及主客观条件，对工程项目施工的全过程所进行的一系列筹划和安排。公路施工组织设计是指导公路施工的基本技术经济文件，也是对施工实行科学管理的重要手段。编制施工组织设计的目的在于全面、合理、有计划地组织施工，从而具体实现设计意图，按质、按量、按期完成施工任务。实践证明，如果施工组织设计编制得好，并能得到认真执行，施工就可以有条不紊地进行，否则将会出现盲目施工的混乱局面，造成不必要的损失。

1. 编制原则

（1）严格遵守合同签订的或上级下达的施工期限，保质保量按期完成施工任务。对工期较长的大型项目，可根据施工情况，分期分批进行安排。

（2）科学、合理地安排施工顺序并在保证质量的基础上尽可能缩短工期，加快施工进度。

（3）采用先进的施工方法和施工技术，不断提高施工机械化、预制装配化程度，减轻劳动强度，提高劳动生产率。

（4）应用科学的计划方法确定最合理的施工组织方法，根据工程特点和工期要求，因地制宜地快速施工、平行作业，对于复杂的工程应通过网络计划确定最佳的施工组织方案。

（5）落实季节性施工的措施，科学安排施工计划，组织连续、均衡的施工。

（6）严格遵守施工规范、规程和制度，认真按照基本建设程序办事，根据批准的设计文件与工期要求安排进度，严格执行有关技术规范和规程，提出具体的质量、安全控制和管理措施，并在制度上加以保证，确保工程质量和作业安全。

2. 编制施工组织设计的程序

施工组织设计需要遵守一定的程序，根据合同要求和施工现场的具体条件，按照施工的客观规律，协调和处理好各个影响因素的关系，用科学的方法进行编制。

3. 施工组织设计的主要内容

（1）工程概述：简要说明工程项目、施工单位、业主、监理机构、设计单位、质检单位名称、合同开工日期和竣工日期、合同价；简要介绍项目的地理位置、地形地貌、水文、气候、交通运输、水电供应等情况；介绍施工组织机构设置及职能部门之间的关系；说明工程结构、规模、主要工程量；说明合同特殊要求等。

（2）施工技术方案：施工方法（特别是冬期和雨期施工方法以及技术复杂的特殊施工方法），施工程序（重点是施工顺序及工序之间的衔接），决定采用的新技术、新工艺、新材料和新设备，技术安全措施、质量保证措施等。

（3）施工进度计划：主要是对施工顺序、开始和结束时间、搭接关系进行综合安排，包括以实物工程量和投资额表示的工程的总进度计划和分年度计划以及所需的工日数和机械台班数。

（4）施工总平面图布置：必须以平面布置图表示，并标明项目建设的位置，生产区、生活区、预制厂、材料场、爆破器、材库等的位置。

（5）劳动力需要量和来源：总需要量和分工种、分年度的需要量。

（6）施工现场平面布置。

（7）施工机械、建筑材料，施工用水、用电的分年度需要量及供应方案。

（8）便道、防洪、排水和生产、生活用房屋等设施的建设及时间要求。

（9）施工准备工作进度表：各项准备工作的负责单位、完成时间及要求等。

施工组织设计用文、图、表三种形式表示，互相结合，互相补充。凡能用图、表表示的，应尽量采用图、表来表示。因为图、表便于"上墙"，能形象、准确、直观地说明问题，有利于施工组织指导现场施工。

4. 施工组织设计的编制步骤

（1）施工方案的制定。编制施工组织设计首先遇到的问题就是选择和制定施工方案，如果这个问题得不到解决，施工组织设计乃至以后的施工工作就不可能进行。所以，施工方案的优劣在很大程度上决定了施工组织设计质量的好坏和施工任务能否圆满完成。

施工方案是指对项目施工所做的总体设想和安排。施工方案应包括：施工方法和施工机具的选择，施工段划分，施工顺序，新工艺、新技术、新机具、新材料、新管理方法的使用，有关该工程的科学试验项目安排，等等。选择和制定施工方案，首先要考虑其是否可行，同时还要做到技术先进、经济合理、施工安全，应全面权衡、通盘考虑。施工方法是施工方案的核心内容，它对工程的实施具有决定性的作用。确定施工方法应突出重点，凡是采用新技术、新工艺和对本工程质量起关键作用的项目以及工人在操作上还不够熟练的项目，应详细而具体，不仅要拟订进行这一项目的操作过程和方法，而且要提出质量要求以及达到这些要求的技术措施，并要预见可能发生的问题，提出预防和解决这些问题的办法。对于一般性工程和常规施工方法则可适当简化，但要提出工程中的特殊要求。确定施工方法，应考虑工程项目的特点，结合现场一切有关的自然条件和施工单位拥有的施工经验和设备，吸收国内外同类工程成功的施工方法和先进技术，以达到施工快速、经济和优质的目的。

（2）施工进度计划的编制。施工进度计划是对施工顺序、开始和结束时间、搭接关系进行的综合安排。施工进度计划是施工组织设计中最重要的组成部分，它必须配合施工方案的选择进行安排，它又是劳动力组织、机具调配、材料供应以及施工场地布置的主要依据，一切施工组织工作都是围绕施工进度计划来进行的。

编制施工进度计划的目的是确定各个项目的施工顺序，开、竣工日期。一般以月为单位进行安排，从而据此计算人力、机具、材料等的分期（月）需要量，进行整个施工场地的布置和编制施工预算。

施工进度计划一般用图示法表现。进度计划的图形可以采用横道图、"S"形曲线、"香蕉"曲线、网络图等。实际施工过程中通常采用横道图，它的形式简单、醒目，易绘制、易懂，还可以在同一图上描绘施工过程实际进度。与计划进度相比，当工程项目及工序比较简单，且它们之间的关系也不太复杂，其工序衔接及进度安排凭已有施工经验即可确定时，可以直接绘制横道图进度计划；当工程项目以及工序之间得相互关系比较复杂，各工序的衔接及进度安排有多种方案需进行比较时，则要用网络图求得最优先计划，再整理绘制成横道图。

（3）资源供应计划。资源供应计划包括劳动力供应计划、材料供应计划、施工机械和大型工具供应计划、预制品供应计划等，这些计划是根据施工进度计划编制的，是计划进度的保证性计划，是进行市场供应的依据。

（4）场外运输计划。将各种物资从产地或交货地点运到工地仓库、料场的过程称为场外运输。场外运输计划应解决的主要问题是正确选择运输方式及运输工具，以达到降低成本和加速工程进度的目的。

（六）施工现场规划和场地布置

1. 施工现场规划和场地布置

施工现场规划和场地布置是施工组织设计的基本内容之一，它需要考虑的问题很多、很广泛也很具体。它是一项实践性、综合性很强的工作，只有充分掌握了现场的地形、地物，熟悉了现场周围环境和其他有关条件，并对本工程情况有了一个清楚与正确的认识之后，才能做到统筹规划，合理布局。

施工现场规划和场地布置情况应以场地平面布置图表示出来。在施工场地平面布置图内，应表示出公路的平面位置、场地内需要修建的各项临时工程和露天料场、作业场的平面位置和占地面积以及场地内各种运输线路（包括由场外运送材料至工地的进出口线路）。

2. 材料加工及机械修配场地的规划和布置

施工单位为满足本身的需要，有条件时应设置采石场、采沙场、混凝土构件预制场、金属加工厂、机械修配厂等。预制场一般宜设在工地上，以减少构件的运输。沙石材料开采场宜设在材料产地。如有两个或两个以上的产地可供选择时，选择的条件首先是材料品质要符合设计要求；其次是运输距离要近；最后是开采的难易程度、成材率的高低。预制场的选择要综合考虑，做出综合经济分析。材料加工场地则设在原材料产地较为有利。

3. 工地临时房屋的规划与布置

工地临时房屋主要包括施工人员居住用房、办公用房、食堂和其他生活福利设施用房以及实验室、动力站、工作棚和仓库等。这些临时房屋应建在施工期间不被占用、不被水淹、不受塌方影响的安全地带。现场办公用房应建在靠近工地，且受施工噪声影响小的地方；工人宿舍、文化生活用房，应避免设在低洼潮湿、有烟尘和有害健康的地方；此外，房屋之间还应按消防规定相互隔离，并配备灭火器。

4. 工地仓库及料场布置

工地储存材料的设施，一般有露天料场、简易料棚和临时仓库等。易受大气侵蚀的材料，如水泥、铁件、工具、机械配件及容易散失的材料等，宜储存在临时仓库中，钢材、木材等宜设置简易料棚堆放；沙石、石灰等一般在露天料场中堆放。

仓库、料棚、料场的位置，应选择在运输便利进出料都方便，而且尽量靠近用料最集中、地形较平坦的地点。设置临时仓库、料棚时，应根据储存材料的特点、进出料的便利程度以及合理的储备定额来计算需要的面积。面积过大会增加日常管理费用，面积过小可能满足不了储备需要。

5. 施工场内运输的规划

在工地范围内，从仓库、料场或预制场等地到施工点的料具、物资搬运，称为场内运输。场内运输方式应根据工地的地形、地物、材料在场内的运距、运量以及周围道路和环境等因素进行选择。如果材料供应运输与施工进度能密切配合，做到场外运输与场内运输一次完成，即由场外运来的材料直接运至施工使用地点，或场内外运输紧密衔接，材料运到场内后不存入仓库、料场，而由场内运输工具转运至使用地点，这是最经济的运输组织方法。这样可节省工地仓库、料场的面积，减少工地装卸费用。但这种场内外运输紧密结合的组织方法在工程实践中是很难做到的。大量的场内运输工作是不可避免的，必须做好施工场内运输规划。

（七）工地供电的规划

工地用电主要包括各种电动施工机械和设备的用电以及室内外照明用电。公路工程施工离不开电，做好工地供电的组织计划，对保证施工的顺利进行有着重要的作用。

工地用电应尽可能利用当地的电力供应，从当地电站、变电站或高压电网取得电能。在当地没有电源或电力供应不能满足施工需要的情况下，则要在工地设置临时发电站。最好选用两个来源不同的电站供电，或配备小型临时发电装置，以免工作中偶然停电造成损失。同时，还要注意供电线路、电线截面、变电站的功率和数目等的配置，使它们可以互相调剂，不致因为线路发生局部故障而引起停电。

（八）工地供水的规划

公路工程施工离不开水，施工组织设计必须规划工地临时供水问题，确保工地用水并节省供水费用。

二、组织准备

施工企业通过投标方式获得工程施工任务后,应根据签订的施工合同的要求,迅速组建符合本工程实际的施工管理机构,组织施工队伍进场施工。同时,为保证工程按设计要求的质量、计划规定的进度和低于合同运价的成本安全顺利地完成施工任务,还应针对施工管理工作复杂、困难多的特点,建立一整套完善的施工管理制度,采用科学的管理方法,切实有效地开展工作。

施工组织准备工作的主要任务:组建施工项目经理部;选配强有力的施工领导班子和施工力量;强化施工队伍的技术培训。

(一)施工机构的组建和人员的配备

这里的施工机构是指为完成公路施工任务负责现场指挥、管理工作的组织机构。根据具体情况及以往的公路施工经验,施工机构一般由生产系统、职能部门和行政系统等组成。

(二)建立健全各项管理制度

1. 施工计划管理制度

施工计划管理制度是施工管理工作的中心环节,其他管理工作都要围绕施工计划管理制度来开展。计划管理包括编制计划、实施计划、检查和调整计划等环节。由于公路施工受自然条件的影响大,其他客观情况的变化也难于准确预测,这就要求施工计划必须经过充分调查研究后制订,同时在执行过程中应随时检查,发现问题及时采取措施解决,必要时还应对计划进行调整修改,使之符合新的客观情况,保证计划的实施。

2. 工程技术管理制度

工程技术管理制度是对施工技术进行的一系列组织、指挥、调节和控制等活动的总称。其主要内容包括施工工艺管理、工程质量管理、施工技术措施计划、技术革新和技术改造、安全生产技术措施、技术文件管理等。要搞好各项技术管理工作,关键是建立并严格执行各种技术管理制度,只有执行技术管理制度,才能很好地发挥技术管理作用,圆满地完成技术管理的任务。

3. 工程成本管理制度

工程成本管理制度是施工企业为降低工程成本而进行的各项管理工作的总称。工程成本管理与其他管理工作有着密切的联系，施工企业总的技术水平和经营管理水平的高低，均能直接或间接地反映在成本这个指标上。工程成本的降低，表明施工企业在施工过程中活劳动（支付劳动者的报酬）和物化劳动（生产资料）的节约。活劳动的节约说明劳动生产率的提高，物化劳动的节约说明机械设备利用率的提高和建筑材料消耗率的降低。因此，建立成本管理制度，加强对工程成本的管理，不断降低工程造价，具有十分重要的意义。

4. 施工安全管理制度

安全生产关系到人民群众生命和财产安全，关系到改革发展和社会稳定大局。加强施工安全、劳动保护对公路工程的质量、成本和工期有重要意义，也是企业管理的一项基本原则。其基本任务是正确贯彻执行"以人为本"的思想和"安全第一、预防为主、综合治理"的方针，建立安全施工责任制，加强安全检查，开展安全教育，在保证安全施工的条件下创优质工程。

第二节　公路施工技术

一、半刚性基层施工

半刚性基层的混合料可在拌和厂（场）集中拌和，也可沿路拌和，故施工方法有厂拌法和路拌法之分。高速公路和一级公路的半刚性基层对强度、平整度等技术性能有很高的要求，应采用施工质量好、进度快的厂拌法施工；其他公路的半刚性基层可采用路拌法施工。

（一）铺筑试验路

高速公路和一级公路或使用新技术、新材料及新工艺的半刚性基层，在大面积施工前，应先铺筑一定长度的试验路。通过试验路的铺筑，施工单位可进行施工工艺的优化，找出施工过程中可能存在的主要问题，取得实现成功施工的经验，为大面积基层的铺筑确定合适的施工方法，同时还可检验拌和、运输、碾压、养生等施工设备的可靠性。施工单位应当根据试验路铺筑的具体情况，制订合理可行的施工组织计划，检验铺筑的半刚性基层质量是否符合设计和规范要求，并提出质量控制措施。此外，设计和建设单位也可对试验路的实际使用效果进行分析，对所设计的路面结构形式、混合料组成设计、基层的路用性能等一系列指标进行再次论证，从而优选出经济、适用的路面结构方案，并确定最终采用的基层类型及混合料配合比。

（二）厂拌法施工

厂拌法施工是在中心拌和厂（场）用强制式拌和机、双转轴桨叶式拌和机等拌和设备将原材料拌和成混合料，然后运至施工现场进行摊铺、碾压、养生等工序作业的施工方法。无拌和设备时，可用路拌机械或人工在现场分批集中拌和，再进行其他工序的作业。

厂拌法施工前，应先调试用于拌和、摊铺、碾压等工序的设备，使之处于良好的工作状态。

在拌和前应进行适当的试拌，使大量拌和的混合料组成符合设计要求。厂拌法施工的工艺流程中与施工质量有关的重要工序是混合料拌和、摊铺及碾压。其具体工艺流程如下。

1. 下承层准备与施工放样

在半刚性基层施工前应对下承层（底基层或土基）按施工质量验收标准进行检查验收，验收合格后方可进行基层施工。下承层应平整、密实，无松散和"弹簧"等不良现象，并符合设计高程、横断面宽度等几何尺寸要求。注意采取措施做好基层施工的临时排水工作。施工放样主要是恢复路中线，在直线段每隔20 m、曲线段每隔10～15 m设一中桩，并在两侧路肩边缘设置指示桩，在指示桩上明显标记出基层的边缘设计高程及松铺厚度的位置。

2. 备料

半刚性基层的原材料应符合质量要求。料场中的各种原材料应分别堆放，不得混杂。运到料场的水泥应防雨防潮，准备使用的石灰应提前洒水，使石灰充分消解。石灰和粉煤灰过干会随风飞扬而造成污染，过湿又会成团而不便于施工，因此，应适时洒水或设遮雨棚，使之含有适宜的水分。在潮湿多雨地区施工时，应采取有效措施使细粒土、结合料免受雨淋。

3. 拌和与摊铺

拌和时应按混合料配合比要求准确配料，使集料级配、结合料剂量等符合设计要求，并根据原材料实际含水量及时调整加入拌和机内的水量。水泥稳定类和工业废渣稳定类混合料的含水量可比最佳含水量高 1% ~ 2%，而石灰稳定类混合料的含水量可比最佳含水量低 1% ~ 2%，这样可以获得较好的压实效果。

拌和好的水泥稳定土混合料和水泥石灰稳定土混合料应尽快运到施工现场摊铺并碾压成型，以免因时间过长而使混合料强度损失过大。工业废渣稳定类混合料在 24 h 内进行摊铺碾压即可。运输混合料的距离较长时，应用篷布等覆盖混合料，以免水分损失过大。

高速公路和一级公路的半刚性基层应用沥青混合料摊铺机、水泥混凝土摊铺机或专用稳定土摊铺机摊铺，这样可保证基层的强度及平整度、路拱横坡、高程等几何外形质量指标符合设计和施工规范要求。在摊铺过程中，应设专人跟随摊铺机行进，以便随时消除粗、细集料严重离析的部位。应严格控制基层的厚度和高程，禁止用薄层贴补的办法找平，以确保基层的整体承载能力。拌和机与摊铺机的生产能力应相互协调，避免出现机械停工待料和生产能力不足的问题。

4. 碾压

碾压是使半刚性基层获得强度和稳定性的关键工序。摊铺整平的混合料应立即用 12 t 以上的振动压路机、三轮压路机或轮胎压路机碾压。混合料压实厚度与压路机吨位的关系宜符合要求。必须分层碾压时，最小分层厚度不应小于 10 cm。碾压时应遵循先轻后重的次序安排各型压路机，以先慢后快的方法逐步将混合料碾压密实。在直线段由两侧向路中心碾压，在平曲线范围内由弯道内侧逐步向外侧碾压。在碾压过程中若局部出现"弹簧"、松散、起皮等不良现象时，应将这些部位的混合料翻松，重新拌和均匀再碾压密实。

水泥稳定类混合料从开始加水拌和到碾压完毕的时间称为延迟时间。混合料从开始拌和到碾压完毕的所有作业必须在延迟时间内完成，以免混合料的强度达不到设计要求。厂拌法施工的延迟时间为 2 ~ 3 h。

5. 养生与交通管制

半刚性基层碾压完毕，应进行保湿养生，养生期不少于 7 天。水泥稳定类混合料在碾压完成后立即开始养生，石灰或工业废渣稳定类混合料可在碾压完成后 3 天内开始养生，在养生期内应使基层表面保持湿润或潮湿，一般可洒水或用湿沙、湿麻布、湿草帘、低黏质土覆盖，基层表面还可采用沥青乳液做下封层进行养生。水泥稳定类混合料需分层铺筑时，下层碾压完毕，待养生 1 天后即可铺筑上层；石灰或工业废渣稳定类混合料需分层铺筑时，下层碾压完即可进行铺筑，无须经过 7 天养生。养生期间应尽量封闭交通，若必须开放交通时，应限制重型车辆通行并控制行车速度，以减少行车对基层的扰动。

（三）路拌法施工

路拌法施工是将集料或土、结合料按一定顺序均匀平铺在施工作业面上，用路拌机械拌和均匀并使混合料含水量接近最佳含水量，随后进行碾压等工序的作业。路拌法施工的流程：下承层准备→施工测量备料→摊铺→拌和→整形→碾压→养生。其中，下承层准备、施工测量备料、碾压及养生的施工方法和要求与厂拌法施工相同。

路拌法施工时，备料在准备完毕的下承层上进行。首先根据铺筑层的宽度、厚度及预定达到的干密度计算各施工段所需干集料的数量，其次根据混合料的配合比、原材料含水量及运输车辆的吨位计算各种原材料每车的堆放距离。对于水泥、石灰等结合料，当以袋（或小翻斗车）为计量单位时，应计算每计量单位结合料的堆放距离。这样分层堆放的原材料经摊平、拌和后得到的混合料更符合规定的配合比要求。

通常先堆放集料或土，用自动平地机等适合的机械或人工按铺筑试验路确定的松铺系数摊铺均匀，然后按上述计算结果堆放结合料并摊平，摊铺应使混合料层厚度均匀。摊铺完毕，用稳定土拌和机、农用旋耕机或多铧犁进行拌和，拌和深度应达到稳定层底部，略扰动下承层，使基层与下承层结合良好。在拌和过程中，应设专人跟随拌和机行进，以便随时调整拌和深度并检查拌和质量。混合料应充分拌和均匀，严禁在拌和层底留有"素土"或夹层，否则会严重影响稳定层的强度和稳定性。拌和时应适时检查混合料的含水量，若含水量不符合设计要求，应通过自然蒸发或补充洒水使之处于最佳值，并再次拌和均匀。

混合料拌和均匀后，立即用平地机初平、整形。在直线段，平地机由两侧向路中心刮平；在曲线段，平地机由内侧向外侧刮平。初平后，用拖拉机、平地机或轮胎式压路机快速碾压 1～2 遍，使可能存在的不平整部位暴露出来，再用平地机整形，如此反复 1～2 遍。整形过程中要及时消除集料离析现象，特别是粗集料集中的部位。低洼处应用齿耙将距表面 5 cm 深度范围内的混合料耙松，再用新拌和的混合料找平。初步整形后，应检查混合料松铺厚度，并进行必要的补料和减料。碾压作业与厂拌法施工相同。碾压结束前，用平地机再最终找平一次，使基层纵向顺适，路拱、超高、高程等符合设计要求，特别要将高出部分刮除并扫出路外，以保证上层路面结构的有效厚度。

二、粒料类基层施工

粒料类基层是由有一定级配的矿质集料经拌和、摊铺、碾压后，当强度符合规定时得到的基层。按强度形成原理的不同，矿质集料分为嵌挤型和密实型两种类型。嵌挤型粒料包括泥结碎石、泥灰结碎石、填隙碎石等，这种基层的强度靠颗粒之间的摩擦和嵌挤锁结作用形成。密实型粒料具有连续级配，故也称级配型基层，材料包括级配碎（砾）石、符合级配要求的天然沙砾等。本部分主要介绍级配碎石基层、级配砾石基层和填隙碎石基层的施工技术。

（一）粒料类基层及其材料质量要求

1. 级配碎石基层

级配碎石基层由各占一定比例、级配符合要求的粗、细碎石和石屑混合料铺筑而成。级配碎石基层适用于各级公路的基层和底基层，还可用作较薄沥青面层与半刚性基层之间的中间层，起减轻和消除半刚性基层开裂对沥青面层影响的作用，避免出现反射裂缝。符合级配要求的碎石可用几组颗粒组成不同的碎石或未筛分碎石与石屑掺配而成，用于基层时，碎石的最大粒径及颗粒组成等应符合相关要求，级配曲线应连续、圆滑。

级配碎石基层的强度主要由碎石颗粒间的密实、填充作用形成，对碎石颗粒的强度要求很高。碎石的压碎值应符合以下要求：高速公路和一级公路基层，不大于 26%；高速公路和一级公路底基层、二级公路基层，不大于 30%；二级公路底基层及二级以下公路基层，不大于 35%；二级以下公路底基层，不大于 40%。石屑和其他细集料可以用碎石场的筛余细料、专门轧制的细碎石集料、天然沙砾等制作。若级配碎石中所含细料的塑性指数偏大，则塑性指数与 0.5 mm 以下细料含量的乘积应符合以下要求：年降雨量小于 600 mm 的中干和干旱地区，地下水对土基无影响时，该乘积不大于 120；在潮湿多雨地区，该乘积不大于 100。

2. 级配砾石基层

级配砾石基层是用粗、细砾石和沙按一定比例配制的混合料铺筑的、具有规定强度的路面结构层，适用于二级及二级以下公路的基层及各级公路底基层。级配砾石基层的颗粒组成应符合规定的级配要求，级配不符合要求的可用其他粒料掺配，达到规定的级配后同样可作为级配砾石基层，塑性指数在6（潮湿多雨地区）或9（其他地区）以下的天然沙砾可直接用作基层。对于细料含量较多的砾石，可先筛除部分细料后再使用。塑性指数偏大的可掺加少量石灰或无塑性沙土。

级配砾石颗粒的级配曲线应连续圆滑。当塑性指数偏大时，塑性指数与5 mm以下细土含量的乘积应符合与级配碎石相同的规定。级配砾石的压碎值应符合下列要求：高速公路及一级公路底基层或二级公路基层，不大于30%；二级公路底基层或二级以下公路基层，不大于35%；二级以下公路底基层，不大于40%。

3. 填隙碎石基层

填隙碎石基层是用单一尺寸的粗碎石做主骨料，用石屑做填隙料铺筑而成的结构层。填隙碎石适用于各级公路的底基层和二级以下公路的基层，颗粒组成等技术指标应符合要求。填隙碎石基层以粗碎石做嵌锁骨架，石屑填充于粗碎石间的空隙中，使密实度增加，从而提高强度和稳定性。当缺乏石屑时，可用细沙砾或粗沙替代。粗碎石应用坚硬的各类岩石或漂石轧制而成，压碎值应符合下列规定：用作基层，不大于26%；用作底基层，不大于30%。若抗压碎能力不能满足上述要求，则填隙碎石基层的整体强度将难以得到保证。

（二）施工方法

1. 级配碎（砾）石基层施工

级配碎（砾）石基层大都采用路拌法施工，施工次序为：准备下承层→施工放样→运输和摊铺主集料→运输和摊铺掺配集料→洒水拌和→整形→碾压→做封层。若采用集中厂拌法施工，施工次序为：准备下承层→施工放样→混合料拌和与摊铺→整形→碾压→做封层。下承层准备与施工放样按半刚性基层施工的方法和要求进行；运输和摊铺集料是确保级配碎（砾）石基层施工质量的关键工序之一，准确配料、均匀摊铺可使碎（砾）石混合料具有规定的级配，从而达到规定的强度等技术要求。

施工时根据拟定的混合料配合比、基层宽度与厚度及预定达到的干密度等计算确定各规格集料的用量，以先粗后细的顺序将集料分层平铺在下承层上，然后用人工或平地机进行摊平；级配碎（砾）石混合料可用稳定土拌和机、自动平地机、多铧犁与缺口圆盘耙相配合拌和，拌和应均匀，避免出现集料离析现象，确保级配碎（砾）石基层具有良好的整体强度。应边拌和边洒水，使混合料达到最佳含水量。混合料拌和均匀即可按松铺厚度摊平，级配碎石的松铺系数为1.4 ~ 1.5，级配砾石的松铺系数为1.25 ~ 1.35。表面整理成规定的路拱横坡，随后用拖拉机、平地机或轮胎压路机在初平的混合料上快速碾压1 ~ 2遍，使潜在的不平整部位暴露出来，再用平地机整平。

混合料整形完毕，含水量等于或略大于最佳含水量时，用12 t以上三轮压路机或振动压路机碾压。在直线段，由路肩开始向路中心碾压；在平曲线段，由弯道内侧向外侧碾压。碾压轮重叠1/2轮宽，后轮超过施工段接缝。后轮压完路面全宽即为一遍，一般应碾压6 ~ 8遍，直到符合规定的密实度，表面无轮迹为止。压路机碾压头两遍的速度为1.5 ~ 1.7 km/h，然后为2.0 ~ 2.5 km/h。路面外侧应多压2 ~ 3遍。对于含细土的级配碎（砾）石，应进行滚浆碾压，一直到碎（砾）石基层中无多余细土泛到表面为止，泛到表面的泥浆应清除干净。用级配碎石做基层时，压实度不应小于98%；做底基层时，压实度不应小于96%。用级配砾石做基层时，压实度不应小于98%，加州承载比（CBR）值不应小于60%；做底基层时，压实度不应小于96%，中等交通条件下CBR值不应小于60%，轻交通条件下CBR值不应小于40%。

级配碎石用作薄沥青面层与半刚性基层间的中间层时，主要起防止反射裂缝的作用，碎石混合料应采用强制式拌和机、卧式双转轴桨叶式拌和机或普通水泥混凝土拌和机等集中拌和，用沥青混凝土摊铺机、水泥混凝土摊铺机或稳定土摊铺机摊铺，这样可使其具有良好的强度和稳定性，表面平整，质量明显高于路拌法施工的基层质量。

2. 填隙碎石基层施工

填隙碎石基层施工的顺序：准备下承层→施工放样→运输和摊铺粗骨料→稳压→撒布石屑→振动压实→第二次撒布石屑→振动压实→局部补撒石屑并扫匀→振动压实，填满空隙→洒水饱和（湿法）或洒少量水（干法）→碾压。其中，运输和摊铺粗骨料及振动压实是确保施工质量的关键。

填隙碎石施工时，细集料应干燥；采用振动压路机充分碾压，尽量使粗碎石骨料的空隙被细集料填充密实，而填隙料又不覆盖粗碎石表面自成一层，粗碎石应"露子"。填隙碎石的压实度用固体体积率来表示，填隙碎石用作基层时，不应小于83%；用作底基层时，不应小于85%。填隙碎石基层碾压完毕，铺封层前禁止开放交通。

三、层铺法、路拌法施工沥青路面

（一）沥青表面处治

沥青表面处治是用沥青裹覆矿料，铺筑厚度小于 3 cm 的一种薄层路面面层。其主要作用是防水、抗磨耗、防滑和改善碎（砾）石路面的使用品质，改善行车条件。在计算路面厚度时，不作为单独受力结构层。沥青表面处治层在施工完毕后，须经过一段时间的行车碾压，特别是一定高温下的行车碾压，使其矿料取得最稳定的嵌紧位置，并同沥青黏结牢固，这一过程就称为"成型"阶段。因此，沥青表面处治宜选择在干燥和较热的季节施工，并在雨季前及日最高温度低于 15℃ 到来之前半个月结束，使表面处治层通过开放交通后靠行车压实，成型稳定。

沥青表面处治层是按嵌挤原则构成强度的，为了保证矿料间有良好的嵌挤作用，同一层的矿料颗粒尺寸应力求均匀，其最大粒径应与表面处治单层厚度相当。当采用乳化沥青时，为了减少乳液流失，可在主层集料中掺加 20% 以上的较小粒径的集料。沥青表面处治层施工后，应在路侧另备 5～10 mm 碎石或 3～5 mm 石屑、粗沙或小砾石（每 1 000 m² 为 2～3m³）作为初期养护用料，在施工时与最后一遍料一起撒布。

沥青表面处治可采用道路石油沥青或乳化沥青。当采用道路石油沥青时，沥青用量按要求选定，沥青标号按相关规定选用。当采用乳化沥青时，乳液用量应按其中的沥青含量折算。

此外，对矿料的其他质量要求，如足够的强度和耐磨性能、与沥青良好的黏结力、干燥清洁无杂质等，此要求也适用于其他类型的沥青路面。

沥青表面处治可采用拌和法或层铺法施工。拌和法施工可采用热拌热铺或冷拌冷铺法，层铺法宜采用沥青洒布车及集料撒布机联合作业，并确保各工序紧密衔接。每个作用段长度应根据压路机数量、沥青洒布设备及集料撒布机能力等确定，当天施工的路段必须在当天完成。单层及三层沥青表面处治的施工程序与双层式相同，仅需相应地减少或增加一次洒布沥青、撒铺矿料和碾压工序。层铺法沥青表处的施工工艺如下。

1. 清理下承层

在表面处治层施工前，应将路面下承层清扫干净，使下承层的矿料大部分外露，并保持干燥。对有坑槽、不平整的路段应先修补和整平，若下承层整体强度不足，则应先予补强。级配沙砾、级配碎石下承层及水泥、石灰、粉煤灰等无机结合料稳定土或粒料的半刚性基层上须浇洒透层沥青，并且应尽早铺筑沥青面层。但当用乳化沥青做透层时，洒布后应待其充分渗透、水分蒸发后方可铺筑沥青面层，此段时间应在 24 h 以上。

2. 洒布沥青

下承层清扫或透层沥青充分渗透后，即可按要求的速度浇洒沥青。若采用汽车洒布机洒布沥青，应根据单位面积的沥青用量选定洒布机排挡和油泵挡位；若采用手摇洒布机洒布沥青，应根据施工气温和风向调节喷头离地面的高度及移动的速度，以保证沥青洒布均匀，并应按洒布面积来控制单位沥青用量。沥青的浇洒温度根据施工气温及沥青标号选择，石油沥青的洒布温度为 130 ~ 170 ℃，煤沥青的洒布温度为 80 ~ 120 ℃。乳化沥青在常温下洒布，当气温偏低、破乳及成型过慢时，可将乳液加温后洒布，但乳液温度不得超过 60 ℃。

沥青洒布要均匀。当发现有空白、缺边时，应立即用人工补洒，有沥青积聚时应予刮除。沥青浇洒的长度应与集料撒布机能力相配合，应避免沥青浇洒后等待较长时间才撒铺集料。为保证前后两车喷洒的接茬搭接良好，可用铁板或建筑纸等横铺在本段起洒点前及终点后，长度为 1.0 ~ 1.5m。如需分数幅浇洒时，纵向搭接宽度为 10 ~ 15 cm。若浇洒第二、三层沥青时，搭接缝应错开。

3. 铺撒矿料

洒布沥青后应趁热迅速铺撒矿料，按规定用量一次撒足。撒料后应及时扫匀，达到全面覆盖一层、厚度一致、集料不重叠也不露出沥青的要求。当局部有缺料时，应采用人工方法适当找补，局部集料过多时，应将多余集料扫出。若使用乳化沥青，集料撒布必须在乳液破乳之前完成，若沥青为分幅浇洒，在两幅的搭接处，第一幅浇洒沥青应暂留 10 ~ 15 cm 宽度不撒石料，待第二幅浇洒沥青后一起撒布集料。

4. 碾压

铺撒矿料后即用 60 ~ 80 kN 双轮压路机或轮胎压路机及时碾压。碾压应从一侧路缘压向路中心。碾压时，每次轮迹重叠约 30 cm，碾压 3 ~ 4 遍。压路机行驶速度开始为 2 km/h，以后可适当提高。

5. 双层式或三层式沥青表面处治施工

重复 2、3、4 步工艺。

6. 初期养护

当发现表面处治层有泛油时，应在泛油处补撒与最后一层石料规格相同的嵌缝料并扫匀，过多的浮动集料应扫出路面外，并不得搓动已经黏着就位的集料。如有其他破坏现象，也应及时进行修补。

除乳化沥青表面处治应待破乳后水分蒸发并基本成型后方可通车外，沥青表面处治层在碾压结束后即可开放交通。在通车初期应设专人指挥交通或设置障碍物控制行车，使路面全部宽度均匀压实。在路面完全成型前应限制行车速度不超过 20 km/h，严禁畜力车及铁轮车行驶。

（二）沥青贯入式

沥青贯入式路面具有较高的强度和稳定性，其强度构成主要依靠矿料的嵌挤作用和沥青材料的黏结力，适用于二级及二级以下的公路，城市道路的次干道及支路，也可作为沥青混凝土路面的联结层。由于沥青贯入式路面是一种多孔隙结构，为了防止水的下渗，增强路面的水稳定性，路面的最上层应撒布封层料或加铺拌和层。乳化沥青贯入式路面铺筑在半刚性基层上时，应铺筑下封层。沥青贯入层作为联结层时，可不撒表面封层料。

沥青贯入式路面应选择在干燥和较热的季节施工，并在雨季前及日最高温度低于 15 ℃到来之前半个月结束，使贯入式结构层通过开放交通碾压成型。

沥青贯入层厚度一般为 4 ~ 8 cm，但乳化沥青贯入式路面的厚度不应超过 5 cm。当贯入层上面加铺拌和的沥青混合料面层时，总厚度宜为 6 ~ 10 cm，其中拌和层的厚度宜为 2 ~ 4 cm。

沥青贯入式路面所用的集料应选择有棱角、嵌挤性好的坚硬石料，结合料可采用石油沥青、煤沥青或乳化沥青。材料的其他要求与沥青表面处治层基本相同。

沥青贯入式面层的施工工序如下。

（1）整修和清扫基层。

（2）浇洒透层或黏层沥青。

（3）铺撒主层矿料。颗粒大小要均匀，并检查松铺厚度。严禁车辆在铺好的集料层上通行。

（4）碾压。主层集料撒铺后应采用 6 ~ 8 t 的钢筒式压路机进行初压。碾压速度宜为 2 km/h，碾压应自路边缘逐渐移向路中心，每次轮迹重叠约 30 cm，接着应从另一侧以同样方法压至路中心，称为碾压一遍。检验路拱和纵向坡度，若不符合要求，应调整找平再压，至集料无显著推移为止。然后用 10 ~ 12 t 压路机进行碾压，每次轮迹重叠 1/2 左右，压 4 ~ 6 遍，直至主层集料嵌挤稳定，无显著轮迹为止。

（5）浇洒第一层沥青。沥青的浇洒温度应根据沥青标号及气温情况选择。若采用乳化沥青，为防止乳液下漏过多，可在主层集料碾压稳定后，先撒铺一部分上一层嵌缝料，再浇洒主层沥青。

（6）铺撒第一次嵌缝料。主层沥青浇洒后，应立即均匀撒布第一层嵌缝料，并立即扫匀，对不足处应找补。

（7）碾压。嵌缝料扫匀后应立即用 8 ~ 12 t 钢筒式压路机进行碾压，轮迹重叠 1/2 左右，压 4 ~ 6 遍直至稳定。碾压时随压随扫，使嵌缝料均匀嵌入。

（8）浇洒第二层沥青，撒布嵌缝料，然后碾压。

（9）铺撒封层料。施工要求与撒布嵌缝料相同。重复该过程，采用 6 ~ 8 t 压路机碾压 2 ~ 4 遍，然后开放交通。

（10）初期养护。沥青贯入式路面开放交通后的交通控制、初期养护等与沥青表面处治相同。沥青贯入式表面不撒布封层料而加铺沥青混合料拌和层时，应紧跟贯入层施工，使上下成为一个整体。贯入部分采用乳化沥青时，应待其破乳、水分蒸发且成型稳定后方可铺筑拌和层。若拌和层与贯入部分不能连续施工，又要在短期内通行施工车辆时，贯入层部分的第二遍嵌缝料应增加用量，每 1 000 m² 为 2 ~ 3 m³。在摊铺拌和层沥青混合料前，应清除贯入层表面的杂物、尘土以及浮动石料，再补充碾压一遍，并浇洒黏层沥青。

（三）乳化沥青碎石混合料路面

乳化沥青碎石混合料适用于三级及三级以下公路的沥青面层、二级公路的养护罩面以及各级公路沥青路面的联结层或整平层。一般情况下，乳化沥青碎石混合料路面的沥青面层采用双层式：下层采用粗粒式沥青碎石混合料，上层采用中粒式或细粒式沥青碎石混合料。单层式只适合在少雨干燥地区或半刚性基层上使用。在多雨潮湿地区，必须做上封层或下封层。乳化沥青碎石混石料的矿料级配应满足规范要求，并根据已有道路的成功经验试拌确定配合比。其乳液用量应根据当地实践经验以及交通量、气候、石料情况、沥青标号、施工机械等条件确定，也可按热拌沥青碎石混合料的沥青用量折算。实际的沥青用量宜较同规格热拌沥青混合料的沥青用量减少 15% ~ 20%。乳化沥青碎石混合料应采用拌和机拌和，在条件限制时也可在现场用人工拌制。适宜拌和时间根据施工现场使用的集料级配情况、乳液裂解速度、拌和机械性能、施工时的气候等具体条件通过试拌确定，机械拌和不宜超过 30 s（自矿料中加进乳液的时间算起），人工拌和不超过 60 s。

已拌好的混合料应立即运至现场进行摊铺。拌和与摊铺过程中已破乳的混合料，应予以废弃。拌制的混合料应用沥青摊铺机摊铺。若采用人工摊铺，应防止混合料离析。松铺系数可通过试验确定。

乳化沥青碎石混合料的碾压应符合下列几点要求。

（1）混合料摊铺后，应采用 6 t 左右的轻型压路机初压，碾压 1 ~ 2 遍，使混合料初步稳定，再用轮胎压路机或轻型钢筒式压路机碾压 1 ~ 2 遍。初压时压路机应匀速进退，不得在碾压路段上紧急制动或快速起动。

（2）当乳化沥青开始破乳，混合料由褐色转变成黑色时，用 12 ~ 15 t 轮胎压路机或 10 ~ 12 t 钢筒压路机复压 2 ~ 3 遍后，立即停止，晾晒一段时间，待水分蒸发后，再补充复压至密实为止。在压实过程中如有推移现象应立即停止碾压，待稳定后再碾压。如当天不能完全压实，应在较高气温状态下补充碾压。

（3）压实成型后的路面应做好早期养护，并封闭交通 2 ~ 6 h。开放交通初期，应设专人指挥，车速不得超过 20 km/h，并不得制动或掉头。严禁畜力车和铁轮车通过。

乳化沥青碎石混合料施工的所有工序，包括路面成型及铺筑上封层等，均必须在冻前完成。上封层应在压实成型、路面水分蒸发后加铺。

（四）透层、黏层与封层

1. 透层

透层是为了使路面沥青层与非沥青材料层结合良好而在非沥青材料层上浇洒乳化沥青、煤沥青或液体石油沥青后形成的透入基层表面的薄沥青层。在级配碎（砾）石及半刚性基层上铺筑沥青混合料面层时必须浇洒透层沥青。透层沥青宜采用慢裂洒布型乳化沥青，也可使用中、慢裂液体石油沥青或煤沥青。表面致密、平整的半刚性基层上宜采用较稀的透层沥青，粒料类基层宜采用较稠的透层沥青。

透层沥青应紧接在基层施工结束、表面稍干后浇洒。当基层完工后的时间较长时，应对表面进行清扫，若表面过于干燥时，应在基层表面适当洒水并待稍干后浇洒透层沥青。高速公路和一级公路的透层沥青宜采用沥青洒布车喷洒，其他等级公路可采用手动沥青洒布机喷洒。

浇洒透层沥青应符合以下要求：浇洒的透层沥青应渗入基层一定深度，但又不致流淌而在表面形成油膜；气温低于10 ℃及大风、降雨时不得浇洒透层沥青；浇洒后，禁止车辆、行人通过；未渗入基层的多余透层沥青应刮除，有遗漏的部位应补洒。

在半刚性基层上浇洒透层沥青后，立即以每1 000 m² 2 ~ 3 m³的用量将石屑或粗沙撒布在基层上，然后用6 ~ 8 t钢筒压路机稳压一遍。当需要通行车辆时，应控制车速。透层沥青洒布后应尽早铺筑沥青面层；用乳化沥青做透层时，应待其充分渗透、水分蒸发后方可铺筑沥青面层，此段时间不宜少于24 h。

2. 黏层

黏层是为加强沥青层之间、沥青层与水泥混凝土面板之间的黏结而洒布的薄沥青层。将热拌沥青混合料铺筑在被污染的沥青层表面、旧沥青路面及水泥混凝土路面上时应浇洒黏层，与新铺沥青路面接触的路缘石、雨水井、检查井等设施的侧面应浇洒黏层沥青。黏层宜采用快裂洒布型乳化沥青，也可采用快、中凝液体石油沥青或煤沥青。根据被黏结层的结构类型，通过试洒确定黏层沥青用量，并符合规定的技术要求。黏层沥青宜采用洒布车喷洒并符合以下要求：洒布应均匀，浇洒过量时应予刮除；气温低于10 ℃或路面潮湿时不得浇洒；浇洒后严禁除沥青混合料运输车以外的其他车辆通行；黏层沥青浇洒后应紧接着铺筑沥青层，但乳化沥青应待其破乳、水分蒸发后再铺沥青层。路面附属结构侧面可用人工涂刷。

3. 封层

所谓封层即为封闭表面空隙、防止水分浸入面层或基层而铺筑的沥青混合料薄层。铺筑在面层表面的称为上封层，铺筑在面层下面的称为下封层。在下列情况下，应在沥青面层上铺筑上封层：沥青面层空隙较大，渗水严重，有裂缝或已修补的旧沥青路面，需要铺抗滑磨耗层或保护层的旧沥青路面。在下列情况下应在沥青面层下铺筑下封层：位于多雨地区且沥青面层空隙较大、渗水严重的路面，基层铺筑后不能及时铺沥青面层而又需开放交通的路面。

可采用拌和法或层铺法施工的单层式沥青表面处治层作为封层，二级及二级以下公路的沥青路面可采用乳化沥青稀浆作封层。层铺法铺筑沥青表面处治上封层的材料用量和要求可根据要求确定，沥青用量取规定范围的中低限。

乳化沥青稀浆封层是用适当级配的石屑或沙与填料（水泥、石灰、粉煤灰、石粉等）、乳化沥青、外加剂和水按一定比例拌和成流态的乳化沥青稀浆，然后用稀浆封层摊铺机均匀地摊铺在需设置封层的结构层上，厚度为3 ~ 6 mm。通常采用慢裂或中裂拌和型乳化沥青，矿料的类型及级配根据处治目的、公路等级、铺筑层厚度、集料尺寸及摊铺用量按要求确定。乳化沥青稀浆混合料用拌和机拌和，拌和时严格控制集料、填料、水、乳液配合比，加水量根据施工和易性要求由稠度试验确定，要求的稠度为 2 ~ 3 cm。混合料的湿轮磨耗试验磨耗损失不大于 800 g/m²，轮荷压沙试验的沙吸收量不大于 600 g/m²。

四、厂拌法施工沥青路面

热拌沥青混合料路面通常采用厂拌法施工，施工过程可分为沥青混合料的拌制、运输、铺筑及碾压成型等几个阶段。

（一）搅拌站建设与搅拌设备

热拌沥青混合料在生产过程中会产生粉尘、废气、废油等污染，搅拌站设置必须符合国家有关环境保护、消防、安全等规定。搅拌站与工地现场的距离应充分考虑道路条件，确保不会因运输而导致混合料冷却至规定温度以下，避免混合料因颠簸而产生离析。搅拌站应有功能完善的防水、排水设施，各种原材料应分仓堆放，细集料、矿粉等应有防雨顶棚，站内道路应做硬化处理，防止泥土污染集料。

热拌沥青混合料可采用间歇式拌和机或连续式拌和机拌制。前者是在每盘拌和时计量混合料各种材料的质量，而后者则在计量各种材料之后连续不断地送进拌和器中拌和。为保证沥青混合料的质量稳定、沥青用量准确，高速公路和一级公路的沥青混凝土宜采用间歇式拌和机拌和。当工程材料从多处供料、来源或质量不稳定时，不得采用连续式拌和机。各类拌和机均应有防止矿粉飞扬散失的密封性能及除尘设备，并有检测拌和温度的装置。搅拌系统的各种传感器必须做定期检查，确保各种材料计量准确。

高速公路和一级公路用的间歇式搅拌系统必须配备计算机设备，在拌和过程中能逐盘采集并打印各传感器测定的材料用量和沥青混合料拌和量、拌和温度等各种参数。每个台班结束时打印出一个台班的统计量并用于施工质量检查。

（二）混合料的拌制

在拌制沥青混合料之前，应根据确定的配合比进行试拌。试拌时对所用的各种矿料及沥青应严格计量。通过试拌和抽样检验确定每盘热拌的配合比及其总重量（对间歇式拌和机），或各种矿料进料口开启的大小及沥青和矿料进料的速度（对连续式拌和机）、适宜的沥青用量、拌和时间、矿料和沥青加热温度以及沥青混合料出厂的温度。对试拌沥青混合料进行试验之后，即可选定施工的配合比。

为保证沥青混合料的质量，需要控制拌制温度、运输温度、摊铺温度及碾压温度，沥青混合料在各阶段的施工温度应符合要求。尤其应严格控制沥青加热温度，沥青温度过低，混合料拌和不均匀，沥青加热温度过高，可能会导致沥青老化。集料烘干后的残余含水量不超过1%。沥青混合料拌和的时间根据具体情况经试拌确定，以沥青均匀裹覆集料为度，间歇式搅拌系统的每盘生产周期不宜少于45 s（其中干拌时间不少于5 ~ 10 s）。

改性沥青和SMA混合料的拌和时间应适当延长。经拌和后的沥青混合料应均匀一致，无花白料，无结团成块或严重的粗细料分离现象，不符合要求时不得使用，并应及时调整搅拌系统相关参数。

间歇式搅拌系统应备有保温性能良好的成品储存仓，储存过程中混合料温度降低应符合要求，并不能有沥青滴漏。普通沥青混合料的储存时间不得超过72 h；改性沥青混合料储存时间不宜超过24 h；沥青玛蹄脂碎石混合料（SMA）只限当天使用；透水沥青路面（OGFC）混合料宜随拌随用。沥青混合料出厂时应逐车检查质量和温度，记录出厂时间。

生产添加纤维的沥青混合料时，必须将纤维充分分散到混合料中，搅拌均匀。拌和机应具有同步添加投料设备，松散的絮状纤维可在喷入沥青的同时或稍后采用风送设备喷入拌和机，搅拌时间延长5 s以上。颗粒纤维在粗集料投入的同时自动加入，经5 ~ 10 s的干拌后，再投入矿粉。

（三）混合料运输

热拌沥青混合料应采用较大吨位的自卸汽车运输，车厢应清扫干净。为防止沥青与车厢板黏结，车厢侧板和底板可涂一薄层油水混合液（柴油与水的比例可达1：3），但不得有余液积聚在车厢底部。

沥青混合料运输车的运量应较拌和能力或摊铺能力有所富余，施工过程中摊铺机前方应有运料车在等候卸料。对高速公路和一级公路，开始摊铺时在施工现场等候卸料的运料车不宜少于5辆。

从储料斗向运输车辆卸料时，应多次挪动车辆位置，平衡装料，以减少混合料离析。运输车应有保温、防雨、防污染措施。车辆在施工现场不得超载运输，或急制动、急转弯使透层、封层受到损伤。车轮不能带入泥土等外物污染摊铺现场。

向摊铺机卸料时，运料车在摊铺机前方 100 ~ 300 mm 处停住，空挡等候，由摊铺机推动缓缓前进并开始卸料，避免撞击摊铺机。有条件时可将混合料卸入转运车经二次拌和后再向摊铺机连续均匀地供料。每次卸料务必倒净，尤其是对改性沥青混合料和 SMA 混合料，要防止余料结块。应检查每车来料的温度是否达到要求，是否遭雨淋或结团成块。

（四）混合料摊铺

1. 下承层准备和放样

沥青混合料面层铺筑前，应对其下的基层或旧路面的厚度、密实度、平整度、路拱等进行检查。基层或旧路面若有坎坷不平、松散、坑槽等，必须在混合料铺筑之前整修完毕，并清扫干净。为使铺筑层与下承层黏结良好，在铺筑前 4 ~ 8 h，在粒料类的下承层上洒布透层沥青；若下承层为旧沥青路面或水泥混凝土路面，则要在旧路面上洒布一层黏层沥青；若下承层为灰土类基层，为防止水渗入基层，加强基层与面层的黏结，要在面层铺筑前铺下封层。

在做好下承层准备的同时，进行必要的施工测量，作为混合料摊铺控制高程、厚度、平整度的依据。

2. 摊铺

热拌沥青混合料应采用沥青混合料摊铺机摊铺。对高速公路和一级公路路面，一台摊铺机的铺筑宽度不宜超过 6.0 ~ 7.5 m，以避免造成混合料离析。应采用两台或更多台摊铺机布置成梯队形式同步摊铺，相邻摊铺机之间间距控制在 10 ~ 20 m，摊铺范围搭接 30 ~ 60 mm，并避开车道轮迹带，上下层的搭接位置错开 200 mm 以上。

摊铺机开工前应提前 0.5 ~ 1.0 h 预热熨平板，温度升高不低于 100 ℃。摊铺过程中合理选择熨平板的振捣或夯锤压实装置，使其具有适宜的振动频率和振幅，以提高路面的初始压实度。摊铺机必须缓慢、均匀、连续作业，不得随意变换速度或中途停顿；摊铺机的螺旋布料器应根据摊铺速度保持均匀、稳定旋转，两侧混合料不低于布料器高度的 2/3，以减少混合料离析，提高路面平整度。摊铺速度控制在 2 ~ 6 m/min，对改性沥青混合料或 SMA 混合料则应放慢至 1 ~ 3 m/min。当发现混合料出现明显的离析、波浪、裂缝、拖痕时，应查明原因并将其消除。

用机械摊铺的混合料，不宜用人工反复修正。局部机械无法摊铺的部位不可避免用人工找补时，应仔细进行，严防混合料降温过多和离析。

应采用自动找平方式控制摊铺高程，下面层或基层采用钢丝引导的高程控制方式，上面采用平衡梁或雪橇式厚度控制方式，中面层根据情况选用其中一种。沥青混合料的松铺系数应根据试铺试压确定。

沥青混合料摊铺的最低气温应符合要求，寒冷季节和大风降温天气下不能保证迅速压实时不得摊铺沥青混合料。

（五）混合料压实与成型

混合料压实是获得高质量、高路用性能沥青路面的关键工序之一，必须重视混合料压实工作。压实成型的沥青混合料应满足规定压实度和平整度要求。

沥青混凝土的压实厚度不宜超过 100 mm；沥青稳定碎石混合料最大压实厚度不宜超过 120 mm。应配备数量足够的碾压设备，选择合理的压路机组合方式及初压、复压、终压的碾压步骤，以达到最佳压实效果。高速公路铺筑双车道路面的压路机数量不宜少于 5 台。施工温度低、风大、碾压层薄时，压路机数量应适当增加。

压路机应以慢而均匀的速度碾压，行进速度符合要求，不应突然改变压路机行进路线和碾压方向，碾压区的长度应保持大体一致，两端的折返位置随摊铺机前进而不断向前推进，且横向不得在相同的断面上。

压路机的碾压温度应符合规定，并根据混合料类型、压路机特性、气温、厚度等经试压确定，在不产生严重推移的前提下，初压、复压、终压都应在混合料温度较高时进行。同时不得在低温状况下反复碾压，这会导致石料棱角磨损、压碎，破坏集料嵌挤效果。

1. 初压

混合料摊铺后紧接着进行初压，并保持较短的初压长度，在热量损失较小的情况下尽快使混合料被压实。若摊铺机摊铺后混合料初始压实度较大，经实践证明采用振动压路机或轮胎压路机直接碾压不会出现严重推移现象时，可免去初压，直接进行复压。初压的目的主要是使混合料初步稳定，采用钢轮压路机静压 1 ~ 2 遍，在此过程中，压路机驱动轮面向摊铺机，从外侧向中心碾压，在超高路段则由低向高碾压，在坡道上应从低处向高处碾压。初压后应检查平整度、路拱，有严重缺陷时进行修整乃至返工。

2. 复压

复压紧跟在初压后进行，且不得随意停顿。碾压长度尽量缩短，保持在 60 ~ 80 m。采用不同型号压路机组合时，应安排每台压路机均全幅碾压，防止不同部位的压实度不均匀。密级配沥青混合料优先采用总吨位不低于 25 t 的重型轮胎压路机进行搓揉碾压，以增加路面密水效果，每个轮胎的压力不小于 15 kN，冷态的轮胎充气压力不小于 0.55 MPa，轮胎发热后不小于 0.6 MPa，且各个轮胎的充气压力相同，相邻碾压带重叠 1/3 ~ 1/2 的碾压轮宽度。混合料粗集料较多、最大粒径较大时，优先选用振动压路机，振动压路机的振动频率宜为 35 ~ 50 Hz，振幅宜为 0.3 ~ 0.8 mm。碾压厚度较大时采用高频率大振幅，以获得较大的激振力；厚度较小时采用高频率小振幅，避免集料破碎；厚度小于 30 mm 的薄沥青层不宜用振动压路机碾压。压路机折返时应先停止振动，相邻碾压带重叠 100 ~ 200 mm。三轮钢筒压路机总吨位不应小于 12 t，相邻碾压带重叠 1/2 后轮宽，且不小于 200 mm。大型压路机无法碾压的部位采用小型振动压路机或振动夯板压实。

3. 终压

终压采用双轮钢筒压路机或关闭振动的振动压路机，主要是为了消除碾压轮迹。终压紧跟在复压后进行。

4.SMA、OGFC 混合料的碾压

SMA 混合料不宜采用轮胎压路机碾压，以防止混合料搓揉挤压上浮，通常采用振动压路机按"紧跟、慢压、高频、低幅"的原则进行碾压。OGFC 混合料采用 12 t 的钢筒压路机碾压，在碾压过程中保持碾压轮清洁，有混合料粘轮时应立即清除。当采用向碾压轮喷水避免粘轮时，必须控制喷水量且喷出的水呈雾状，不得漫流，防止混合料降温过快造成温度离析。

（六）接缝处理与开放交通

沥青路面的各种施工缝由于压实不足易产生病害，施工时必须十分注意，保证其紧密、平顺。

纵缝应采用热接缝。施工时，应将已铺混合料部分留下 10 ~ 20 cm 宽暂不碾压，作为后摊铺部分的高程基准面，最后做跨缝碾压以消除缝迹。半幅施工不能采用热接缝时，应加设挡板或采用切刀切齐。摊铺另半幅前必须将缝边缘清扫干净，并浇洒少量黏层沥青。

　　相邻两幅及上下层的横向接缝应错位 1 m 以上。对高速公路和一级公路，中下层的横向接缝可采用斜接缝，在上面层采用垂直的平接缝。其他等级公路的各层均可采用斜接缝。铺筑接缝时，可在已压实部分上面铺设一些热混合料使之预热软化，以加强新旧混合料的黏结，但在开始碾压前应将预热用的混合料铲除。

　　热拌沥青混合料路面应待摊铺层完全自然冷却，混合料表面温度低于 50 ℃后，方可开放交通。需提早开放交通时，可洒水降低混合料温度。

第三章 路 基 工 程

我们所推行的机械化施工不仅仅停留在一个为了代替人的劳动或完成人工无法完成的施工作业的水平上，而是理解为涉及施工机械、施工技术、施工组织及施工管理的综合性现代化施工技术。本章主要对路基工程进行讲解。

第一节 路 堤 施 工

路堤施工是公路工程施工中一个非常重要的环节，需要精心组织，精心施工，确保工程质量。高速公路的特殊性决定了对路基施工质量有着更高的要求。因此路堤施工必须从基底处理、填料选择、压实、排水、防护等各方面加以重视，依靠科技进步，采用新技术、新材料、新的检测手段，从而保证路基具有足够的稳定性和耐久性。

一、路堤工程的施工特点

与路堑开挖相比，路堤工程有以下特点。

1. 路堤基底处理

路堤是在天然地基上人为构筑的土体，是破坏原有状态而以一定要求填堆的土体，并与原面接触而呈结合状态。它对路基质量有着重要的影响，特别是对路基的稳定性影响很大，需要根据地形和土质条件做适当的处理。在正式施工前，除了必须进行伐树除根，清除杂草垃圾及不稳定的石块以外，横坡较大时，还需要做表土翻松，开挖台阶或凿毛（石质基底）。对特殊土质地段，如软土、沙滩和有地下水上溢的地段，必须做进一步的稳定处理或换土。

2. 填土要求

路堤对填土要求很严格，使用不适当的土填筑会直接影响路堤的稳定性和强度。例如，使用淤泥或腐殖质含量较高的土料填筑的路堤，会产生路堤整段或局部的变形，也可能因自重的原因产生滑坡，严重时将影响道路的使用。因此，一般最好采用强度高、水稳定性好的材料作为填料。另外，即使填土材料良好，但由于其所处状态不同，特别是含水率不同，所表现出的结果往往相差很大，解决填土的含水率问题是填筑路堤中一个很重要的环节，在一定程度上左右着工程的施工作业。

3. 填方压实

路堤的填筑都要通过压实以达到路基土体的密实度符合要求，所以填筑必须是分层作业。同时，由于土的种类以及所处状态不同，施工的作业程序、环节也有所不同，铺填土料厚度、填土方式层间结合及压实机械和压实工艺，都是施工中必须认真对待的问题，这是路堤填筑的又一特点。

二、路堤基底及填土材料的处理

（一）路堤基底的处理

路堤基底是指路堤填料与原地面的接触部分。为使两者结合紧密，避免路堤沿基底发生滑动，防止因草皮、树根腐烂而引起路堤沉陷，需视基底的土质、水文、坡度和植被情况及填筑高度采取相应的处理措施。对于一般的基底处理，通常采用以下内容。

1. 伐树、除根及表土处理

路堤填筑时，如果不清除结合面上的草木残株等有害于路堤稳定的杂物，路堤成形后，一旦杂物腐烂变质，地基将发生松软和不均匀沉降等现象。为了预防这种情况，就必须在填土之前做好伐树、除根和表层土壤处理工作，特别当路基填筑高度小于 1.0 m 时，应注意将路基范围内的树根、草丛全部挖除。伐树、除根和清除草丛作业可采用人工方法或机械方法。如基底的表层土系腐殖土，则须将其表层土清除换填，厚度视具体情况而定，一般应不小于 30 cm，并予以分层压实，压实度应符合规范要求。如发现草炭层、鼠洞、裂缝、溶洞等，都必须处理好，以防造成日后塌陷。有些清除物（如腐殖土），堆弃在易于取回的地方，路堤修筑后，可取回作为护坡保护层使用，也可作为中央分隔带及绿化带的回填土。

2. 耕地、水田的处理

路堤通过耕地时，在筑填施工之前，必须预先填平压实，如其中有机质含量和其他杂质较多时，碾压时因弹性过大，不易压实，应换填干土。稻田表面往往存在一层松软薄层，如果直接填土，不但机械通行性很差，难于作业，而且填土也不能被充分压实。若填土层厚度大，第一层要填至 0.5 ~ 1.0 m 厚，施工机械才能通行，以后可以按规定厚度铺填，能够充分压实时可不必进行其他处理。若填土层较薄，第一层则不能填得太厚，否则填土无法得以碾压密实。这时，应当在基底挖沟排水，使填土底层保持干燥，再进行填方压实作业。如果水田水位过高，简单地设置排水沟也不能使水充分外排，不能保证机械通行，且由于地下水毛细管作用侵入填土，恶化填土性质，应在原表土和填土之间加沙垫层，以利于水的排出。

如果填土基底有小池塘或泉眼，就应敷设暗排水管等排水设施，或者用耐水性强的道砟或碎石充填压实到原水位高度以上，在填土后进行有效排水，防止浸入填土。

3. 坡面基底的处理

填方路堤，如基底为坡面时，在荷载作用下，粒料极易失稳而沿坡面产生滑移。因此在施工前必须注意对基底坡面进行处理，而后方能填筑。以往的高速公路施工经验表明，当坡度较小，在（1：10）~（1：5）之间时，只需清除坡面上的树、草杂物后，将翻松的表层压实后即可保证坡面的稳定。但当坡度较大，在（1：5）~（1：2.5）之间时，应将坡面做成台阶形，一般宽度不宜小于2.0 m，高度最小为 1.0 m，而且台阶顶面应做成向堤内倾斜 4% ~ 6% 的坡度。如果基底坡面超过 1：2.5 时，则应采用修挡土墙、护脚等措施对外坡脚进行特殊处理。

（二）路堤填料的选择和处理

用于路堤填筑的土料，原则上就地取材或利用路堑挖方土壤，但对填土料总的要求是：具有良好的级配和一定的黏结能力，易于压实稳定；具有基本上不受水浸软化和冻害影响等特性。淤泥、腐殖质等稳定性较差的土一般不宜作为填土，必须使用时，应根据公路技术规范，有限制地选用。

对于透水性良好的石块、碎（砾）石土、粗沙、中沙和湿度未超过所设计规定极限值的亚沙土、轻亚黏土和黏土等，均可用于填筑路堤。在特殊情况下，受工程作业现场条件的限制，在路堤填筑工地附近可能没有合适的填土材料，而从远处运来又不经济，这时通常做法是对附近不符合施工规范要求的土料进行适当处理，而后将其作为填土使用。

1. 含水率调节

一般情况下，如料场土料的自然含水率接近最佳含水率时，只要对挖出的土料及时装卸上堤，及时摊平碾压即可。如果土料含水率过高，应予以翻晒，最好利用松土机或圆盘耙搂翻，增大曝气面，加速蒸发效果。另外，也可在取土场工作面下面挖沟，使地下水位降低，改变土料含水率，这也是一种有效方法。如含水率过低时，常在材料上人工洒水，洒水率可由自然含水率和最佳含水率之差简单地求出，常用的洒水工具有洒水车和水泵等。在实际工作中，土料的人工湿润可在取土场和堤上进行，由于取土场场地宽阔，工作方便，易使洒水均匀，如洒水过度，也不影响堤上已有的土体，因而人们多采用这种方式。在料场湿润土料，可以采取把取土场用水淹盖起来的方法进行，宜用于黏土层垂直孔隙较大的情况。作业时，应首先除掉表土植物层，并将土面整平，而后灌水掩盖，直至吸够必需水量为止。所需水量由地面至挖深厚度内全部土体计算，淹水后的土壤不宜立即取用，需让水经一定下沉或蒸发后方可使用。

在路堤施工时，也常采用洒水车直接在堤上喷洒，但应配用圆盘耙等机具对土料进行翻拌，使其润湿均匀，还需预计润湿时间，绝不可在洒水后立即碾压。

2. 化学稳定处理

化学稳定处理即利用石灰或水泥作为稳定剂对土壤性质进行改良，达到填土要求，这种方法对含水率大、塑性高的材料（如黏土），或强度不足的其他材料（如含有大量细粒沙的沙质土），都有较好的效果。化学稳定处理的施工方法，是将土和石灰、水泥等添加材料按一定比例混拌均匀后铺平压实，一般采用路拌式稳定土拌和机（灰土拌和机）和平地机等进行作业，也可由设于专门场地的厂拌设备制备。

三、路堤的填筑作业

（一）路堤填筑方法

路堤填筑是把填料用一定方式运送上堤进行铺平、碾压密实的过程。路堤填筑分为水平分层填筑法、纵向分层填筑法、横向填筑法和混合填筑法等四种方法。

1. **水平分层填筑法**

填筑时按照横断面全宽分成水平层次,逐层向上填筑。若原地面不平,应从最低处分层填起,每填一层经过压实符合规定要求后再填上一层。

2. **纵向分层填筑法**

纵向分层填筑法宜用于推土机从路堑取料填筑距离较短的路堤,填方侧应按要求,人工开挖土质台阶后,依纵坡方向分层,逐层向上填筑碾压密实。原地面纵坡大于12%的地段常采用此法。

3. **横向填筑法**

从路基一端或两端同时按横断面的全部高度,逐步推进填筑,仅用于无法自下而上填筑的深谷、陡坡、断岩、泥沼等填土和机械无法进场的路堤。横向填筑因填土过厚,不易压实,施工时需采取下列措施。

(1)选用高效能压实机。

(2)采用沉陷量较小的沙性土或附近开挖路堑的废石方,并一次填足路堤全宽度。

(3)在底部进行拨土夯实。

4. **混合填筑法**

混合填筑法即路堤下层用横向填筑,而上层用水平分层填筑,使上部填料经分层压实获得需要的压实度。混合填筑法适应于因地形限制或填筑堤身较高,不宜采用水平分层法或横向填筑法自始至终进行填筑的情况。

上述方法中,后三种路堤填筑施工方法工程质量较难保证,同时也不易检测。因此,除非工程有特殊要求外,一般应尽可能采用第一种方法施工。

(二)路堤机械化作业

1. **推土机作业**

(1)推土机横向填筑。这是一种水平分层填筑方法。推土机在路堤一侧或两侧取土场取土,一般沿线路分段进行,每段距离以20～40 m为宜,可以单机作业,也可以多机作业,多在地势平坦或两侧有可利用的山地土场的场合采用。

推土机在路堤单侧取土时,可采用穿梭法进行作业。作业时,推土机铲满土料,推送至路堤的坡脚,卸土后,按原路返回到铲挖位置,如此往复在同一路线上。

采用槽式作业法送 2 ~ 3 刀就可挖到 0.7 ~ 0.8 m 深,然后做斜线倒退,向一侧移位,同样方法可推送相邻土料。整个作业区段完成后,可以沿作业时相反方向侧移,可推净遗留土埂,整平取土坑。

当推土机由路堤两侧取土场取土时,每侧作业方法与上述方法相同,所不同的是路堤用土由两侧运来,分别推至路基中心线即可。作业时,为使中心线两侧运土的结合处能充分压实,由两侧运来的土料均应被推送超过中线。采用这种作业方法时,每个作业区段最好由两侧相同台数的推土机相向同步作业,这样可使路堤均衡对称地成形。

用推土机从两侧取土填筑路堤,适用于取土距离较短、路堤较低的场合,路堤高度一般在 1 m 以下。作业时要分层有序地进行,每层层厚视土质及压实特性而定,一般为 20 ~ 30 cm,并须随时分层压实。

(2)推土机纵向填筑路堤。用推土机进行移挖填土施工时,多采用这种方法(一般多用在丘陵、山地)。可做纵坡分层,只要挖方土壤符合填土要求,即可采用,但以开挖部分坡度不大于 1∶2 为限。在开挖中应随时注意复核路基标高和宽度,避免超挖和欠挖。

(3)综合作业法。这是上述两种方法的综合,即在纵横方向联合作业。沿线路分段进行,每段长 60 ~ 80 m,每段中部设有横向送土道,用横向作业的方式,将两侧土壤送上路堤,再由另外的推土机纵推送铺平,同时分层压实。

2. 铲运机作业

利用铲运机填筑路堤,其基本方法与推土机大致类似,仅以作业现场条件不同而有所区别。其最大特点是曲线作业散落料少,故有更灵活的作业路线,并适宜于较远距离取土(一般为 100 m 以外,且填筑高度为 2 m 以上)。其作业的运行路线,在根据地形条件及考虑施工效率时,有以下几种基本方式可在实际工作中灵活应用。

(1)椭圆形运行路线。此方法适用于填土高度在 1.5 ~ 2.0 m 以内,且工作长度在 100 m 以下的情况。主要缺点是重载上坡转向角大,转弯半径小;每一循环,铲运机需要转两次 180° 大弯。

(2)"8"字形运行路线。实际上是上述椭圆形路线的组合,每一个作业循环,在同样两次 180° 大转弯的情况下,可完成两次铲装运送、卸土的过程,而且可以容纳多机作业,工效比单椭圆形作业路线有一定程度的提高,多用于工作段较长(一般为 300 ~ 500 m)的填筑作业,要求取土场在路堤两侧。作业区段较长时,可以多个"8"字形工作面首尾相连,可在整个区段内连续作业,适宜于群机作业。如果各机间隔适当,可使其互相不受干扰,并把每次填挖段与上次的错开,作业均衡,缺点为一次循环的时间较长。

(3)全堤宽循环作业。上述两种方法,均在路堤单侧取土(指一个循环内),当两侧取土场同时取土作业时,可采取全堤宽循环作业的方法,即铲运机连续相间地在路堤两侧取土场取土,而在路堤全宽上均匀铺散。这种作业方法,适宜于作业区段较长且宽度较大的路堤填筑,铲运机每次循环中,多次装卸土壤,运行路线可均匀错开,因此碾压质量较好。

用铲运机填筑路堤,无论采取何种运行路线,在路堤整个宽度上,应注意从两侧分层向中间填筑,始终保持两侧高于中间,以防止铲运机向外翻车。当两侧填至标高时,再填平中间并按要求修整成一定的坡度。

另外,铲运机进行路堤填筑作业时,经常是利用自重压实的。因此,全堤宽循环作业过程中,卸土应均匀分布在堤面上,同时铲运机车轮应使路堤上的卸土都能被压到,以保证路基的压实质量。

当路堤高度在 1 m 以上时,应修筑运行通道。高度大于 2 m 时,每隔 50 ~ 60 m 修筑一个通道或缺口,最小宽度为 4 m,使铲运机转弯半径不小于 6 m。上坡通道坡度一般为 15% ~ 20%,下坡极限坡度为 50%,整个填筑作业完成后,所有进出口通道应予封填。

3. 挖掘机(或装载机)与运输车辆配合作业

用正铲、反铲和抓斗挖掘机或装载机与运输车辆配合进行路堤填筑施工,适用于取土场较远或特殊地形施工条件下的作业,工作过程比较简单。挖掘机或装载机按其基本作业方法进行挖掘装载,由运输车辆将土料送上路堤,然后由推土机或铲运机按规定厚度铺平并由压实机械压实。采用这种作业方法,影响工效的主要因素是:与一定装载能力的挖掘装载机械相配合的运土车辆数及运行路线。

其他挖掘机和装载机作业时,方法与此相同,仅在于各种挖掘装载机械施工条件不同。如拉铲装车较为困难,要求司机操纵技术熟练,由于抓斗对土壤适应性差,一般不做直接挖土工作,这些类型的工作装置进行填土作业时,效率不及正铲。

与挖掘装载机械配合作业的车辆数,除与挖掘机、汽车性能有关外,同时还与运输距离、道路条件、驾驶员技术素质有关,还受到平整和压实机械生产能力的影响。因此,应尽可能使各种设备做到相互平衡、协调,而不仅仅是运输车辆,这样才能既使总的工效最佳，又使各机种利用率和单机效率提高。

四、填土边坡施工

（一）一般规定

路堤边坡施工是路堤作业中的重要环节，如果注意不够，不但延误工期，降低工程质量，造成经济损失，而且也可能给运输安全带来很大的威胁，在施工中务必对此充分重视。

路堤边坡的要求应符合《公路工程技术标准》中的规定，还要在施工时注意以下几点。

1. 放样

根据线路中桩和设计图表，通过放样，定出边坡的位置和坡度，确定路基轮廓，要求放样准确可靠。

2. 做好坡度式样

按照规定在适当位置做出边坡式样，作为全面施工的参照，以免沿着错误边坡延续施工。

3. 随时测量

对高路堤或深路堑，每做一段距离就要抄平打线一次，发现问题应及时纠正，对变坡点处更要注意测量检查。

4. 留有余量

路基修筑包括路堑、路堤时，边坡部位要留有一定的余量，以方便进一步修正后达到设计要求的标准，岩石边坡要尽量一次完成。

此外，边坡附近，如遇打眼放炮时，要严格控制炮眼方向及装药量，防止将边坡振松破坏。

填土边坡面，除了截面符合施工图纸形状，并注意上述各点外，施工中最重要的一点是边坡的压实。如果边坡面层和路堤主体相比不够密实，在遇降雨天气时，很可能在水的作用下发生滑坡等破坏。为了防止这种情况，要对路堤边坡尽可能采用机械压实的方法，达到密实度要求。

施工中，需估计施工过程中降雨的情况，采取必要措施预防因遭雨水洗剥和水渗透而发生边坡滑移。由于填土坡度面的施工程序和压实方法不当引起的路堤崩溃和路侧下沉的情形是经常发生的，路堤边坡施工应尽量选定既简单又能有效保证路堤边坡安全的方法。

路堤边坡坡度在 1 ∶ 1.8 左右时，坡面要拉线先放粗坡，用自重 3 t 以上的振动压路机（拖式）从填土坡脚开始向上卷振压实，注意必须是从下往上振压。在放下过程中，不能振动，防止斜坡上的材料被振松而滚滑。土质良好且坡度不大时，也可用推土机在斜坡上往返行驶压实，这也是压实边坡行之有效的方法。对含水率较高的黏性土，须选用湿地推土机进行压实。

另一种路堤边坡施工方法是填土时适当加大宽度和高度，然后分层填土、压实，多余部分利用平地机或其他方法铲除修整。这种方法作业面大，需要有一定的施工回旋活动余地，但在没有条件进行坡面压实的情况下，往往可以取得满意的效果。

路基经过填土压实后，要进行整形作业。除路基顶面以外，施工作业较复杂的也是边坡面的整形，可用平地机或推土机进行。

（二）平地机坡面整形作业

由于平地机的性能和刮刀长度的限制，当坡面坡度为（1 ∶ 1.5）~（1 ∶ 5）、坡面在平地机刮刀宽度以内时，可以用一台平地机在一个平面上行驶作业。如果坡面超过刮刀宽度或坡度较缓，一台平地机在一个平面上无法完成全坡面整形时，可采用两台平地机在上下两个平面上同时进行作业，或一台平地机分两次在上下两个平面内分别作业。对于平地机在上下两平面上仍不能完成整形作业的大坡面，则必须在分层填筑过程中，在适当时候就进行修整。

无论采取何种方式进行坡面整形，在施工作业前，都必须在作业段两端做好标准坡面，以便在刮削时有所参照，或者随时用线绳连接两端标准坡面同一位点并指导、检查平地机作业情况，防止超刮及欠刮。对于有找平装置的平地机，也可以用拉线的方式，设置基准进行作业。当坡面出现超刮，要用人工分层夯实的方法，超高回填后再做刮削，使之与原坡面构成一体。对于要求较高的过水坡面，上述回填应采取齿阶接合，这个工作一般较为困难，且不易保证工程质量，因此要尽量避免发生超刮现象。

（三）推土机坡面整形作业

推土机坡面整形作业，只适应于坡度较小（小于 1 ∶ 2.5）的坡面。一般先用人工做出标准坡面，然后推土机紧靠标准坡面，自下而上或自上而下进行刮削。为了保证推土机不至于远离标准坡面而造成超刮现象，作业段内应有一定数量的标准坡面以对推土机的作业加以控制，标准坡面布设一般为铲刀宽 4～6 倍为宜，即 10～15 m。

由于推土机进行整形作业时是与机车在坡面上行驶同时进行的（而平地机是在平面上行驶），因此，推土机在作业过程中虽然可以多布设一些标准坡面，以便对照，但仍然比较难于掌握，所以对操作人员的技术水平要求较高。可根据推土机行驶的坡度与铲刀切削坡度一致的程度，采用简易的环形测坡仪进行监测，以便操控。一般而言，推土机进行坡面整形作业的质量远不如平地机容易操控。

第二节 路 堑 施 工

路堑施工是路基施工中工程量最大、最普遍的施工内容，有多种施工机械，使机械优势得到充分发挥。所以，路堑施工主要采用机械化进行。

一、路堑施工的特点

从作业程序上讲，路堑施工较为简单，即按一定要求把土挖掘并运到弃土地点，不像路堤填筑有材料选择、分层碾压密实等问题存在。然而，从以往施工经验和公路使用的角度看，路基上发生的问题却大多出在路堑上。例如，路堑施工往往成为整个工程的控制工程，影响工期。施工中常发生塌方、落石等事故。在道路使用过程中，路堑地段又是塌方、滑坡、翻浆、冒泥、冻害等路基病害的多发区段，而这些又在很大程度上与路堑施工得当与否有着密切的关系。如由于开挖坡度不合适或弃土太近，使土体失去平衡而发生塌方；由于排水不良造成土体松软发生边坡溜滑；由于没有及时修筑挡土墙等防护工程而发生滑坡现象。因此，在路堑施工中，对采取的作业方式、开挖步骤、弃土位置等应给予充分重视，进行全面规划，保证有较高的质量和效率。在挖掘作业特别是深挖掘作业时，应将粗加工和挖掘作业同时进行，使坡面作业尽量减少，并且必须经常不断地检查尺寸。单面挖掘、单面堆土时，应尽量避免土堆太高，即使设计上没有防滑措施，也要将基底面进行阶梯挖掘，这样才比较合理。

深挖掘的一个特别需要注意的问题是：应保证施工过程中或竣工后的有效排水。一般应先开挖排水沟槽，并设法排除一切可能影响边坡稳定的地面水和地下水，为此，路基开挖作业时应注意以下几点。

（1）由于水是造成路堑各种病害的主要原因，所以不论采取何种开挖方法，均应保证开挖过程中及竣工后的有效排水，施工时均应先开挖截水沟，并设法引流掉所有可能影响边坡稳定的地面水和地下水。开挖路堑时，要在路堑的线路方向保持一定的纵坡度，以利于排水顺利和提高运输效率。

（2）开挖时应按照横断面自上而下，依照设计边坡逐层进行，防止因开挖不当而引起边坡失稳崩塌。对坡度较大、开挖厚度较薄的地形，由于挖削部分较薄，对坡体崩塌问题往往容易忽视。此时应按原有自然坡面自上而下挖至坡脚，不可逆转施工，否则可能引起滑坡体滑塌。

（3）在地质不良拟设挡土墙的路堑中，路堑开挖应分段进行，同时修筑挡土墙或其他防护设施，以保证安全。

（4）路堑弃土应按要求，整齐地堆在路基侧或两侧。弃土堆内侧坡脚（靠路堑一侧）至路堑边坡顶端距离不得小于 5 m。

（5）弃土运往他处时，挖掘工作面的运输散落土料要及时清除。尤其是每个工作日作业结束时，更要注意及时用推土机将散落土清除干净，以防土遇淤积水，造成滑坡损害，以致发生崩塌事故。

（6）对松软土地带或其他不符合要求的土质地段，要采取各种稳定处理措施，并注意地下水的上升情况，根据需要应设置排水盲沟等。

二、路堑的开挖

在路堑开挖前，应做好现场伐树除根等清理工作。在移挖作填时，还需将表层土壤单独掘砌，路堑的开挖根据现场施工条件，可采用以下几种基本方法。

1. 全断面开挖法

全断面开挖法是从开挖路堑的一端或两端按断面全宽一次挖到设计标高，逐渐向纵深挖掘，挖出的土方一般都是向两侧运送。这种方法适用于深度不大且较短的路堑。

2. 分层横断面挖法

分层横断面挖法是从开挖路堑的一端或两端按横断面分层挖至设计标高，每层都有单独的运土出路和临时排水设施，适用于开挖深而短的路堑。土方工程数量较大时，各层应纵向拉开，做到多层、多方向出土，可安排较多的劳动力和施工机械，以加快施工进度。每层挖掘深度视工作方便和安全而定，一般为 1 ~ 2 m。

3. 分段纵挖法

当路堑较长、开挖深度不大时，把开挖路堑横断面分成若干段，并沿纵向条形开挖，一般出土于两侧。若是傍山路堑，一侧堑壁不厚，选择一个或几个地方挖穿路堑壁出土。

4. 分层纵挖法

如果路堑宽度及深度都不大，可以纵向分层挖掘。在短距离及大坡度时，可用推土机施工，较长的宽路堑则宜用铲运机作业。

5. 通道纵挖法

在开挖路堑时，沿路堑纵向先挖出一通道，然后开挖两旁，这是一种快速施工的有效方法，通道可用于机械通行或运输土料车辆的运土。

三、路堑开挖机械化施工

（一）推土机作业

推土机操纵灵活，运转方便，既可开挖土方，又能短距离运输土料，在路堑开挖作业中被广泛应用。采用推土机开挖路堑，根据具体情况可有两种施工作业方法。

1. 平地上两侧弃土，横向开挖

用推土机横向开挖路堑，其深度在 2 m 以内为宜。开始时，推土机以路堑中线为界，向两侧用横向"穿梭"推土作业法进行作业，将路堑中挖出的土送至两侧弃土堆，最后再做专门的清理和平整。当开挖深度超过 2 m 时，则需与其他机械配合作业。

此外，对上述施工作业，推土机也可采用环形作业法。推土时，推土机可按椭圆形或螺旋路线运行，这种运行路线可利用推土机本身对弃土堆进行分层压实和平整。

不论采用何种作业路线进行路堑开挖，都要注意不允许路堑的中部下凹，以免积水。在整个开挖段上，应做出排水方向的坡度以便排除降雨积水。在接近挖至规定断面设计线时，应随时复核路基的标高和宽度，避免出现超挖或欠挖。通常在挖出路堑的粗略外形后，多采用平地机整修边坡和边沟。

2. 纵向开挖山坡路堑

（1）开挖傍山半路堑。开挖傍山半路堑一般多用斜铲推土机进行。开挖时首先由路堑边坡的上部开始，沿线路行驶，渐次由上而下，分段、分层将土推送至坡下填筑路堤处。推土机的水平回转角根据土壤的性质来调整，在 Ⅰ、Ⅱ级轻质土壤上作业时，可调至 60°；在 Ⅲ、Ⅳ级土壤上作业时可调至 45°。由于推土机沿山坡施工，要特别注意安全，推土机始终应行驶在坚实稳定的土壤上，填土部保持道路外侧高于内侧，行驶的纵坡角不宜超过推土机最大爬坡角。

采用上述方法时，铲刀的平面角使土料沿刀身向填土部送出，当使用直铲推土机完成这种半路堑作业时，土料只能由推土机曲线行驶，方可卸土于填土部位。这时，将几次铲起的土壤集至一处堆起，然后再将土壤一起推运到边坡前沿卸土。这样不但可提高推土机的生产效率，而且比较安全。直铲推土机进行开挖半路堑作业只适用于坡度不大（25°以下）的场合。

（2）开挖深路堑。开挖深路堑运土作为填土路堤作业时，应首先做好准备工作，要在开挖路堑的原地面线顶端各点和填挖之间零点处，设置标记，同时挖半小丘，使推土机能顺利进入作业现场。如果推土机能沿斜坡驶至最高点，则可以由路堑的所在坡面上顶点处开始，逐层开挖至路堤处，开挖时可用 1～2 台推土机沿线路中线的平行线进行纵向推填。当路堑挖到设计深度的一半位置时，再用另外 1～2 台推土机，横向分层推削路堑斜坡。由斜坡上推削下来的土壤，仍由下面的推土机送至填土区段，直至路堑路堤全部完成为止。

（二）铲运机作业

铲运机开挖路堑也有两种作业方法，一是横向弃土开挖；二是纵向移挖作填。路堑开挖应分层进行，并从两侧开始，每层厚 15～20 cm。这样做既能控制边坡，又能使取土场保持平整，同时还应沿路堑两侧做出排水纵坡。

路堑在以下情形下，宜采用横向开挖，即堑顶地面有显著横坡，而上游一侧须设置弃土堆，阻挡地面水流入路堑；路堑中纵向运土距离太长，超过铲运机的经济运距，严重影响工效；不需要利用土方或利用有剩余时；长路堑由于施工条件的限制，机械只承担其中一段，两端又无法纵向送土时。横向开挖路堑的施工运行线路与路堤横向取土填筑类似。

铲运机纵向移挖作填，当路堑须向堑口外相接的路堤处运土填筑时，铲运机应当利用纵坡自路堑端部开始做下坡铲土，并逐渐向堑内段延伸挖土长度，而填筑路堤也应做相应的延伸。

一般铲运机可在路堑内做 180° 转向，从路堑两端分别开挖。当延伸到路堑中部且长度在 30 m 以内时，可改用直线迂回运行圈的方法，做纵向贯通运行，往返交替向两端挖运。如果地面纵坡过陡，铲运机不能运行时，应先用推土机在路堑的端部推出 15° 左右的缓坡。此外，在挖土区段内每隔 20～30 m 宽度为铲运机开通一条回驶上坡道，并延伸至填土区段内，这样铲运机可用较大功率下坡铲土，在填土区段上回驶坡道卸土填方，并逐步扩大通路宽度，直到工作面的全宽普遍具备正常运行条件。

铲运机纵向运土时，也可根据工地情况采取几种不同行走路线。当然，一次循环可以做两次甚至更多次取土、卸土，视作业面纵向长度而定，这样可获得更好的经济效益。

铲运机开挖路堑作业应先从两侧开始，这样可避免造成超挖、欠挖，否则将大大增加边坡修整的工作量，特别是边坡大于 1：3 且不能用机械修整时尤其应当注意。另外，采取先挖两侧、后挖中间的顺序，亦利于雨后排水。

（三）挖掘机作业

用挖掘机开挖路堑，一般是与运输车辆配合作业。

1. 正铲挖掘机开挖路堑

正铲挖掘机进行路堑开挖作业，可采用全断面开挖和分层开挖两种方法。路堑深度在 5 m 以下时，可采用全断面开挖，挖掘机一次向前开挖路堑全宽至设计标高，运输车辆停在与挖掘机同一平面，且并列布置，或在挖掘机后侧。这种方法施工简单，但挖掘机须横向位移，才能挖到设计标高。当路堑深度为 5 m 以上时，宜采用分层开挖，即挖掘机在纵向行程中，先把路堑开通一部分，运输车辆在挖掘机一侧布置，并与开挖路线平行，如此往返几个行程，直至将路堑全部开通。第一开挖道高度应以停在路堑边缘的车辆能够装料为准，其余各次开挖道都可以按要求位于同一水平之上，这样可以利用前次挖好的开挖道作为运输车辆的行驶路线。

各次的开挖道在全作业段完成后，可退返或调头做反向开挖，视现场具体情况而定，但务必注意每次开挖道的排水问题。

挖掘机各次开挖后在边坡上留下的土角，可由推土机修整。

2. 反铲挖掘机开挖路堑

由于反铲挖掘机只能挖掘停机面以下的土壤，因此在做开挖路堑作业时，要停在路堑顶部两侧进行，一般只适用开挖深度在挖掘范围内的路堑，可视现场情况采用沟端或沟侧的作业方法。

3. 拉铲挖掘机开挖路堑

用拉铲挖掘机开挖路堑作业时，如卸料半径能至两侧弃土堆位置，则挖掘机可停在路堑中心线上，采取沟端挖掘的方法进行；否则，必须采用双开挖道作业。当弃土堆位于路堑一侧时，挖掘机沿路堑边缘移动，为了保证安全，挖掘机内侧履带应与路堑边沿保持 1.0 ~ 1.5 m 的距离。

4. 推土机和铲运机联合作业

在组织大型土方机械开挖路堑作业时，往往投入作业的机械机型很多，各自又有不同的运用范围和作业效果，为多机联合作业提供了可能性。其中，不同功率的推土机和不同斗容量的铲运机联合作业最为常见。

在组织推土机与铲运机联合开挖作业时，应根据它们各自的特点将它们安排在最能发挥各自优势的部位进行作业。

推土机动作灵活，可正驶推运、倒驶空返，推运翻松土壤效率较高。其中大型推土机载运土量较大、爬坡性能最好；而中型推土机进退速度较快。推土机增设侧挡板后推运翻松土壤，可提高经济运距和载土量。而铲运机能下坡铲土入斗，上坡可以斜驶使上料损失最小，具有较好的整形性能，在干土区段进行深挖高填的大运距作业时，其工效与推土机相当，工程成本可降低。

在多机联合作业时，可将中型推土机安排在开挖段的上层，大型推土机放在中层，铲运机放在底层。为了便于排除降雨积水，开挖工作应自下而上进行。为了提高推土机的作业效率，在较硬土质区段，最好配备翻松机械或机具协同作业。

此外，采用多机联合作业时，还应当注意以下几点。

第一，在多种机械联合作业中，各种机型的配备，要保证前机（例如中型推土机）的作业量满足后机（例如大型推土机）作业量的要求，最好同一机型的数量不少于 2 台。

第二，推土机推运松土时，采取纵向作业，效率较高且故障少，也有利于边坡的控制及分层铲土。

第三，无论是推土机还是铲运机，都应尽量坚持分段分层铲土、运土，随时保持弃土堆的平整密实，为了均衡各机作业，在作业中可随时调整分段长度。

第四，要坚持由低地段向高地段开挖，各机流水作业，以挖成一段、成型一段为原则，不宜打乱长堑、顺沟纵向犁翻的有利条件，以利于排除积水和便于雨后继续作业。实践表明，联合作业具有工程质量好、工效高、受降雨影响小、现场管理方便等优点，是值得推广的一种较好的作业方式。

四、边坡作业

路堑挖土边坡施工的基本要求与填土边坡类似，除了边坡坡度符合设计规范外，也应做好放样、布设标准坡面等工作。但是，与填土边坡相比，路堑挖土边坡又有自己的一些特点。由于路堤边坡是由填土而成的，所以，其工程性质差异不大。而路堑边坡则是由自然状态土、石方挖掘形成的，随线路经过地带不同而有较大变化，其工程性质不仅不同，有时还差别很大，施工作业难易程度也就有一定的区别。根据以往施工经历，下面介绍路堑开挖边坡的几种类型及其施工要点。

1. 沙土边坡

挖出的斜坡要留有足够的余量，然后打桩定线进行坡面整修。具体做法是，先用机械开挖，留有 20 ~ 30 cm 的余量，后用人工修整或用平地机修整，也可用小型反铲挖掘机修整。如果采用挖掘机修整边坡，要求操作人员有较高的技术水平，否则很容易造成超挖或欠挖。

2. 岩石边坡

如果坡面是软岩，可用镐或风镐开挖；如果坡面是硬质岩石，要用手动冲击式钻机，沿着需要修整的坡面先开炮孔，然后，注意不要使剩下的岩盘松动，装少量炸药进行爆破。在大型工程中，也可直接爆破成斜面，然后进行放坡作业。

岩石边坡施工应特别应注意地质变化，岩盘和风化土界限实际高度与预计的不一样，施工时要视情况采取一定措施。总之，边坡一旦放好，是不容易变更的，所以，施工前应事先做好地质调查工作。

3. 碎石类土边坡

影响碎石类土挖方边坡的因素主要是土体结合的紧密程度，其坡度要结合土壤、地质水文等条件确定。

碎石类土的潮湿程度及边坡高度，对边坡的稳定有较大影响。一般湿度大、边坡高时宜采用较缓坡度；对密实度差的土体，应避免深挖。同时，要注意当边坡过缓时易受雨水作用处面积增大，因此边坡不宜过缓，并应根据具体情况采取边坡防护和加固措施，确实做好排水工作，以免影响边坡稳定。

五、石质路堑开挖

由于岩石坚硬，石质路堑的开挖往往比较困难，这对路基的施工进度影响很大，尤其是工程量大而集中的山区石方路堑更是如此。因此，采用何种开挖方法以加快工程进度，是石质路堑开挖需要考虑的重要问题。通常，应根据岩石的类别、风化程度、节理发育程度、施工条件及工程量大小等选择爆破法、松土法或破碎法进行开挖。

（一）爆破法开挖

爆破法是指利用炸药爆炸的能量将土石炸碎以利挖运，或借助爆炸能量将土石移到预定位置。用这种方法开挖石质路堑具有工效高、速度快、劳动力消耗少、施工成本低等优点。对于岩质坚硬，不可能用人工或机械开挖的石质路堑，通常要采用爆破法开挖。爆破后用机械清方是非常有效的路堑开挖方法。

根据炸药用量的多少，爆破法分为中小型爆破和大爆破，其中使用频率最高的是中小型爆破，大爆破的应用则受多种因素的限制。例如开挖山岭地带的石方路堑时，若岩层不太破碎，路堑较深且路线通过突出的山嘴时，采用大爆破开挖可有效提高施工效率。但如果路堑位于页岩、片岩、沙岩、砾岩等非整体性岩体时，则不应采用大爆破开挖。尤其是路堑位于岩石倾斜朝向路线且有夹砂层、黏土层的软弱地段及易坍塌的堆积层禁止采用大爆破开挖，以免对路基稳定性造成危害。

爆破对山体破坏较大，对周围环境也有较大影响，因此必须按有关施工规定和安全规程进行作业，严格按设计文件实施。通常应做试爆分析，其结果作为指导施工的依据。

（二）松土法开挖

松土法开挖充分利用岩体的各种裂缝和结构面，先用推土机牵引松土器将岩体翻松，再用推土机或装载机与自卸汽车配合将翻松的岩块搬运到指定地点。松土法开挖避免了爆破作业的危险性，而且有利于挖方边坡的稳定和附近建筑设施的安全。凡能用松土法开挖的石方路堑，应尽量不采用爆破法施工，随着大功率施工机械的使用，松土法愈来愈多地应用于石质路堑的开挖，而且开挖的效率也愈来愈高，能够用松土法施工的范围也不断扩大。

松土法开挖的效率与岩体破裂面情况及风化程度有关，岩体被破碎岩石分隔成较大块体时，松开效率较高。当岩体已裂成小石块或呈粒状时，松土只能劈成沟槽，效率较低。沙岩、石灰岩、页岩等沉积岩有沉积层面，是比较容易松开的岩石，沉积层愈薄愈容易松开。片麻石、片岩、石英岩等变质岩，松开的难易程度要视其破裂面发育程度而定。花岗岩、玄武岩、安山岩等岩浆岩不呈层状或带状时，松土比较困难。

多齿松土器适用于松动较破碎的薄层岩体。单齿松土器则适用于松动较坚硬的厚层岩体。松土器型号及松土间隔应根据岩石的强度、裂隙情况及推土机功率等选择，最好通过现场松土器劈松试验来确定。遇到较坚硬的岩石，松土器难以贯入，引起推土机后部翘起或履带打滑时，可用另一台推土机在松土器后面顶推。坚硬完整的岩石难于翻松，可进行适当的浅孔松动爆破，再进行松土作业。

（三）破碎法开挖

破碎法开挖是指利用破碎机凿碎岩块，然后进行挖运等作业。这种方法是将凿子安装在推土机或挖土机上，利用活塞的冲击作用使凿子产生冲击力以凿碎岩石，其破碎岩石的能力取决于活塞的大小。破碎法主要用于岩体裂缝较多、岩块体积小、抗压强度低于 100 MPa 的岩石。由于开挖效率不高，其只能用于前述两种方法不能使用的局部场合，作为爆破法和松土法的辅助作业方式。

以上三种开挖方法各有特点，应视施工条件合理选用。

六、深挖路堑的作业

路堑边坡高度等于或大于 20 m 时称为深挖路堑，深挖路堑的施工方法与一般路堑的施工方法基本相同，但有一些特殊问题和要求需要注意。

（一）施工前的准备

深挖路堑因为边坡较高，容易坍塌，且工程量大，常是影响全线按期完工的重点工程。因此，施工前准备工作的一个重要任务，就是详细复查设计文件所确定的深挖路堑地段的工程地质资料及路堑边坡，并收集了解土石界限、工程等级、岩层风化厚度及破碎程度等岩层工程特征。若路堑为沙类土时，应了解其颗粒级配、密实程度和稳定角；路堑为细粒土时，应了解含水率和物理力学性质，以及不良地质情况，地下水及其存在形式等。根据详细了解的工程地质情况，工程量的大小和工期，编制施工组织设计，确定配备机械设备类型和劳动力，这对保证工程质量和按期完成是非常重要的。

施工前准备工作的另一个重要任务是对工程地质进行补探工作，过去有些深挖路堑常缺乏工程地质资料或者仅有地表面 1~2 m 深的探坑地质资料，有些资料只根据天然露头确定工程难易等级，这对保证深挖路堑边坡稳定的论证是不够的，更不能以此编制施工组织设计和指导施工。因此，在施工前，必须进行工程地质补探工作（补做工程地质勘探时应以钻探为主），解决原设计文件中工程地质资料缺乏或严重不足的问题，补做工程地质勘探并验算后，若高路堑边坡难以稳定将造成长期后患，则应按补做的地质资料进行方案的选择，并报请审批后实施。

（二）土质高路堑

影响深挖路堑边坡稳定性的因素很多，最主要的因素是边坡坡度大小。若坡度小，边坡平缓，则其易于稳定；反之，则不稳定。同时其稳定性亦与气候有关，因此要求边坡应严格按照设计坡度施工，但遇到土质情况与设计资料不符，特别是土质较设计松散时，应向有关方面提出修改设计的意见，批准后实施，以保证路堑边坡的稳定。

路堑边坡按一定高度设平台，与从上至下一个面坡相比，虽然设平台的综合坡度与一面坡的坡度相同，但前者边坡较稳定些。此外，分层设有平台还可起到碎落台作用。因此，在施工高路堑边坡时，应每隔 6~10 m 高度设置一个平台，平台宽度人工施工不应小于 2 m，机械施工不应小于 3 m。平台表面横向坡度应向内倾斜，坡度为 0.5%~1.0%，纵向坡度应与路线平行，平台上的排水设施应与排水系统连通。

施工过程中修建平台后的边坡如果仍然不能稳定，应根据其不稳定因素，如设计边坡过陡、过大造成含水率增加、土的内摩擦角降低、边坡中地下水的影响等，采用修建石砌护坡、边坡上植草皮或做挡墙等防护措施。若边坡上有地下水渗出时，还应根据地下水渗出的位置、流量修建排水设施将其排走。

土质单边坡和双边坡深挖路堑的施工方法，与一般高度的平边坡路堑的施工方法基本相同，只不过需要多分几层施工。

单边坡路堑可采用多层横向全宽挖掘；双边坡路堑则通常采用分层纵挖法和

通道纵挖法。若路堑纵向长度较大，一侧边坡的土壁厚度和高度不大时，可采用分段纵挖法。施工机械可采用推土机或铲运机。当弃土运距较远，超过铲运机的经济运距时，可采用挖掘机配合自卸汽车作业，或采用推土机、装载机配合自卸汽车作业。

在土质深挖路堑施工中，不能采用不加控制的爆破法施工和掏洞取土法施工。不加控制的爆破法施工会造成路堑边坡失稳，容易造成坍方；掏洞取土易造成洞坍塌伤人。应特别注意在靠边坡 3 m 以内禁止采用爆破法，即使土质紧密，为加快施工进度在距边坡 3 m 以外准备采用爆破法施工时，也应进行缜密设计，以免炸药量过多，爆破时将边坡上的土炸松，使边坡不能稳定，留下后患。

（三）石质高路堑

石质高路堑宜采用中小爆破法施工，只有当路线穿过独山丘，开挖后边坡不高于 6 m，且根据岩石产状和风化程度，确认开挖后边坡稳定，才可考虑大爆破方案。

单边坡石质深路堑已有一面临空，为了使爆破后的石块较小，便于推土机清方，绝对不能采用松动爆破、减弱松动爆破或药室爆破。前两种爆破方法虽然能节约炸药，但爆破后石块太大，有些大石块还要重新钻眼爆破炸小（二次爆破），或需用人工以撬棍将大石块慢慢移走，无法使用机械施工，导致施工进度太慢。药室爆破虽然爆破方量较大，但可能将边坡炸松，而且构建药室时都是人工操作，花费时间多。正确的做法是采用深粗炮眼、分层、多排、多药量、群炮、光面、微差爆破方法。其原则是打炮眼尽量使用机械，这样可使爆破后石块小一些，便于机械清除。若最后一排炮眼靠近边坡，应采用光面爆破设计施工。

双边坡石质深挖路堑的施工较单边坡的困难一些，需先用纵向挖掘法在横断面中部每层开辟一条较宽的纵向通道，以便运走爆破后的石料，同时成为两侧未炸石方的临空面，然后横断面两侧按单边坡石质路堑的施工方法作业。

第三节　特殊路基处理

一、一般规定及特点

（1）特殊路基施工，应进行必要的基础试验，编制专项施工组织设计，批准后实施。

（2）施工中若实际地质情况与设计不符或设计处治方案因故不能实施，应及时向监理、业主、设计院反应，申请设计变更。

（3）采用新技术、新工艺、新设备、新材料时，必须制定相应的工艺、质量标准。

（4）用湿黏土、红黏土和中、弱膨胀土作为填料直接填筑时，应符合下列规定：

①液限为 40% ~ 70%、塑性指数为 18 ~ 26。

②采用湿土法制作试件，试件的 CBR 值满足规范要求。

③不得作为零填及挖方路基 0 ~ 0.80 m 范围内的填料。

二、黏土填筑路基施工

（1）当湿黏土液限不在 40% ~ 70%、塑性指数不在 18 ~ 26 之间，填筑路基时应进行处理，处理后 CBR 值和粒径大小应符合相关要求，且压实质量应符合规范规定。

（2）基底为软土时，应按设计要求进行处治。

（3）不同类的填料，不得填筑在同一压实层上。

（4）路堤填筑时，每层宜设 2% ~ 3% 的横坡；当天的填土，宜当天完成压实。

（5）填筑层压实后，应采取措施防止路基工作面暴晒失水。

（6）水稻田地段路基施工，要符合下列规定：

①水稻田地段施工，不得影响农田排灌；

②施工前应采取措施排除公路用地范围内的地表水,疏干地表水确有困难时,应按设计要求进行处治;

③二级及二级以上公路路堑段应在边坡顶适当距离外筑埂并挖截水沟,土质、风化岩石边坡应浆砌护墙或护坡,路堑路段宜加大边沟尺寸并采用浆砌。

三、膨胀土地区路基施工

(1)在膨胀土地区路基施工前,按图纸和监理工程师的要求,修筑长度不小于200 m全副路基宽度的试验段,应确定膨胀土路堤施工中的石灰掺量、松铺厚度、最佳含水率、碾压机具以及全部施工工艺,试验结果应报监理工程师批准。

(2)当路堤高度不足1 m时,必须挖去地表300 ~ 600 mm的膨胀土,换填非膨胀土,并按规定压实。当地表潮湿时,必须挖去湿软土层,换填碎砾石土、沙砾或坚硬岩石碎渣,或将土翻开掺石灰稳定并按规定压实,一般换填深度可控制在1.2 m左右。

(3)填土路堤不得采用强膨胀土填筑。高速公路采用中、弱膨胀土用作路床填料时,应做改性处理。改性处理后要求胀缩总率不超过0.7,并按试验段报告要求施工。弱膨胀土做填料只能填在路堤下层及中层,边坡表面及路基顶面应以非膨胀性土或石灰改性膨胀土包边,包边厚度应符合图纸规定。

(4)膨胀土地区的路堑施工,路床应超挖300 ~ 500 mm,并应立即用非膨胀土或改性土回填,并按规定压实。

(5)用改性的膨胀土填筑时,应加强土的粉碎,注意与石灰拌和的均匀性。压实机具应选用重型压路机或振动压路机。碾压时,直线段由两边向中央碾压,超高段由内侧向外侧碾压。考虑到膨胀土路堤的沉降,路堤两侧应各加宽300 ~ 500 mm。

(6)膨胀土地区路基施工,应避开雨季作业,路堤填筑要连续进行。路堤或路堑两侧边坡的防护封闭工程必须及时完成,做好膨胀土路基的防水、排水工作。

(7)膨胀土地区路基压实标准,应符合要求。

四、黄土地区路基施工

(1)黄土地区路基施工应符合《公路路基施工技术规范》要求。

（2）黄土路堤应分层填筑，分层压实，大于 10 cm 的土块必须打碎，并应在最佳含水率范围时碾压密实。

（3）路基范围内的回填及碾压的压实度均应符合土方路基压实度标准。

（4）湿陷性黄土路基应采用拦截、排除地表水等措施，并防止地表水下渗。其地下排水构造物及地面排水沟渠必须采取防渗措施。

（5）Ⅱ级以上湿陷性黄土地基应在填筑前进行碾压或采用强夯石灰桩挤密填土等加固处理。

（6）黄土陷穴地区的路基施工，应将路堤或路堑边坡上侧 50 m 下侧 10 ~ 20 m 以内的陷穴进行处理。承包人应将陷穴的位置、所采取的处理措施报监理工程师批准。

（7）路基路床的陷穴应封堵进口，引排周围地表水，使其不再流向陷穴，并回填砾石夯实或灌注混凝土等。

五、盐渍土地区路基

（1）盐渍土路基的处理宜在干旱季节施工。施工前应对该地区地表土层 1 m 内的土质含盐性及含盐量进行控制检测，并报监理工程师审查。

（2）当盐渍土的容许含盐量符合《公路路基施工技术规范》规定时，盐渍土路堤应分层填筑、分层碾压，每层松铺厚度不大于 200 mm，并严格控制含水率不得大于最佳含水率 1 个百分点。

（3）盐渍土路基的施工，应分段一次完成。自清除基底含盐量较大的表土开始，连续施工，一次做到路床设计标高。

（4）当盐渍土含水率超过《公路路基施工技术规范》规定时，应换填渗水性土，当基底含水率超过液限的土层厚度在 1 m 以内时，必须全部换填渗水性土，并应在路堤下部设置封闭隔水层。

（5）施工中应首先做好排水系统，不应使路基及其附近有积水。无论是填筑黏性土或换填渗水性土，其压实度均应符合土方路基压实度标准。

第四节 路 基 压 实

一、土质路基的压实

土质路基的压实过程，本质上是土体在压力作用下，克服土颗粒间的内聚力和摩擦力，使原有结构受到破坏，固体颗粒重新排列，大颗粒之间的间隙被小颗粒所填充，变成密实状态，达到新的平衡。在施工作业中，表现为土壤的体积被压缩，而达到一定程度后，这个过程不再持续。这是因为在颗粒重新排列后，土中气体被挤出，该过程由快变缓，最终趋于结束。这时，作用于土体的压力只能引起弹性变形，而压力过大时，则可能使土壤产生剪切破坏，影响土体强度。

路基压实状况通常用压实度来表征，压实度与密实度容易产生概念上的混淆。密实度亦称理论密实度，是指单位体积内固体颗粒排列的紧密程度，即土的固体体积率越大，土的干密度也越大。所以，有时也用干密度来表示土的密实度。但两者在物理意义上是有区别的，压实度是指土压实后的干密度与标准的最大干密度之比，用百分率表示，也称干密度系数或相对密实度。所谓标准的最大干密度，是指用标准击实试验方法，在最佳含水率条件下得到的干密度。

二、填石、土石混填及高填方路堤的压实

（一）填石路堤

1. 压实质量标准

填石路堤不能用土质路基的压实度来判定路基的密实程度，我国现行《公路路基施工技术规范》对填石路堤压实度也没有明确的数值要求，填石路堤上、下路基压实质量标准见表 3-1。

表 3-1 填石路堤上、下路堤压实质量标准

分区	路面地面以下深度 /m	硬质石料孔隙率 /%	中硬石料孔隙率 /%	软硬石料孔隙率 /%
上路堤	0.8 ~ 1.5	≤ 23	≤ 22	≤ 20
下路堤	> 1.5	≤ 25	≤ 24	≤ 22

填石路堤施工前，应先修筑试验路段，确定满足表 3-1 中孔隙率标准的松铺厚度、压实机械型号及组合、压实速度及压实遍数、沉降差等参数。用在填石路堤施工过程中的每一压实层，可用试验路段确定的工艺流程和工艺参数，控制压实过程，用试验路段确定的沉降差指标检测压实质量。

2. 压实方法及检查

填石路堤在压实之前，应用大型推土机摊铺平整。个别不平处应用人工配合以细石屑找平，使石块之间无明显高差台阶，以便于压路机碾压，或使夯锤下坠到地面时受力基本均匀，不致倾倒。

填石路堤填料石块本身是密实而不能压缩的，压实工作使各石块之间的松散接触状变为紧密咬合状态。由于石块粒径较大，质量较大，必须选用工作质量 18 t 以上的重型振动压路机，工作质量 2.5 t 以上的夯锤或 25 t 以上的轮胎压路机压（夯）实，才能达到规定的紧密状态。振动压路机或夯锤压实能产生振动力和冲击力，可使石块产生瞬时振动而向紧密咬合状态移位，其压实厚度可达 1.0 m。当缺乏上述两种压实机具，只能采用重型静载光轮压路机或轮胎压路机压实时，应减少每层填筑厚度和石料粒径，其适宜的压实厚度和粒径应通过试验确定，但压实厚度不应大于 50 cm。

填石路堤应先压两侧后压中间，压实路线对于轮碾应纵向互相平行，反复碾压。压实路线对夯锤应成弧形，当夯实密实程度达到要求后，再向后移动一夯锤位置。行与行之间应重叠 40 ~ 50 cm，前后相邻区段应重叠 1.0 ~ 1.5 m，其余注意事项与土质路基压实相同。

填石路堤使用各种压实机具时的注意事项与压实填土路基相同，而填石路堤压实到所要求的紧密程度所需的碾压或夯压的遍数应经过试验确定。采用重锤夯实时，如重锤下落时不下沉而发生弹跳现象，可进行压实度检验。

填石路堤顶面至路床顶面 80 cm 范围内应填筑符合路床要求的土，并按要求进行压实。

（二）土石混填路堤

土石混填路堤的压实方法与技术要求应根据混合料中巨粒土的含量百分比确定。当混合料中巨粒土（粒径大于 200 mm 的颗粒）含量多于 70% 时，其压实作业接近于填石路堤，应按填石路堤的方法和要求进行。当混合料中巨粒土的含量低于 50% 时，其压实作业接近于填土路堤，应按前述填路堤的方法和要求进行。

土石路堤的压实度可采用灌沙法或水袋法检测。首先应根据每一种填料不同含石量的最大干容重做出标准干容重曲线，然后根据试坑挖取试样的含石量，从标准干容重曲线上查出对应的标准干容重。当采用灌沙法或水袋法检验有困难时，可根据填石路堤的方法进行检验，即利用18 t以上振动压路机进行压实试验，当压实层顶面稳定不再下沉时，可判定为密实状态。

如采用几种填料混合填筑，则应从试坑挖取的试样中计算各种填料的比例，利用混合料中几种填料的标准干容重曲线查得对应的标准干容重，用加权平均的计算方法，计算所挖试坑的标准干容重。

（三）高填方路堤

高填方路堤的基底承受路堤土本身的荷载很大，因此对基底应进行场地清理，并按照设计要求的基底承压强度进行压实。设计无要求时，基底的压实度不应小于90%。当地基松软，仅依靠对厚土压实不能满足设计要求的承压强度时，应进行地基加固处理，以达到设计要求。当基底处于陡峻山坡上或谷底时，应做挖台阶处理，并严格分层填筑压实。当场地狭窄时，压实工作应采用小型的手扶式振动压路机或振动夯进行，当场地较宽广时应采用自行式12 t以上的振动压路机碾压。

第五节　路基排水施工

路基以及沿线各种结构物经常受到水的作用，严重时形成水害。因此，对路基的排水必须予以充分重视。

作用于路基的水有地面水和地下水之分。地面水能形成冲刷而破坏路基，也能渗入路基内部，使土体软化。地下水则可使路基潮湿引起边坡塌落、滑动、翻浆、冻害等。所以，路基必须具备完善的排水系统，保证能迅速排泄路基范围内的地面水，并对影响路基稳定的地下水进行截流、降低水位或予以排除。各级公路应根据沿线的降水与地质水文等具体情况，设置必要的地面排水、地下排水、路基边坡排水设施，并与沿线桥涵相配合，形成一个有机的排水系统，以保证路基及其边坡的稳定。

一、地面排水

排除地面水时，应充分考虑多方面进入路基范围的水流量，包括因降雨、降雪所产生的路面水流，以及从公路附近地区向道路范围流入的水流，还包括路堑边坡排水和农田横跨道路的排水工程，据此来确定排水设施的排水能力。

地面排水设施主要有边沟（侧沟）、截水沟、排水沟以及跌水槽和急流槽等。

（一）边沟（侧沟）

设置在路堑路肩两侧或路堤的坡脚外侧，用以汇集和排除路基范围内及流向路基方向的少量地面水的沟槽叫作边沟。边沟的断面形式，一般有梯形、三角形和矩形。通常土质边沟多用梯形，石质边沟用矩形，机械化施工时则采用三角形边沟居多。

梯形边沟边坡，靠路基一侧为（1：1）～（1：1.5），另一侧与路堑边坡相同；三角形边沟边坡一般为（1：2）～（1：4）；矩形边沟用于石质地段或用块石铺砌时，边坡可以直立，亦可稍有倾斜，边沟深度一般取 0.4～0.8 m，边沟底宽不应小于 0.4 m，在水流较多的情况下，需适当加宽或加深。

一般情况下，边沟不宜与其他沟渠合并使用。为控制边沟中的水流不致过多，可以充分利用地形，在较短距离内即将边沟水排至路旁洼地、沟谷或河道内，一般每隔 300～500 m 设涵沟，用以及时将边沟水排至路基范围的外侧。

通常，边沟的纵坡与路线纵坡相同，但不宜小于 0.2%～0.5%，以免水流阻滞和使边沟淤塞。当纵坡大于 3% 时，应对边坡进行加固；当纵坡超过 7% 时，流速变大而冲刷严重，可采用跌水或急流槽的形式缓冲水流。另外，在平曲线区段内，应注意使边沟纵坡与平曲线平顺衔接，以保证水流畅通。在路基外侧，边沟开挖深度应适当加大，保证不致因平曲线引起边沟纵坡坡度变小而妨碍水流畅通。在平曲线段内调整边坡确有困难时，也在平曲线上游段适当增设涵沟，减少曲线段边沟的水流量。

边沟的出水口，必须妥善处理。在路堑路堤结合处，应设排水沟沿路堑山坡将水流引出路基以外，以免冲刷填方边坡；或者用跌水、急流槽把水直接引到填方坡脚外。当边沟的出口与涵洞间高差较大，可以在涵洞进水口前设雨水井，或根据地形情况，急流槽与跌水并用将水流引入涵洞。若边沟出水口有桥头翼墙等建筑物，也可以用急流槽或跌水将水接引入河道。

（二）截水沟

截水沟应设在路基横坡上方的边坡上，垂直于水流方向（大致与线路平行），以拦截外部水流，并引入他处，保证路基不至冲刷。截水沟必须排水迅速，不得在沟内积水或沿沟壁土层渗水；否则，会加剧路基病害，截水沟可能成为边坡塌方的顶边线。所以，截水沟应设有合适的纵坡度，最小不应小于0.2%～0.5%，也不可超过3%，否则会使截水沟边坡冲刷严重。纵坡度一般取用1%，沟内应适当加固，以保证不渗水，在转弯处用平顺的曲线相连接，保证水流畅通。

截水沟的横断面形状一般多为梯形，底宽不应小于0.5 m，深度应根据拦截的水流量确定，不宜小于0.5 m。边坡坡度视土质而定，一般土质坡度可取（1：1）～（1：1.5）。

截水沟离路堑边坡坡顶边缘的距离 d 视土质不同而异，以不影响路堑边坡稳定为原则，一般取 $d \geqslant 5$ m。在截水沟与路堑之间，用土壤堆筑挡水土台。

山坡路堤上方的截水沟，应布置在路堤坡脚以外约2 m处，截水沟与路堤之间修筑护坡道，顶面以2%的横坡向截水沟倾斜，如有取土坑，则在坑内挖沟，并加以修整。

如果路堑边坡坡顶边缘至分水岭的山坡不宽，坡度较缓，降雨量也不大，土质良好且植被覆盖茂密，此时也可不设截水沟；反之，如坡面很长，降雨量又大时，根据具体情况，可设一道或几道大致平行的截水沟，以分段拦截地面流水。

截水沟也应设有可靠的出水口，需要时应设排水沟、跌水或急流槽，将水引至自然沟及桥涵水流入口处。

（三）排水沟

设置排水沟的目的是将水流从路基排泄至低洼地或排水设施中。因此，其位置与地形等条件有关，灵活性较大。路堤有取土坑时，应挖成畅通的沟槽，起排水作用；路堤没有取土坑时，应在路基横向坡度上方一侧，或横坡不明显而路堤较低的情况下，在路基的两侧，挖纵向排水沟，用以截、引流向路基的地面水流，不使滞积而危害路基。

排水沟一般为梯形断面，底宽不小于0.5 m，深度根据流量而定，边坡坡度视土质情况取（1：1）～（1：1.5），排水沟应尽量做成直线，如必须做成弯曲时，其曲线半径不宜小于10～20 m。排水沟长度根据地形情况视需要而定，当排水沟水流流入河道或其他沟渠时，应使水流平顺流畅。

（四）跌水和急流槽

当排水的高差较大、距离较短或坡度陡峻时，应采用跌水和急流槽的形式，以防止过高流速的水流冲刷。从水力计算特点出发，跌水和急流槽的构造分为进水、缓冲、出水三部分。跌水和急流槽一般用石砌或混凝土筑成，要求基础牢固，不渗水。

二、地下排水

为了拦截、汇集和排除路基地下水，降低其水位，设置的地下排水设施有暗沟（盲沟）、排水管和排水涵洞几种形式，它们可以布置在路基的不同部位。地下排水设施设置，应分析地下水侵入路基土体的途径，抓住关键性矛盾，有针对性地采取措施。路基土渗透水的途径有以下几项。

（1）从与道路相连接的高处向路堤渗透。

（2）地下水通过毛细作用向上渗透。

（3）路面水向下渗透。

（4）由于路边土和路基土含水率不同，产生抽吸渗透。

（5）路基土对地下水的抽吸。

（6）通过土孔隙，地下水蒸汽上升。

针对具体情况，可采用不同形式的排水设施。暗沟是常用的一种地下排水设施，其设置深度不应小于当地土壤冰冻深度，以保证冬季也起排水作用。填料应选用有较好透水性能的材料，常用的有碎石、砾石、粒沙等，选择时应考虑其级配和形状要有利于增强渗透能力。

第六节 路基防护与加固

路基经受长期行车作用，并遭受雨雪、地震等自然灾害侵蚀破坏，加之填挖边坡和自然坡面引起的公路病害，使得道路发生损坏。所以，一般都要对路基边坡采取必要措施，必要时也包括路肩表面，以及对同路基稳定直接有关的近旁河流与山坡予以防护或加固。

根据具体作用与目的的不同，路基防护与加固工程可分为坡面防护、堤岸加固和支挡结构三个方面。坡面防护主要是保护路基边坡表面，以防受到自然因素的破坏，如雨水冲刷、干湿及冷热循环作用以及表面风化等。坡面防护的措施有种草、植树、铺草皮、抹面、勾缝、灌浆、修筑护坡及护墙等。堤岸加固主要是使沿河路堤，不致受到水流的冲刷、掏空和浸软作用，常用的方法有：属于直接措施的植树、护坡、抛石、石笼、驳岸及浸水挡墙；属于间接措施的修筑丁坝与顺坝等导流（调治）结构物，有时亦可整治或改变河道。支挡结构主要是指各类挡土墙，也包括具有承受外力作用的护肩、护坡和护脚等。上述三个方面是相辅相成的，而不是截然分开的，各种措施除了具有其主要作用外，还常常兼有其他几个方面的作用。

路基的各种防护和加固措施，除去支挡路基的结构物外，大部分本身不具有或具有很少的承受外力能力，一般是附设在边坡表面起隔离作用，只是在路基基本稳定的前提下，才具有保护和加固的实际效果。若路基本身具有缺陷而不稳定，则坡面防护（尤其是简易式的）达不到预期目的。工程较大的驳岸及挡土墙等，除应注意就地取材、简单实用之外，对于病害严重的路段，要注意根治病害。例如沿河路堤，当水流正面冲击或冲刷严重时，除应设置坚固的驳岸或浸水挡土墙外，有时还要因势利导，结合整治河道，改变水流方向，以达到根治病害的目的；又如塌方严重处，除修筑永久性的挡土墙外，还应注意加强排水和放缓边坡等。

各种类型的防护与加固措施，选用时应根据公路性质与使用要求，针对具体需要选择采用，还要注意结合当地自然条件及已有的成功实践经验合理设置。随着对高速公路质量要求的提高，路基的防护与加固工程需要加倍重视，以保证路基工程的总体质量。

一、坡面防护

路基边坡受到降水、融雪、地下水、河水、风吹、日晒及其他自然力的作用，表层极易受到损害，边坡愈陡，土质愈软弱，受害就愈严重，而且以水害更为突出。所以，边坡坡面防护与加固应和路基排水相结合，综合应用各种方法，以使路基保护效果更为显著。

（一）植被防护

植被防护工程是指用植物所做的防护工程，其主要方法是铺草皮、种草或植树等，方法简单易行且经济有效，目的是减缓地面水流速，调节表层土的水温状况，植被根系深入土中，在一定程度对表土层起着固结作用。

1. 种草

种草适用于边坡稳定、坡面冲刷轻微的路堤或路堑边坡，一般要求边坡坡度不陡于 1 : 1，边坡地面水径流速不超过 0.6 m/s，长期浸水的边坡不宜采用此方法。

采用种草防护时，对草籽的选择应注意当地的土壤和气候条件，通常应以容易生长、根部发达、叶茎低矮或有菊小茎的多年生草种为宜，最好采用几种草籽混合播种，使之生成一个良好的覆盖层。

播种的坡面应平整、密实、湿润，播种方法有撒播法、喷播法和行播法等。采用撒播法时，草籽应均匀撒布在已清理好的土质边坡上，同时做好保护措施。对于不利于草类生长的土质，应在坡面上先铺一层种植土，路堑边坡较陡或较高时，可通过试验将草籽与含肥料的有机质泥浆混合，用喷播法将混合物喷射于坡面。采用行播法时，草籽埋入深度应不小于 5 cm，且行距应均匀。

种草应在温度、湿度较大的季节播种，播种前应在路堤的路肩和路堑的堑顶边缘埋入与坡面齐平的宽 20 ~ 30 cm 的带状草皮。播种后，应适时进行洒水、施肥、清除杂草等养护管理，直到植物覆盖坡面。

2. 铺草皮

铺草皮适用于各种土质边坡。特别是当坡面冲刷比较严重，边坡较陡（可达 60°），径流速度大于 0.6 m/s 时，采用铺草皮防护比较适宜。铺草皮的方式有平行于坡面的平铺、水平叠置、垂直坡面或与坡面成一半坡角的倾斜叠置，以及在用片石铺砌成的方格或拱式边框内铺草皮等，可根据具体条件（坡度与流速等）选用。

铺草皮需预先备料，草皮可就近培育，切成整齐块状，然后移铺在坡面上。铺时应自下而上，并用竹木小桩将草皮钉在坡面上，使之稳定。草皮根部土应随草切割，坡面要预先整平，必要时还应加铺种植土，草皮应随挖随铺，注意相互贴紧。

铺草皮前，应将边坡表面挖松整平，尽可能在春、秋季或雨季进行，随挖随铺，成活率较高。不宜在冰冻时期或解冰时期施工。路堑边坡铺草皮时，应铺过路堑顶部 1 m 或铺至截水沟边。为提高防护效果，在铺草皮防护坡面上，应尽可能植树造林，以形成一个良好覆盖层。

3. 植树

植树适用于各种土质边坡和风化极严重的岩石边坡，边坡坡度不陡于
1：1.5。在路基边坡和漫水河滩上植树，对于加固路基与防护河岸均有良好的
效果，可以降低水流速度。在河滩上植树，可促使泥沙淤积，防止水流直接冲刷
路堤。在风沙和积雪地面，植树可以防沙、防雪，保护路基不受侵蚀。此外，植
树防护还可美化路容，调节气候，改善高速公路的美学效果。

植树防护宜选用在当地土壤与气候条件下能迅速生长、根系发达、枝叶茂密
的树种。用于冲刷防护时宜选用生长很快的杨柳类，或不怕水淹的灌木类。种植
后在树木未成长前，应防止流速大于 3 m/s 的水流侵害，必要时应在树前方设置
障碍物加以保护。植树防护最好与种草结合使用，使坡面形成一个良好的覆盖层，
更好地起到防护作用。高速公路边坡上严禁种植乔木。

（二）坡面处治

对于岩石边坡的防护，可以采用抹面、喷浆、勾缝、灌浆、嵌补或铆固等方
法进行处治，以达到防护的目的。

抹面防护适用于易风化而表面比较完整、尚未剥落的岩石边坡。如页岩、泥
岩、泥灰岩或千枚岩等，目的是防止表面风化成害。通常的做法是用石灰炉渣的
混合灰浆、三合土或四合土（三合土为石灰、炉渣、黏土按一定比例混合而成，
四合土则另加河沙）进行抹面，作业前应对被处治的边坡加以清理，去掉风化层、
浮土、松动石块，并填坑补洞，洒水湿润，以利于牢固耐久，抹面后还要进行养生。

喷浆是一种施工简便、效果较好的方法，适用于容易风化和坡面不平的岩石
边坡处治，喷射材料可以是水泥沙浆和混凝土，其厚度般为 5 ~ 10 cm。对于气
候条件恶劣或寒冷地区应适当加厚，喷浆前应对坡面进行清理，有条件时可将铁
丝网固定在边坡上再进行喷浆。对于一般的工程，可以采用水泥、石灰、河沙混
合浆喷，这样比较经济。

勾缝适用于比较坚硬但节理裂缝多而细的岩石边坡处治，主要为防止水侵入
岩层内造成病害。

灌浆则适用于坚硬但裂缝较深和较宽的岩石边坡处治，它借助沙浆或混凝土
使坡面表层形成防水整体。

嵌补主要用于补平坡面岩石中较大凹坑，以防岩面继续破损碎落，以保证整
个边坡稳定。材料多使用浆砌块石，也可根据需要用钢筋串牢，再灌入水泥混凝土。

（三）结构物防护

结构物防护即用片石、块石、圆石或水泥混凝土预制块铺砌护坡，其主要目的是防止小于 1 ： 10 缓坡坡面风化和被侵蚀，用于没有黏结力的沙土、硬土，以及易于崩塌的黏土等地段。

砌石有单层和双层两种形式，方法有干砌或浆砌。

用结构物防护还可采用护面墙的形式，作为浆砌石铺层的覆盖物，多用于封闭各种软质岩层的挖方边坡，以防止严重风化；或设在破碎岩层上，防止碎落；也有设在较软的夹层面上的（如粉沙、细沙或坡积层），防止碎落成凹坑。显然，这种方法比抹面等护坡措施要求更高，作用也更明显，但又不像挡土墙那样能承受压力作用，护面墙只能承受自重作用，所以要求被防护的边坡，必须是稳定的。

二、挡土墙

路基支挡防护，可以利用石料干砌或浆砌形成挡土墙等结构物，其中挡土墙结构类型多、适应性广，是山区公路重要结构物之一。永久性的挡土墙造价较高，应与路线位置移动、放缓边坡等措施结合，根据具体情况综合比较，选择使用。

（一）挡土墙的种类及其适用范围

靠近回填土的一面为墙背，暴露在外的一侧为墙面（或称墙胸），墙的基底称为基脚，有时另设基础，基脚或基础外侧前缘部分称为墙趾，内侧外缘为墙踵。

挡土墙按其位置不同，可分为路肩、路堑、路堤和山坡四种。其中路肩或路堤挡墙，设在较陡山坡上，可保证填方稳定，缩小占地宽度，减少填方量，不拆或少拆原有建筑物。沿河路堤还可少占河床，防止水流冲刷路基。路堑或山坡挡墙，则可以少挖方，避免破坏原地层的天然平衡，降低边坡高度，放缓边坡，并支挡边坡，保证边坡的稳定。

按构造形式与特点的不同，挡土墙可分为重力式、悬臂式和扶壁式等，其中以重力式运用比较普遍，它结构简单，施工方便，有利于就地取材。但圬工体积大，砌体较重，要求地基有较高承载力，在使用时受到一定的限制。

（二）挡土墙构的造与布置

重力式挡土墙因其墙背不同，有仰斜式、俯斜式、垂直式等形式。

（1）仰斜式挡土墙所受土压力较小，墙身断面较为经济，用作路堑挡墙时，墙背与开挖的临时边坡比较吻合，开挖和回填的土石方量较少。但当墙趾处的地面横坡较陡时，如果采用这种形式，则会增高墙身和加大断面尺寸。因此，仰斜式适合作为路堑挡墙，亦可用作墙趾处地面平坦的路肩挡墙或路堤挡墙。

（2）俯斜式挡土墙所受土压力较大，通常在地面横坡较陡时选用，以利用陡直的墙面与填料之间的摩擦力，有利于减小墙高，如做成台阶式还可提高墙背挡墙的稳定性。俯斜式适用于作为路肩或路堑挡墙，是常用的挡墙形式之一。

（3）垂直式挡土墙，在其墙背上设有衡重平台，上墙俯斜，下墙仰斜，适用于作为陡坡上的路肩或路堤挡墙，也可用于作为路堑挡墙。因为墙身上设有平台，借助于上面填方的垂直压力，有利于墙的稳定，而且下墙仰斜，易与挖方边坡相吻合。上、下墙高比例，与平台宽度以及同上、下墙背斜坡有关，依照断面经济的原则，一般可取 2 : 3。

挡土墙基础以上的墙面，一般是稍向内侧倾斜的直线，倾斜度为（1 : 0.05）~（1 : 0.20），如果原地面比较平坦，可放缓至 1 : 0.4。在地势平坦处修建高度为 2 ~ 4 m 的矮墙时，墙面可以垂直。除此之外，通常均采用俯斜，以利于稳定。墙背斜坡，对于俯斜式不宜陡于 1 : 0.25，对于仰斜式最好同墙面一致，虽然仰斜墙背坡度越缓，越可以减小主动土压力，但也增加了施工困难。一般以 1 : 0.25 为宜，最缓不宜超过 1 : 0.36。对于垂直式挡土墙，墙面可直立，上墙背俯斜在（1 : 0.25）~（1 : 0.45）范围内，下墙背仰斜一般为 1 : 0.25。

挡土墙顶的最小宽度，浆砌块（片）时为 0.4 m，干砌时为 0.5 m。路肩挡墙加混凝土或粗料石台帽时，台帽的厚度不宜小于 0.4 m，顶部帽檐悬出的宽度为 0.1 m。高度在 6 m 以上的挡土墙，连续长度超过 20 m 时，必须设护栏。挡土墙顶设护栏时，不得占用路肩宽度，保证护栏内侧与路面边缘之间具有规定的最小路肩宽度。

第七节　冬、雨期路基施工

一、冬、雨期路基施工的一般规定

（1）冬、雨期施工应根据季节特点和施工段的地质地形条件，制定合理的施工方案。

（2）冬、雨期施工应做好临时排水，并与永久排水设施衔接顺畅。

（3）冬、雨期施工应加强安全管理，制定安全预案，加强气象信息的收集工作，避免灾害和事故发生。

（4）冬、雨期施工前必须做好各项准备工作。

二、冬期施工

（1）在反复冻融地区，昼夜平均温度在 –3 ℃以下，且连续 10 天以上，或者昼夜平均温度虽在 –3 ℃以上，但冻土没有完全融化时，均应按冬期施工办理。

（2）高速公路土质路堤和地质不良地区不宜进行冬期施工；河滩低洼地带，可被水淹没的填土路堤不宜冬期施工；土质路堤路床以下 1 m 范围内，不得进行冬期施工；半填半挖地段，挖填方交界处不得在冬期施工。

（3）冬期路基施工应采取措施，及时排放雨雪水及路堑开挖时出现的地下水。

（4）冬期施工路基基底处理应符合下列规定。

①冻结前应完成表层清理，挖好台阶，并应采取保温措施防止冻结。

②填筑前应将基底范围内的积雪和冰块清除干净。

③对需要换填土地段或坑洼处需补土的基底应选用适宜的填料回填，并及时进行整平压实。

④基底处理后应立即采取保温措施防止冻结。

（5）冬期填方路堤应符合下列规定。

①路堤填料，应选用未冻结的沙类土碎石、卵石土、石渣等透水性良好的材

料，不得用含水率过大的黏性土。

②填筑路堤，应按横断面全宽平填，每层松铺厚度应比正常施工减少20% ~ 30%，且松铺厚度不得超过 300 mm，当天填土应当天完成碾压。

③中途停止填筑时，应整平填层和边坡并进行覆盖防冻，恢复施工时应将表层冰雪清除，并补充压实。

④当填筑标高距路床底面 1 m 时，碾压密实后应停止填筑，在顶面覆盖防冻保温层，待冬期过后整理复压，再分层填至设计标高。

⑤冬期过后必须对填方路堤进行补充压实，压实度应达到本规范相关要求。

（6）冬期挖方路基施工应符合下列规定。

①挖方边坡不得一次挖到设计线，应预留一定厚度的覆盖层，待到正常施工季节后再修整到设计坡面。

②路基挖至路床顶面以上 1 m 时，完成临时排水沟后，应停止开挖，待冬期过后再施工。

（7）河滩地段可利用冬期水位低，开挖基坑修建防护工程，但应采取措施保证工程质量。

三、雨期施工

（1）路基排水应符合下列规定。

①雨期施工应综合规划，合理设置现场防排水系统，采取有效措施，及时引排地面水。

②对施工临时挤占的沟渠、河道应采取措施保证不降低原有的排水能力。

③路堤填筑的每一层表面应设 2% ~ 4% 的排水横坡。

④在已填路堤路肩处，应采取设置纵向临时挡水土埂，每隔一定距离设出水口和排水槽等措施，引排雨水至排水系统。

⑤雨期路堑施工宜分层开挖，每挖一层均应设置纵横排水坡，使水排放畅通。

（2）路基基底处理应符合下列规定。

①在雨期前应将基底处理好，孔洞、坑洼处填平夯实，整平基底，并设纵横排水坡。

②低洼地段，应在雨期前将原地面处理好，并将填筑作业面填筑到可能的最高积水位 0.5 m 以上。

（3）填方路堤施工应符合下列规定。

①填料应选用透水性好的碎（卵）石土、沙砾、石方碎渣和沙类土等，利用挖方土做填料。含水率符合要求时，应随挖随填并及时压实，含水率过大难以晾晒的土不得用作雨期施工填料。

②雨期填筑路堤需借土时，取土坑的设置应满足路基稳定的要求。

③路堤应分层填筑，当天填筑的土层应当天或雨前完成压实。

（4）挖方路基施工应符合下列规定。

①挖方边坡不宜一次挖到设计坡面，应预留一定厚度的覆盖层，待雨期过后再修整到设计坡面。

②雨期开挖路堑，当挖至路床顶面以上 300～500 mm 时应停止开挖，并在两侧挖好临时排水沟，待雨期过后再施工。

③雨期开挖岩石路基，炮眼宜水平设置。

（5）结构物基坑在雨期开挖后未能及时施工时，应采取防浸泡措施，必要时雨后应对基坑地基承载力再次检测，以确定是否满足设计要求。

（6）制定雨期施工安全预案，做好防洪抢险的准备工作。

第八节　路基安全施工与环境保护

一、路基安全施工的一般规定

（1）工程开工前必须进行现场调查，根据施工地段的地形、地质、水文、气象、环境等，制定相应的安全技术和环境保护措施。施工中应及时掌握气温、雨雪、风暴、汛情等预报，做好防范工作。

（2）路基施工前，应了解施工范围内地下埋设的各种管线、电缆、光缆等情况并与相关部门联系，制定合理的安全保护措施。施工中如发现有危险品及其他可疑物品时，应立即停止施工，报请有关部门处理。

（3）应按照国家有关规定配置消防设施和器材，设置消防安全标志，施工现场应设置醒目的安全、警示标志和安全防护设施。

二、安全施工

（1）路基施工应制定安全预案，具备安全生产条件，确保施工安全。

（2）施工现场的临时用电应严格执行现行《施工现场临时用电安全技术规范》，夜间施工时，现场应设有保证施工安全要求的照明设施。

（3）施工便道、便桥应设立警示和交通标志。必要时应设专人维护，指挥交通，施工车辆必须遵守道路交通法规。

（4）施工作业人员，必须遵守本工种的各项安全技术操作规程。作业人员、进入现场人员必须按规定佩戴和使用劳动防护用品。由人工配合机械进行辅助作业时，作业人员应注意观察，严禁在机械正在作业的范围内进行辅助作业。

（5）多台机械同时作业时，各机械之间应注意保持必要的安全距离。机械在路基边坡、边沟、基坑边缘、不稳定体（地段）上作业时，应采取必要的安全措施。

（6）在靠近结构物附近挖土时，必须采取安全防护措施，对于在路基范围内暂时不能迁移的结构物，应留出土台，土台周围应设警示标志。

（7）结构物基坑开挖，应根据土质、水文和开挖深度等选择安全的边坡坡度或支撑防护。在施工过程中进行监测，并及时采取相应的处理措施。开挖弃土或坑边材料的堆放不得影响基坑的稳定。沟槽（基坑）开挖深度超过 2 m 时，其边缘上面作业应按高处作业要求进行安全防护并设置警告标志。开挖沟槽（基坑）位于现场通道或居民区附近时，应设置安全护栏。

（8）采用围堰法施工沿河路基防护基础时，应制定针对出现洪水、渗漏水、流沙、涌沙、围堰变形等情况的安全预案。

（9）作业高度超过 1.2 m 时，应设置脚手架。脚手架应通过专业设计，必须进行强度、刚度及稳定性等方面的验算。施工过程中，对脚手架应经常检查，发现松动、变形或沉陷应及时加固。

（10）用提升架运送石料时，应有专人指挥和操作，严禁超负荷运行，严禁使用提升架载人。临时起吊设备的制作、安装必须符合国家相关规定。

（11）砌筑作业时，脚手架下不得有人操作及停留，不得重叠作业。砌筑护坡时，严禁在坡面上行走，不得采用从上到下自由滚落的方式运输材料。

（12）喷浆作业时应密切注意压力表变化。出现异常时，应停机、断电、停风并及时排除故障，作业区内严禁在喷浆嘴前方站人。

（13）预应力张拉时，预应力张拉设备必须安装牢固。千斤顶近旁严禁站人，无关人员不得进入现场。

三、环境保护

（一）防止水土污染和流失

（1）施工前，应制定相应的预防水土污染和水土流失措施，考虑土地资源的合理利用，缩短临时占地使用时间。

（2）在崩塌滑坡危险区和泥石流易发区严禁取土、挖沙、采石。

（3）在施工过程中，各种排水沟渠的水流不得直接排放到饮用水源、农田、鱼塘中。

（4）不得随意丢弃生产及生活垃圾，垃圾的掩埋或处理应按当地环保部门的要求进行，不得随意排放含油废水及生活污水。

（5）在使用工业废渣填筑路基，当废渣中含有可溶性有害物质，可能造成土质、水污染时，应采取措施予以处理。

（6）在自然保护区、森林、草原、湿地及风景名胜区进行施工时，应遵守国家环境保护的相关规定。

（二）噪声、空气污染的防治

（1）在居民聚居区或其他噪声敏感建筑物附近施工时，当噪声超过规定时，应及时采取措施，减少施工活动对沿线居民的干扰。

（2）施工作业人员在噪声较大的现场作业时，应采取有效防护措施。

（3）在路基施工过程中应采取措施控制扬尘、废气排放等。

（4）路基施工堆料场、拌和站、材料加工厂等宜设于主要风向的下风处的空旷地区，当无法满足此条件时，应采取必要的环保措施。

（5）粉状材料运输应采取措施防止材料散落。

（6）粉煤灰、石灰等在露天堆存时，应采取防尘、防水措施。

（7）采用粉状材料作为路基填料或对路基填料进行现场改良施工时，应避免在大风天气作业，施工人员应佩戴防尘口罩等劳动保护用品，并采取环境保护措施。

第九节　质量通病处理和预防措施

一、路基填筑施工

（一）路基填筑过程中中线偏位的控制

路基填筑过程中容易产生中线的偏位，造成此现象的原因主要是导线点受到破坏，施工过程中中线复测的频率不够，没有按要求设立保护控制桩。为防止此类现象的发生，在施工中可采取如下预防措施。

（1）进行导线复测，并加固导线点，对其一直保护至交工验收。

（2）在路基施工前，应根据恢复的路线中桩、设计图表、施工工艺和有关规定，定出路基用地界桩和路堤坡脚、路堑堑顶、边沟、取土坑、护坡道、弃土堆等的具体位置桩，在距路中心一定安全距离处设立控制桩，其间隔不宜大于50 m，桩上标明桩号和路中心填挖高度。

（3）在放完边桩后，应进行边坡放样。对深挖高填地段，每挖深或填高60 ~ 80 cm应复测一次中线桩，测定路基标高和宽度，以控制边坡的坡度。

（4）在机械施工中，应在边桩处设立明显填挖标志，并在不大于200 m间距段落内，距中心桩一定距离设立控制桩。处理措施：校核导线点，重新恢复中线，按规范要求保护设立的控制桩。亏坡的一侧按照规范要求开台阶补填，多余的一侧进行削坡处理。

（二）路基填前清表的控制

路基填前清表不彻底，潜伏着滑坡、差异沉降等隐患，在施工中可采取如下预防措施。

（1）对于路基附近的危险建筑应予以适当加固，对文物古迹应妥善保管。

（2）应将路基范围内的树根全部挖除，并将坑穴填平夯实。

（3）应在填方和借方地段的原地面进行表面清理，清理深度应根据种植土厚度决定，清出的种植土应集中堆放。填方地段在清理完地表后，应整平压实达到规定要求，重新测量地面标高，经监理工程师检查验收后，方可进行填方作业。

二、特殊路基施工

1. 质量问题及现象

（1）当沙砾排水垫层施工完成后，在其上方填筑路基时难以达到规定的压实度。

（2）用沙砾排水垫层处理的软土地基段，路基施工完成并经过雨季后出现明显的变形，经检查垫层排水良好且地基有明显下沉发生。

2. 原因分析

沙砾排水垫层一般设计为 50 ~ 60 cm，分 2 ~ 3 层施工。由于沙砾不易碾压密实，压实度达不到规定要求。雨季，地基中的水进入垫层，在水排除到路基以外的过程中，沙砾中的细小颗粒随水流走，垫层中的各种粒径颗粒在水和其上方路基土方压力作用下，形态、位置发生变化，重新组合以达到本身和垫层最稳定的状态，从而使垫层稳定密实。在此变化过程中，会使路基发生变形。

3. 预防措施

（1）在选择填料时，一定选择粒径均匀且无植物、杂质和细小颗粒的沙砾。沙砾最大的粒径不应大于 5 cm，且含泥量不大于 5%，砾石强度不低于四级。

（2）尽量采用分层填筑碾压的方法施工，而不采用水压法、夯实法等。

（3）碾压时一定要在沙砾含水率大于最佳含水率的状态下进行施工。

（4）分层施工时，摊铺沙砾料无粗细料分离现象，每层的压实厚度不大于 20 cm，并且在压实好的层次上进行下一层的填筑时，应采用推进、整平、进料的方式填筑，不允许运输车辆进入碾压好的层面上。

（5）严格检查压实度，达到规定的标准要求。

第四章　工程质量管理

　　建筑工程项目投资大、建设和使用周期长，工程质量的意义重大，施工阶段的施工质量管理是建筑工程质量最终的实现途径，直接影响到工程项目质量的优劣及项目投资的效益；项目施工须重视工程质量管理，建立质量管理体系，严格遵循规范、法规，采用科学的方法对工程质量进行综合管理，确保工程质量符合质量标准。本章主要对工程质量管理进行详细的讲解。

第一节　公路工程质量控制的常用方法

一、进行工程质量管理策划

　　在对设计文件审核与分析后，项目经理应负总责，协调相关部门进行项目质量管理策划，具体内容包括：
　　（1）质量目标和要求；
　　（2）质量管理组织和职责；
　　（3）施工管理依据的文件；
　　（4）人员、技术、施工机具等资源的需求和配置；
　　（5）场地、道路、水电、消防、临时设施规划；
　　（6）质量控制关键点分析及设置；
　　（7）进度控制措施；
　　（8）施工质量检查、验收及相关标准；
　　（9）突发事件的应急措施；

（10）对违规事件的报告和处理；

（11）应收集的信息及其传递要求；

（12）与工程建设有关方的沟通方式；

（13）施工管理应形成的记录；

（14）质量管理和技术措施；

（15）施工企业质量管理的其他要求。

二、现场工程质量检查

现场工程质量检查分开工前检查，工序交接检查与工序检查，隐蔽工程检查，停工后复工前的检查，分项、分部工程完工后的检查，成品、材料、机械设备等的检查和巡视检查。

（1）开工前检查：目的是检查是否具备开工条件，施工工艺与施工组织设计对照是否正确无误，开工后能否连续正常施工，能否保证工程质量。

（2）工序交接检查与工序检查：工序交接检查应建立制度化控制，坚持实施。对于关键工序或对工程质量有重大影响的工序，在自检、互检的基础上，还要组织专职人员进行工序交接检查，以确保工序合格，使下道工序能顺利展开。

（3）隐蔽工程检查：凡是隐蔽工程均应经检查认证后方可覆盖。

（4）停工后复工前的检查：因处理质量问题或某种原因停工后再复工时，均应检查认可后方可复工。

（5）分项、分部工程完工后的检查：应按规定的程序和要求，经检查认可并签署验收记录后，才允许进行下一工程项目施工。

（6）成品、材料、机械设备等的检查：主要检查成品、材料等有无可靠的保护措施及其是否落实而且有效，以控制不发生损坏、变质等问题；检查机械设备的技术状态，以确保其处于完好的可控制状态。

（7）巡视检查：对施工操作质量应进行巡视检查，必要时还应进行跟踪检查。

三、工程质量控制关键点

1. 质量控制关键点的设置

根据不同管理层次和职能，质量控制关键点应按以下原则分级设置。

（1）施工过程中的重要项目、薄弱环节和关键部位。

（2）影响工期、质量、成本、安全、材料消耗等重要因素的环节。

（3）新材料、新技术、新工艺的施工环节。

（4）质量信息反馈中缺陷频数较多的项目。

关键点应随着施工进度和影响因素的变化而调整。

2. 质量控制关键点的控制

（1）制定质量控制关键点的管理办法。

（2）落实质量控制关键点的质量责任。

（3）开展质量控制关键点 QC 小组活动。

（4）在质量控制关键点上开展一次抽检的活动。

（5）认真填写质量控制关键点的质量记录。

（6）落实与经济责任相结合的检查考核制度。

3. 质量控制关键点的文件

（1）质量控制关键点业务流程图。

（2）质量控制关键点明细表。

（3）质量控制关键点（岗位）质量因素分析表。

（4）质量控制关键点作业指导书。

（5）自检、交接检查、专业检查记录以及控制图表。

（6）工序质量统计与分析。

（7）质量保证与质量改进的措施与实施记录。

（8）工序质量信息。

4. 质量控制关键点实际效果的考察

质量控制关键点的实际效果表现在施工质量管理水平和各项指标的实现情况上。要运用数理统计方法绘制工程项目总体质量情况分析图表，该图表要反映动态控制过程与施工项目实际质量情况。各阶段质量分析要纳入施工项目方针目标管理。

5. 公路工程质量控制关键点

（1）土方路基工程施工中常见的质量控制关键点有以下几项。

①施工放样与断面测量。

②路基原地面处理，按施工技术合同或规范规定处理，并认真整平压实。

③使用适宜材料，必须采用设计和规范规定的适用材料，保证原材料合格，

正确确定土的最大干密度和最佳含水量。

④压实设备及压实方案。

⑤路基纵、横向排水系统设置。

⑥每层的松铺厚度、横坡及填筑速率。

⑦分层压实，控制填土的含水量，确保压实度达到设计要求。

土的最佳含水量是土基施工的一个重要控制参数，是土基达到最大干密度所对应的含水量。根据不同的土的性质，测定最佳含水量的试验方法通常有：轻型、重型击实试验，振动台法，表面振动击实仪法。

压实度是路基质量控制的重要指标之一，是现场干密度和室内最大干密度的比值。压实度越高，路基密实度越大，材料整体性能越好。其现场密度的测定方法有灌沙法、环刀法、核子密度湿度仪法。

（2）路面基层（底基层）施工中常见的质量控制关键点有以下几项。

①基层施工所采用设备组合及拌和设备计量装置校验。

②路面基层（底基层）所用结合料（如水泥、石灰）剂量。

③路面基层（底基层）材料的含水量、拌和均匀性、配合比。

④路面基层（底基层）的压实度、弯沉值、平整度及横坡等。

⑤如采用级配碎（砾）石还需要注意集料的级配和石料的压碎值。

⑥及时有效的养护。

（3）水泥混凝土路面施工中常见质量控制关键点有以下几项。

①基层强度、平整度、高程的检查与控制。

②混凝土材料的检查与试验，水泥品种及用量确定。

③混凝土拌和、摊铺设备及计量装置校验。

④混凝土配合比设计和试件的试验。混凝土的水灰比、外加剂掺加量、坍落度应控制。

⑤混凝土的摊铺、振捣、成型及避免离析。

⑥切缝时间和养护技术的采用。

水泥混凝土抗折强度与抗压强度测定是混凝土材料质量检验的两个重要试验。

水泥混凝土抗折（抗弯拉）强度试验是以 150 mm × 150 mm × 550 mm 的梁形试件在标准养护条件下达到规定龄期后，在净跨径 450 mm 的双支点荷载作用下进行弯拉破坏，并按规定的计算方法得到强度值。水泥混凝土抗折强度是混凝土主要力学指标之一，通过试验取得的检测结果是路面混凝土组成设计的重要参数。

水泥混凝土抗压强度试验是以边长为 150 mm 的正立方体标准试件，标准养护到 28 天，再在万能试验机上按规定方法进行破坏试验测得抗压强度。当混凝土抗压强度采用非标准试件时，应进行换算得到抗压强度值。水泥混凝土抗压强度试验可以确定混凝土强度等级，这是评定混凝土品质的重要指标。

（4）沥青混凝土路面施工中常见质量控制关键点有以下几项。

①基层强度、平整度、高程的检查与控制。

②沥青材料的检查与试验，沥青混凝土配合比设计和试验。

③沥青混凝土拌和设备及计量装置校验。

④路面施工机械设备配置与压实方案。

⑤沥青混凝土的拌和、运输及摊铺温度控制。

⑥沥青混凝土摊铺厚度的控制和摊铺中离析控制。

⑦沥青混凝土的碾压与接缝施工。

沥青混凝土配合比设计采用马歇尔试验配合比设计法。该法首先是按配合比设计拌制沥青混合料，然后制成规定尺寸试件，12 h 之后测定其物理指标（包括表观密度、空隙率、沥青饱和度、矿料间隙率等），然后测定稳定度和流值。热拌沥青混合料配合比设计应通过目标配合比设计、生产配合比设计及生产配合比验证三个阶段，确定沥青混合料的材料品种及配合比、矿料级配、最佳沥青用量。

马歇尔稳定度试验是对标准击实的试件在规定的温度和速度等条件下受压，测定沥青混合料的稳定度和流值等指标的试验。马歇尔稳定度试验主要用于沥青混合料的配合比设计及沥青路面施工质量检验。浸水马歇尔稳定度试验主要是检验沥青混合料受水损害时抵抗剥落的能力，通过测试其水稳定性检验配合比设计的可行性。

第二节　公路工程质量缺陷处理方法

一、质量缺陷性质的确定

质量缺陷性质的确定是最终确定缺陷问题处理办法的首要工作和根本依据。

一般通过下列方法来确定缺陷的性质。

1. 观察现场情况和查阅记录资料

观察现场情况和查阅记录资料是指对有缺陷的工程进行现场情况、施工过程、施工设备和施工操作情况等进行现场观察和检查。其中，主要包括查阅试验检测报告、施工技术资料、施工过程记录、施工日志、施工工艺流程、施工方案、施工机械运转记录等相关记录，同时在特殊季节关注天气情况等。

2. 检验与试验

检查可以帮助人们发现一些表面的问题，得出初步结论，但往往需要进一步的检验与试验来加以验证。

检验与试验主要通过检查、测量与该缺陷工程的有关的技术指标，以便准确找出产生缺陷的原因。例如，若发现石灰土的强度不足，则在检验强度指标的同时，还应检验石灰剂量、石灰与土的物理化学性质，以便发现石灰土强度不足是因为材料不合格、配比不合格或养护不好，还是其他如气候之类的原因造成的，检验和试验的结果将作为确定缺陷性质和制定随后的处理措施的主要依据。

3. 专题调研

有些质量问题，仅仅通过以上两种方法仍不能确定。如某大桥在交工后不到一年的时间里出现了超过规范要求的裂缝，仅通过简单的观察和查阅现有资料很难确定产生裂缝的根本原因，找不到原因也就无从确定进一步的处理措施，在这种情况下就需要采用专题调研，通过对勘测、设计、施工各个环节的调查、分析与研究，辅之以辅助的检测手段，确定质量问题的性质和为随后采取的措施提供依据。在这种情况下，为了查明产生问题的根本原因，有必要组织有关方面的专家或专题调查组提出检测方案，对所得到的一系列参考依据和指标进行综合分析研究，找出产生缺陷的原因，确定缺陷的性质。这种专题调研对缺陷问题的妥善解决作用重大，因此经常被采用。

二、质量缺陷处理方法

1. 整修与返工

缺陷的整修，主要是针对局部性的、轻微的且不会给整体工程质量带来严重影响的缺陷，如水泥混凝土结构的局部蜂窝、麻面，道路结构层的局部压实度不足等。这类缺陷一般可以比较简单地通过修整得到处理，不会影响工程总体的关键性技术指标。由于这类缺陷很容易出现，因而修补处理方法最为常用。

返工的决定应建立在认真调查研究的基础上。是否返工，应视缺陷经过补救后能否达到规范标准而定，补救后不能满足标准的工程必须返工。如某承包人为赶工期，曾在雨中铺筑沥青混凝土，监理工程师只得责令承包人将已经铺完的沥青面层全部清除重铺；一些无法补救的低质涵洞也要炸掉重建；温度过低或过高的沥青混合料在现场被监理工程师责令报废等。

2.综合处理办法

综合处理办法主要是针对较大的质量事故而言的。这种处理办法不像返工和整修那样简单具体，它是一种综合的缺陷(事故)补救措施，能够使得工程缺陷(事故)以最小的经济代价和工期损失重新满足规范要求。处理的办法因工程缺陷(事故)的性质而异，性质的确定则以大量的调查及丰富的施工经验和技术理论为基础。具体做法包括组织联合调查组、召开专家论证会等方式。实践证明，这是一条合理解决这类问题的有效途径。例如：某桥梁上部为 4 孔 20 m 预制空心板结构，下部为桩基础形式。0 号桥台施工放样时发生错误，导致第一孔跨径增加了 50 cm，发现时桩基础、承台、台身已全部完成，空心板预制了 1/2。经综合论证，采用下部不变、改变上部的方式，第一孔空心板跨径增加了 50 cm，增加费用约 2 万元。而采用返工方式，需要大约 8 万元和 2 个月工期。

第三节　路基工程质量检验

一、土方路基工程质量检验

1.基本要求

（1）在路基用地和取土坑范围内，应清除地表植被、杂物、积水、淤泥和表土，处理坑塘，并按规范和设计要求对基底进行压实。

（2）路基填料应符合规范和设计的规定，经认真调查、试验后合理选用。

（3）填方路基须分层填筑压实，每层表面平整，路拱合适，排水良好。

（4）施工临时排水系统应与设计排水系统结合，避免冲刷边坡，勿使路基附近积水。

（5）在设定取土区内合理取土，不得滥开滥挖。完工后应按要求对取土坑和弃土场进行修整，保持合理的几何外形。

2. 实测项目

土方路基实测项目有：压实度、弯沉值、纵断高程、中线偏位、宽度、平整度、横坡、边坡。

二、石方路基工程质量检验

1. 基本要求

（1）石方路堑的开挖宜采用光面爆破法。爆破后应及时清理险石、松石，确保边坡安全、稳定。

（2）修筑填石路堤时应进行地表清理，逐层水平填筑石块，将其摆放平稳，码砌边部。填筑层厚度及石块尺寸应符合设计和施工规范规定，填石空隙用石碴、石屑嵌压稳定。上、下路床填料和石料最大尺寸应符合规范规定。采用振动压路机分层碾压，压至填筑层顶面石块稳定，18 t 以上压路机振压两遍无明显标高差异。

（3）路基表面应整修平整。

2. 实测项目

石方路基实测项目有：压实、纵断高程、中线偏位、宽度、平整度、横坡、边坡坡度和平顺度。

三、砌体挡土墙质量检验

1. 基本要求

（1）石料或混凝土预制块的强度、规格和质量应符合有关规范和设计要求。

（2）沙浆所用的水泥、沙、水的质量应符合有关规范的要求，按规定的配合比施工。

（3）地基承载力必须满足设计要求，基础埋置深度应满足施工规范要求。

（4）砌筑应分层错缝。浆砌时坐浆挤紧，嵌填饱满密实，不得有空洞；干砌时不得出现松动、叠砌和浮塞现象。

（5）沉降缝、泄水孔、反滤层的设置位置、质量和数量应符合设计要求。

2. 实测项目

砌体挡土墙实测项目有：沙浆强度、平面位置、顶面高程、竖直度或坡度、断面尺寸、底面高程、表面平整度。

干砌挡土墙实测项目有：平面位置、顶面高程、竖直度或坡度、断面尺寸、底面高程、表面平整度。

四、路基填筑方面的质检

路线根据要求在实地测设好之后，路基首先要做的工作便是清理表面，路基质检员的工作是在现场指导或察看情况，在路基底层宽度范围内的植被、树木等应先清理掉，清理彻底后，如果土质较好，则用压路机压实，反之则进行换填，换填的限度是 80 cm，应根据实地土质情况确定换填深度，换填时应换填当地好的料种，换填结束进行压实。若在路基底层出现特殊地段，如淤泥等，应先彻底清除淤泥再进行换填，此时清除时没有深度要求。换填结束后，路基质检员自带仪器进行自检。此时由于是路基底层，要检测的主要是压实度、宽度和中线偏差，这三项必须保证。自检通过后，和旁站监理一块质检，待通过且可以转序后进行下层工序。

路基底层结束后，接下来的工作是分层填筑。分层填筑时需层层检测，此时要注意路槽的作用，路槽是防止料外泄、控制厚度作用，所以来说，一层结束后，如果没有做好路槽，质检员不予质检，目的是防止施工员不做路槽直接上料，从而浪费料，控制不好厚度，而且边坡还不平顺。

（一）挖方路基的质检

一条线路应填挖结合，挖方经实验室试验后，可用，用于填方，不可用，则为弃方。挖方的利用是施工单位节省资金的一个重要来源。挖方路基与填方路基的要求和外观评定不同。挖方路基在距路基顶面 80 cm 处进行分层换填，换填当地最好的料种。

（二）基坑回填

基坑回填是路基与桥台之间的基坑进行的回填，回填从桥基础开始填筑填至原地面或路基现层面。路基填筑需要分层填筑，质检人员应在台背按照要求画出红线（红线间距为 20 cm）来指导施工，促使施工人员按红线进行分层施工。基坑回填一般机械不能入内，须用小夯进行夯实，小夯振压至填筑层面不松散。填筑材料必须为石渣等透水性材料，否则视为不合格，不予质检。基坑回填时应注意石块粒径，大粒径石块必须捡出或砸碎，否则会对质量造成不良影响。基坑填筑完后，不能直接在盖板涵和涵洞顶面跑车，应垫至少 20 cm 再跑车，防止车辆压裂盖板涵和涵洞。

（三）台背回填

大多数台背回填的首要任务是基坑回填，待填至与圆地面相平后，为台背回填。台背回填也要分层回填，质检员按要求在台背画出红线（20 cm 一层）指导施工。台背回填的宽度应比台身高出 2 m，其中填筑必须用透水性材料分层进行。填筑完后用机械振压。机械压不到的地方须用小夯夯实。若桥梁施工时，台背后填筑了非透水性材料，必须清除干净，再进行回填，台背回填应慢于路基填筑，正确程序是路基填筑一层，压实可以转序后，台背回填一层，直到顶面，全部如此程序操作。另外，填筑材料的粒径也应加以控制。

第四节　路面工程质量检验

一、水泥稳定粒料（碎石、沙砾或矿渣等）路面基层、底基层的检验

1. 基本要求

（1）粒料应符合设计和施工规范要求，施工单位应根据当地料源选择质坚、干净的粒料，矿渣应分解稳定，未分解渣块应予剔除。

（2）水泥用量和矿料级配按设计控制准确。

（3）路拌深度要达到层底。

（4）摊铺时要注意消除离析现象。

（5）混合料处于最佳含水量状况下，用重型压路机碾压至要求的压实度。从加水拌和到碾压终了的时间不应超过 3 h，并应短于水泥的终凝时间。

（6）碾压检查合格后立即覆盖或洒水养护，养护期要符合规范要求。

2. 实测项目

（1）水泥稳定粒料（碎石、沙砾或矿渣等）基层和底基层主要检验内容包括：压实度、平整度、纵断高程、宽度、厚度、横坡、强度。

（2）级配碎（砾）石或填隙碎石（矿渣）基层和底基层实测项目有：压实度、弯沉值、平整度、纵断高程、宽度、厚度、横坡。

二、水泥混凝土面层的检验

1. 基本要求

（1）基层质量必须符合规定要求，并应进行弯沉测定，验算的基层整体模量应满足设计要求。

（2）水泥的物理性能和化学成分应符合国家标准及有关规范的规定。

（3）粗细集料、水、外加剂及接缝填缝料应符合设计和施工规范要求。

（4）施工配合比应根据现场测定的水泥实际强度进行计算，并经试验，选择采用最佳配合比。

（5）接缝的位置、规格、尺寸及传力杆、拉力杆的设置应符合设计要求。

（6）路面拉毛或机具压槽等抗滑措施，其构造深度应符合施工规范要求。

（7）面层与其他构造物相接应平顺，检查井井盖顶面高程应高于周边路面1 ~ 3 mm。雨水口标高按设计比路面低 5 ~ 8 mm，路面边缘无积水现象。

（8）混凝土路面铺筑后按施工规范要求养护。

2. 实测项目

水泥混凝土面层实测项目有：水泥混凝土面板的弯拉强度、平整度、板厚度，水泥混凝土路面的抗滑构造深度、相邻板间的高差、纵横缝顺直度、水泥混凝土路面中线平面偏位、路面宽度、纵断高程和路面横坡。

三、沥青混凝土面层和沥青碎（砾）石面层的检验

1. 基本要求

（1）沥青混合料的材料质量及矿料级配应符合设计要求和施工规范的规定。

（2）严格控制各种材料和沥青用量及各种材料和沥青混合料的加热温度，沥青材料及混合料的各项指标应符合设计和施工规范要求。沥青混合料的生产，

每日应做抽提试验、马歇尔稳定度试验。矿料级配、沥青含量、马歇尔稳定度等结果的合格率应不小于 90%。

（3）拌和后的沥青混合料应均匀一致，无花白，无粗细料分离和结团成块现象。

（4）基层必须碾压密实，表面干燥、清洁、无浮土，其平整度和路拱度应符合要求。

（5）摊铺时应严格控制摊铺厚度和平整度，避免离析，注意控制摊铺和碾压温度，碾压至要求的密实度。

2. 实测项目

沥青混凝土面层和沥青碎（砾）石面层的实测项目有：厚度、平整度、压实度、弯沉值、渗水系数、抗滑（含摩擦系数和构造深度）、中线平面偏位、纵断高程、路面宽度及路面横坡。

第五节 质量检验评定

一、公路工程质量检验和评定的标准

公路工程质量检验和评定的标准是：交通运输部颁布的《公路工程质量检验评定标准第一册 土建工程》及项目专用技术规范。

二、单位工程、分部工程和分项工程的划分

1. 单位工程

单位工程是指在建设项目中，根据签订的合同，具有独立施工条件的工程。

2. 分部工程

单位工程应按结构部位、路段长度及施工特点或施工任务划分为若干个分部工程。

3. 分项工程

分部工程应按不同的施工方法、材料、工序及路段长度等划分为若干个分项工程。

三、工程质量评分方法

（1）工程质量检验评分以分项工程为单元，采用百分制进行。在分项工程评分的基础上，逐级计算各相应分部工程、单位工程、合同段和建设项目评分值。

（2）工程质量评定等级分为合格与不合格，应按分项、分部、单位工程、合同段和建设项目逐级评定。

（3）施工单位应对各分项工程按《公路工程质量检验评定标准第一册 土建工程》所列基本要求、实测项目和外观鉴定进行自检，按"工程质量检验评定用表"及相关施工技术规范提交真实、完整的自检资料，对工程质量进行自我评定。

（4）工程监理单位应按规定要求对工程质量进行独立抽检，对施工单位检评资料进行签认，对工程质量进行评定。

（5）建设单位根据对工程质量的检查及平时掌握的情况，对工程监理单位所做的工程质量评分及等级进行审定。

（6）质量监督部门、质量检测机构依据《公路工程质量检验评定标准第一册 土建工程》对公路工程质量进行检测评定。

四、工程质量评分方法

1. 分项工程质量评分

分项工程质量检验内容包括基本要求、实测项目、外观鉴定和质量保证资料四个部分。只有在其使用的原材料、半成品、成品及施工工艺符合基本要求的规定，且无严重外观缺陷和质量保证资料真实并基本齐全时，才能对分项工程质量进行检验评定。

涉及结构安全和使用功能的重要实测项目为关键项目，其合格率不得低于90%（属于工厂加工制造的交通工程安全设施及桥梁金属构件不低于95%，机电工程为100%），且检测值不得超过规定极值，否则必须进行返工处理。实测项目的规定极值是指任一单个检测值都不能突破的极限值，不符合要求时该实测项目为不合格。

分项工程的评分值满分为 100 分，按实测项目采用加权平均法计算。存在外观缺陷或资料不全时，须减分。

$$分项工程得分 = \frac{\sum\left[检查项目得分 \times 权值\right]}{\sum 检查项目得分}$$

分项工程评分值＝分项工程得分－外观缺陷减分－资料不全减分

（1）基本要求检查。分项工程所列基本要求，对施工质量优劣具有关键作用，应按基本要求对工程进行认真检查。经检查不符合基本要求规定时，不得进行工程质量的检验和评定。

（2）实测项目计分。对规定检查项目采用现场抽样方法，按照规定频率和下列计分方法对分项工程的施工质量直接进行检测计分。

检查项目除按数理统计方法评定的项目以外，均应按单点（组）测定值是否符合标准要求进行评定，并按合格率计分。

$$检查项目合格率（\%） = \frac{检查合格的点（组）数}{该检查项目的全部检查点（组）数}$$

$$检查项目得分 = 检查项目合格率 \times 100\%$$

（3）外观缺陷减分。对工程外表状况应逐项进行全面检查，如发现外观缺陷，应进行减分。对于较严重的外观缺陷，施工单位须采取措施进行整修处理。

（4）资料不全减分。分项工程的施工资料和图表残缺，缺乏最基本的数据，或有伪造涂改者，不予检验和评定。资料不全者应予减分，减分幅度可按《公路工程质量检验评定标准第一册　土建工程》所列各款逐款检查，视资料不全情况，每款减 1 ～ 3 分。

2. 分部工程和单位工程质量评分

分项工程和分部工程区分为一般工程和主要（主体）工程，分别给以 1 和 2 的权值。进行分部工程和单位工程质量评分时，采用加权平均值计算法确定相应的评分值，即

$$分部（单位）工程评分值 = \frac{\sum\left[分项（分部）工程评分值 \times 相应权值\right]}{\sum 分项（分部）工程权值}$$

3. 合同段和建设项目工程质量评分

合同段和建设项目工程质量评分中，施工合同段工程质量评分采用所含各单位工程质量评分的加权平均值

$$施工合同段工程质量评分值 = \frac{\sum（单位工程评分值 \times 该单位工程投资额）}{合同段总投资额}$$

整个工程项目工程质量评分采用加权平均法进行，即

$$工程质量评分值=\frac{\sum（合同段工程质量评分值×该合同段投资额）}{\sum 施工合同段投资额}$$

五、质量保证资料

施工单位应有完整的施工原始记录、试验数据、分项工程自查数据等质量保证资料，并进行整理分析，负责提交齐全、真实和系统的施工资料和图表。工程监理单位负责提交齐全、真实和系统的监理资料。质量保证资料应包括以下六个方面。

（1）所用原材料、半成品和成品的质量检验结果；

（2）材料配比、拌和加工控制检验和试验数据；

（3）地基处理、隐蔽工程施工记录和大桥、隧道施工监控资料；

（4）各项质量控制指标的试验记录和质量检验汇总图表；

（5）施工过程中遇到的非正常情况记录及其对工程质量的影响分析；

（6）施工过程中发生质量事故，经处理补救后，达到设计要求的认定证明文件等。

六、工程质量等级评定

1. 分项工程质量等级评定

分项工程评分值不小于 75 分者为合格，小于 75 分者为不合格；机电工程、属于工厂加工制造的桥梁金属构件不小于 90 分者为合格，小于 90 分者为不合格。

评定为不合格的分项工程，经加固、补强或返工、调测，满足设计要求后，可以重新评定其质量等级，但计算分部工程评分值时按其复评分值的 90% 计算。

2. 分部工程质量等级评定

所属各分项工程全部合格，则该分部工程评为合格；所属任一分项工程不合格，则该分部工程为不合格。

3. 单位工程质量等级评定

所属各分部工程全部合格，则该单位工程评为合格；所属任一分部工程不合

格，则该单位工程为不合格。

4. 合同段和建设项目质量等级评定

合同段和建设项目所含单位工程全部合格，其工程质量等级为合格；所属任一单位工程不合格，则合同段和建设项目为不合格。

七、公路工程质量检测的意义

（一）工程试验检测环节的重要性

以公路工程建设为例，随着公路等级的不断提升，对于公路工程的建设要求也不断提高，各级交通管理部门、施工单位虽然已经对公路质量检测以及施工质量加强了重视，但是在现存的许多工作之中，仍旧有一些施工单位"上有政策、下有对策"，原材料的质量未能达到施工技术要求；有些单位虽然具备了足够的试验检测设备，建立了试验基地，也组织了相关的工程试验检测人员进行检测，但由于各种原因，已有资源不能充分发挥作用。大量的工程实践经验都表明，如果不重视现场的施工监测和质量管理工作，不注意实际检测，仅仅依靠以往的经验去评估工程的好坏，就容易导致在建设初期，工程质量就出现破坏迹象。因此施工单位必须在施工开始前就配备有丰富经验的试验检测人员，建立健全的工程质量检测管理体系，这样才可以达到缩短工期、提高质量、降低成本的目的。工程试验检测人员必须努力抓好施工过程之中的每一个环节，力图降低人为的误差，提高试验检测的准确度，保证检测结果的可靠性。只有如此，工程试验检测环节才能在工程质量检测中发挥其应有的作用。

（二）开工阶段和施工阶段中工程试验检测对工作质量的控制

1. 施工前的各项原料检测

每一个工程项目在开工之前，都要对工程项目的各个部分配以详尽的工程质量控制指标，例如所使用的水泥及沙石的型号、品质，集料规格，不同型号混凝土之间的掺配，这些数据是施工中的重要参数，也是竣工后相关质量检测的重要依据。所以，及时提供科学精准的试验数据对于工程技术人员来说是十分重要的。在项目开工之前，负责工程的工程试验检测人员会依据项目的设计要求与给定的工程质量技术标准，结合施工地点的实际情况来确定所要使用的施工材料，例如混凝土、水泥、沙石等的相关配合比，为工程的顺利施工打下良好基础。

对于路基填土而言，最重要的两个因素是干密度和含水量，施工中应尽量达到最大干密度与最佳含水量，这就需要进行击实试验；对于沥青混合料，一般采用马歇尔试验测量稳定度和流值等指标，而且在施工过程之中，为保证路面质量，应严格控制沥青用量、摊铺温度、压实方法等因素。诸如此类的做法，既能够为工程的施工提供经济可行的方案，也能够为日后的施工积累大量的数据资料，更能够保证工程质量，降低工程成本，所以说工程试验检测是项目开工前必不可少的准备工作。

2. 项目施工中的工程试验检测

对于一个安全性能达标、工程质量好的工程而言，每道工序都需要严加把关，不仅要注重施工工艺，更要狠抓施工质量，做好施工过程之中的工程试验检测。例如在公路路基的施工建设中，每一层材料的选取、摊铺的厚度配备何种碾压的机器以及所采用材料的含水量都对于路基压实质量有直接的影响，在路基建设成型之后，对路面铺装的质量也有很大的影响。虽然经过多年的车辆碾压，也可以使路面发生破损，但是现场所测得压实度数据却可以直接地体现出路基的强度与质量的好坏。在施工建设完成一部分之后，应该按照一定的标准对其进行检验。检测的内容主要涵盖建筑物的中线偏移量、相对于检测轴线的实际位置、压实度、偏移量等；例如，对于压实度的检测，一般选用灌沙法、路面取芯法；为反映路面各结构层及土基的整体强度和刚度，一般使用弯沉仪进行测量；在进行水泥混凝土抗压抗折程度检测时，应注意控制仪器荷载，避免由于荷载过快或过慢造成试验误差或者仪器的损坏。

（三）竣工阶段工程试验检测对工作质量的控制

在项目的施工进程中，合理有效地进行工程试验检测，可以做到对于材料性能更好地了解，从而更加合理、更加经济地进行施工。在项目竣工之后，无论项目规模的大小还是工期长短都需要进行一次整体的交工验收，在所组织的验收技术人员中，试验检测人员也是必不可少的，他们要完成很多的项目现场检测工作，如路基压实度、平整度、路面强度、隧道抗渗等各种检测。为保证公路工程质量，我国交通运输部颁布了《公路工程质量检验评定标准》，其中对于试验检测有明确的规定，这充分体现了试验检测工作在工程项目竣工验收中重要地位。尤其是项目交工验收时施工单位所上交的工程质量自检报告中，对于试验检测数据资料，也要专门整理成册，以方便竣工时工程试验检测人员查阅。这些资料既反映了在工程施工之中施工方对于工作质量的控制情况，也体现了施工单位对于工程质量试验检测的手段是否完善合理，为验收人员评定工程质量提供了重要依据，也是该工程日后养护维修的重要依据。

在项目完成之后，对于整个工程进行试验检测，也是一项任务量巨大的工作。我们不仅需要对于该工程的整体进行试验检测，也需要对于各个环节、各道工序分别进行检测，这样做不仅能了保证整个工程的工作质量，也为检测提供了具体依据。众所周知，一个完整的工程需要很多道不同的工序，在对各道工序的试验检测中，要保证各个工序的质量合格以及上下级工序之间的衔接恰当合理。在对于工程整体质量进行评估时，必须依据各个环节之中所测得工程相关数据，以及竣工后整个工程的整体质量，对该工程给予一个综合性的评定。工程试验检测工作人员要依据相关数据，评定该工程是否达到了预期效果，是否符合国家的或者有关部门的相关标准。唯有如此，才能起到工程试验检测工作在竣工验收中的作用。

八、公路工程质量检测工作的现状分析及措施

（一）公路工程试验检测工作的现状分析

1. 公路工程试验检测工作未能得到重视

试验室建设需要大量的资金投入及满足相应资质等级数量要求的检测工程师、检测员。试验检测不能直接为企业创造价值，这对有些施工企业来说，试验检测工作似乎只有投入而没有产出，从而不能对试验检测工作有足够的重视。因此普遍存在试验人员在待遇方面或多或少都比其他技术和管理岗位待遇要低的现象。加之试验检测工作是一项十分繁重、枯燥的工作，并且由于公路工程施工环境较差，其试验检测工作环境也相对较差，导致试验检测人员积极性不高，从事这一行业的意愿也低，人员挂靠现象时有发生，造成从事试验检测行业的试验人员无论从数量还是质量上都不能满足工程建设需要。

2. 公路工程试验检测机制受到阻碍

随着科学技术水平的不断发展，公路工程试验检测技术也有所提升，但其运行机制阻碍了试验检测行业的发展。在目前的公路工程管理当中，真正完全独立法人的第三方检测机构所占比例不多，大多公路工程试验检测机构一般都隶属于施工或监理单位，试验检测人员的作用与投入经费的多少都会受到所属单位的制

约，使得公路工程试验检测工作独立开展业务受到很多客观条件的约束和干扰，造成公路工程试验检测工作无法发挥对工程质量的控制作用。

3. 公路工程试验检测数据信息存在虚假现象

随着国家经济建设的不断发展，公路工程建设规模的不断扩大，公路工程施工企业承揽工程也不断扩张，在建项目数量也随之增加，而试验检测人才库的建设往往跟不上工程扩张的速度，加剧了公路工程试验检测业务需求量与试验检测人力资源的短缺相矛盾的现象。如何按照所规定的检测频率进行检测成了一个普遍的问题。施工企业管理水平有高有低，难免存在施工项目管理水平低下的，在项目施工过程，难以做到按计划有条不紊地进行施工，从而施工企业补假资料是一个普遍现象。再者，施工企业良莠不齐，为偷工减料对检测数据造假也并不罕见。以上种种，使所建立起来的实验室沦为了造假资料、应付检查的工具，试验检测结果编造或者修改调整数据的现象时有发生，导致试验检测工作与施工过程中的质量控制作用没有真正发挥出来，试验检测结果的数据不具有真实性与可靠性。

（二）加强试验检测工作，提高工程质量的措施及途径

1. 充分意识到加强试验检测的重要性

试验检测是为了更好地确保工程质量得到有效的提升。因而施工企业必须利用试验检测得出各项技术参数，从而更好地开展施工，为工程质量的夯实奠定坚实基础的同时减少工程的投资，实现施工企业经济效益的最大化。因此对于施工企业管理者而言，只有意识到加强试验检测的重要性，才能从根本上意识到试验检测在公路工程建设中的作用，进而为试验检测工作的高效开展奠定坚实的基础。

2. 致力于试验检测技术、设备的更新

随着公路建设的高速发展，传统的公路检测技术和设备存在多项问题的弊病日益凸显，同时也反映出我国相关机构的研究工作人员对无损检测技术应用更新没有高度重视的现状。运输业的高度发展以及国家整体经济的发展离不开道路网络的通畅，同时现代化公路对检测技术的要求也越来越高，使得传统的一般公路检测技术已经无法满足现代公路高性能、高精确度的检测。因此，需要引进并掌握新的检测技术与设备，提高检测的水平，这样才能充分地保证现代公路建设工程保质保量地建成，也达到对公路工程建设质量的监督作用。而这就需要施工企业加强对试验方面的投资，加强对试验检测技术人员的培训，不断强化其专业技术水平和责任意识，从而使其更加主动积极地参与到试验检测工作中来，并切实

做好检测设备的维护和保养工作。尤其是加强试验检测新技术、新方法、新设备的更新，这样才能更好地确保检测结果的精准性。

3.切实做好施工过程中的各项检测工作

一是施工企业应建立设施齐全的工地实验室，配备具有较高技术水平的试验检测人员，并建立一套完整的实验室质量管理体系，从而提高试验数据的精确性、可靠性。二是施工中的关键工序和重要施工部位进行严格监督，并详细认真填写工程记录。三是及时对分项工程进行质量验收，验收不合格的项目，坚决返工处理。四是工程竣工后应严格检测验收，对检测中发现的质量隐患应及时提出，没通过验收的必须返工。

4.进一步建立完善公路工程质量保证体系，增强工程质量意识

目前我国实行"政府监督，社会监理，企业自检"三级质量保证体系以保证公路工程质量。各级质量管理部门应各司其职，按质量第一的方针和全面质量管理要求，采取切实有效的措施，不断提高质量管理水平；在实际工作中，应严格实行质量自检，加强质量管理和质量监督，逐步建立完善三级质量保证体系；要有增强建设各方面的质量意识，分工负责，责任到人，真正落实质量岗位责任制。

第五章　项目造价与成本管理

公路工程造价管理是企业盈利的关键程序，在工程造价管理中，对于造价的管理有很多要求，主要是计价、计量、预算与核算管理。本章主要从这几个方面详细讲述公路造价与成本管理。

第一节　公路工程量清单计价的应用

一、工程量清单的含义

工程量清单，又叫工程数量清单，它是工程招标及实施工程时计量与支付的重要依据，在工程实施期间，对工程费用起控制作用。

工程量清单是招标单位（业主）将要招标的工程按一定的原则（如按工程部位、性质等）进行分解，以明确工程的内容和范围，并将这些内容数量化而得到的一套工程项目表。每个表中既有工程部位和该部位需实施的各个子项目（工程子目），又有每个子项目的工程量和计价要求（单价或包干价）以及总计金额，"单价"与"总价"两个栏目由投标单位填写。可见，工程量清单反映的是每个相对独立的个体项目的主要内容和预算数量以及完成的价格。

招标工程的工程量清单通常由业主提供，但也有一些国际招标工程并没有工程量清单，仅有招标图纸，这就要求投标人按照自己的习惯列出工程细目并计算工程量，或按国际通用的工程量编制方法提交工程量清单。我国的公路工程项目招标，一般由招标单位提供工程量清单。另外，需要特别指出的是工程量清单中所列的工程数量（也称为清单工程量），是在实际施工生产前根据设计施工图纸和说明及工程量计算规则所得到的一种准确性较高的预算数量，并不是中标者在施工时应完成的实际的工程量。因为在实际施工过程中，可能会因各种原因与设计条件不一致，从而产生工程量的数量变化，业主应按实际工程量支付工程费用。

二、工程量清单的内容

其内容分为前言（或说明）、工程子目、计日工明细表和工程量清单汇总表四部分。

1. 前言（或说明）

在许多合同文件中前言又被称为清单序言，它主要对工程项目的工作范围和内容、计量方法和方式、费用计算的依据、在工程实施期间如何对工程进行计量和支付进行说明。

当工程发生变更或费用索赔时，监理工程师将根据它来确定单价。概括起来，前言应强调以下几方面内容。

（1）应将工程量清单与投标须知、合同条件、技术规范、图纸和图表、资料等文件结合起来阅读、理解或解释。这一说明的主要目的是要求投标人综合考虑支付条件、技术要点、质量标准、工程施工条件，以及需综合在某一单项中的众多子目后，适当考虑其自身的费用、风险后再填报单价。

（2）除非合同另有规定，工程量清单中有标价的单价或总额价均已包括了为实施和完成合同工程所需的劳务、材料、机械、质检、安装、缺陷修复、管理、保险、税费、利润等费用，以及合同明示或暗示的所有责任、义务和一切风险。本条说明要求投标人认识自己在合同中的报价所包括的范围，强调风险自担的范围。

（3）工程量清单中的每一个子目，不论工程数量是否标出，都须填入单价或总额价。投标时没有填入单价或总额价的子目，其费用应视为已分配在工程量清单的其他单价或总额价之中。这一说明减少了招投标过程中可能发生的争执，规范和加快了招投标工作过程，对投标人提出了计算中要认真、仔细的要求。

2. 工程子目

工程子目又叫分项清单表，是招标工程中按章的顺序排列的各个子目表。表中有子目号、子目名称、工程数量、单位、单价及金额栏目，其中单价或金额栏的数字一般由承包人投标时填写，而其他部分一般由业主或者招标单位在编制工程量清单时确定。

3. 计日工明细表

计日工也称散工或点工，指在工程实施过程中，业主可能有一些临时性的或新增加的项目，而且这种临时的新增项目的工程量在招投标阶段很难估计，希望通过招投标阶段事先定价，避免开工后可能发生时出现的争端，故需要以计日工明细表的方法在工程量清单中予以明确。计日工明细表由总则、计日工劳务、计日工材料、计日工施工机械等方面的内容组成。

4. 工程量清单汇总表

工程量清单汇总表是将各章的工程子目表及计日工明细表进行汇总，再加上一定比例或数量（按招标文件规定）的暂列金额而得出该项目的总报价，该报价与投标书中填写的投标总价是一致的。

三、编写工程量清单注意事项

1. 将开办项目作为独立的工程子目单列出来

开办项目往往是一些一开工就要发生或开工前就要发生的项目，如工程保险、担保、监理设施、承包人的驻地建设、测量放样、临时工程等。如果将这些项目包含在其他项目的单价中，到承包人开工时，上述各种款项将得不到及时支付，这不仅影响合同的公平性和承包人的资金周转，而且会增加招标中预付款的数量。

2. 合理划分工程子目

在工程子目划分时，要注意将不同等级要求的工程区分开。将同一性质但不属于同一部位的工程区分开；将情况不同，可能要进行不同报价的子目区分开。这一做法主要是为了强化工程投标中的竞争性，使投标人报价更加具体，针对不同情况可以采用不同的单价，便于降低造价。

3. 工程子目的划分要大小合适。

工程子目的划分可大可小，工程子目大，可减少计算工作量，但太大就难以发挥单价合同的优势，不便于工程变更的处理。另外，工程子目太大也会使支付周期延长，影响承包人的资金周转，最终影响合同的正常履行。例如，在桥梁工程中，若将基础回填工作的计价包含在基础挖方项目中，则承包人必须等到基础回填工作完成以后才能办理该项目的计量支付，支付周期可能要半年或更长的时间，这将直接影响承包人的资金周转，不利于合同的正常履行。但如果将基础开挖和基础回填分成两个工程子目，则可避免上述问题的发生。

4. 工程量的计算整理要细致准确

计算和整理工程量的依据是设计图纸和技术规范，它是一项严谨的技术工作，绝不是简单地罗列设计文件中的工程量。要认真阅读技术规范中的计量和支付方法，仔细核查设计文件中工程量所对应计量方法与技术规范中的计量方法是否一致，如不一致，则需在整理工程量时进行技术处理。此外，在工程量的计算过程中，要做到不重不漏，更不能发生计算错误，否则会带来一系列问题。

第二节　投标阶段合同价的确定

一、投标报价编制原则

投标报价的编制主要是投标人对承建招标工程所要发生的各种费用的计算。编制报价时，一是要合理，就是要做得来，并留有余地；二是要有竞争力，就是要符合市场的行情，并具竞标有优势。具体编制时需依据以下原则。

（1）以招标文件中设定的发、承包双方责任划分，作为考虑投标报价费用项目和费用计算的基础；根据工程发、承包模式考虑投标报价的费用内容和计算深度。

（2）以施工方案、技术措施等作为投标报价计算的基本条件。

（3）以反映企业技术和管理水平的企业定额作为计算人工、材料和机械台班消耗量的基本依据。

（4）充分利用现场考察、调研成果、市场价格信息和行情资料，编制基价，确定调价方法。

（5）报价计算方法要科学严谨，简明适用。

二、投标报价编制依据

投标报价编制的依据主要有下列几个方面。

（1）招标单位提供的招标文件。为保证投标的有效性，必须对招标文件给予全面的响应，因此招标文件是必不可少的编制依据。另外，业主在开标前规定的日期内颁发的有关合同、规范、图纸的书面修改书和书面变更通知具有与招标文件同等的效力，也是报价的依据。

（2）招标文件所规定的各种国家标准、部颁标准、技术规范等。

（3）国家、地方颁发的有关收费标准和定额及施工企业的工料机消耗定额。

（4）工程所在地的政治形势和技术经济条件，如交通运输条件等。

（5）本工程的现场情况，包括地形、地质、气象、雨量、劳动力、生活品供应等。

（6）当地工程机械出租的可能性、品种、数量、单价，发电厂供电正常率及提供本项目用电的功率和单价。

（7）当地劳动力的技术水平和供应数量。

（8）业主供应材料情况及交货地点、单价；当地材料供应盈缺情况，建材部门公布的材料单价，并预测当地材料市场涨落情况。

（9）本企业为本项目提供新添施工设备经费可能性，设备投资在标价中分摊费与成本的比率。

（10）施工组织设计和施工方案。

（11）该项目中标后，当地的工程市场信息、有否后续工程的可能性。

（12）参加投标的竞争对手情况，各有多大实力，竞争对手信誉等。

（13）有关报价的参考资料，如当地同类性质已完工程的造价分析，以及本企业历年来（至少5年）已完工程的成本分析。

三、投标报价计算方式

1. 投标报价的组成

投标报价的组成主要有直接成本费、间接成本费、利润、规费、税金和风险费等。

（1）直接成本费，是指工程施工中直接用于工程上的人工、材料和施工机械使用费用的总和。

（2）间接成本费，是指组织和管理工程施工所需的各项费用，如冬、雨期施工增加费、临时设施费、工地转移费、企业管理费等。

（3）利润，是指投标时根据企业的利润目标和本项目的具体情况确定的利润。

（4）规费和税金，规费是指法律、法规、规章、规程规定施工企业必须缴纳的费用，包括养老保险费、失业保险费、医疗保险费、住房公积金和工伤保险费等；税金是按规定应向国家缴纳的营业税、城市维护建设税及教育费附加等税金。

（5）风险费是对风险分析后确定的用于防范风险的费用。

2. 标价的计算

投标报价计算有工料单价计算法和综合单价计算法两种。

（1）工料单价计算法。根据已审定的工程量，按照定额或市场的单价，逐项计算每个项目的价格，分别填入招标人提供的工程量清单内，计算出全部工程量直接成本费，然后按企业自定的各项费率及法定税率，依次计算出间接费、利润及税金。另外，需考虑一项不可预见费，其费用总和即为基础报价。

（2）综合单价计算法。按综合单价计算报价是所填入工程量清单的单价，应包括人工费、材料费、机械使用费、其他工程费、间接费、利润和税金，以及风险金等全部费用，构成基础单价，即综合单价。此种方法用于单价合同的报价，报价金额等于工程量清单的汇总金额加上暂定金额。

3. 标价分析

初步计算出标价之后，应对标价进行多方面的分析和评估，其目的是探讨标价的经济和理性，从而做出最终报价决策。标价分析包括单价分析与总价分析。单价分析就是对工程量清单中所列分项单价进行分析和计算，确定出每一分项的单价和总价，分析标价计算中使用的劳务、材料、施工机械的基础单价以及选用的工程定额是否合理，是否符合拟投标工程的实际情况。同时，应根据以往企业的投标报价资料进行对比分析，合理确定投标单价和总报价。

标价分析评估可从以下几个方面进行。

（1）标价的宏观审核。标价的宏观审核是依据长期的工程实践中积累的大量经验数据，用类比的方法，从宏观上判断初步计算的合理性。

（2）标价的动态分析。标价的动态分析是假定某些因素发生变化，测算标价的变化幅度，特别是这些变化对计划利润的影响，如工期延误的影响，物价和工资上涨的影响，其他可变因素的影响等。

（3）标价的盈亏分析。初步计算标价经过宏观审核与进一步分析检查，可能对某些分项的单价做必要调整，然后形成基础标价，再经盈亏分析，提出可能的低标价和高标价，供投标决策时选择。

四、报价中的清单复核

由于工程量清单及数量由招标人编制，因此，投标人在购买招标文件后，应根据招标文件的要求，对照图纸，对招标文件提供的工程量清单进行复查或复核。

1. 清单项目完整性复核

以合同条款、施工图和技术规范为依据，认真核对所有清单项目，看其是否全面反映了拟建工程的全部内容。

2. 清单项目一致性复核

（1）清单工程项目编码与项目名称是否一致。

（2）清单工程项目名称与施工图的项目名称是否一致。

（3）对技术规范规定多个单位的项目，查清单中选用的单位与工程量计算口径是否一致。

（4）清单工程项目与技术规范及定额计量单位是否一致。

3. 清单工程量准确性复核

以合同条件、施工图和技术规范和计量规则为依据，对主要分部分项工程数量进行计算，将投标人计算结果与招标文件清单中数量进行比较。

第三节　公路工程计量管理

一、计量的概念

计量是按照技术规范所规定的方法对承包人符合要求的已完工程的实际数量所进行的测量、计算、核查和确认的过程。没有准确和合理的计量就会破坏工程承包合同中的经济关系，影响承包合同的正常履行。

计量的任务是确定实际工程数量的多少。工程量有预估工程量和实际工程量之分，工程量清单的工程量仅是估算工程量，不能作为承包人应予完成的工程之实际和确切的工程量。这是因为工程量清单中的数量是在制定招标文件时，在图纸和规范的基础上估算出来的，与实际工程量相比存在或多或少的误差甚至计算错误。其只能作为投标报价的基础，而不能作为结算的依据。实际工程量的多少只有通过计量才能揭示和确定。按实际完成的工程量付款可以减少工程量的估计误差给双方带来的风险，增强造价结算结果的公平性，这正是单价合同的优点之一。

无论当地的习惯如何（除非合同中另有规定），计量必须以净值为准。

二、工程计量程序

1. 工程计量的组织类型

（1）监理工程师独立计量。计量工作由监理工程师单独承担，然后将计量的记录送承包人。承包人对计量有异议，可在 7 天内以书面形式提出，再由监理工程师对承包商提出的质疑进行复核，并将复议后的结果通知承包人。

（2）承包人进行计量。由承包人对已完的工程进行计量，然后将计量的记录及有关资料报送监理工程师核实确认。

（3）监理工程师与承包人共同计量。在进行计量前，由监理工程师通知承包人计量的时间与工程部位，然后由承包人派人同监理工程师共同计量，计量后双方签字认可。

2. 现场计量的程序

工程计量由承包人向监理工程师提出并附有必要的中间交工验收资料或质量合格证明。

监理工程师对工程的任何部分进行计量时，应事先通知承包人或承包大的代表。承包人或承包人的代表应立即委派合格人员前往协助监理工程师进行计量工作，还应提供必要的人员、设备和交通工具。计量工作可以由监理工程师和承包人双方委派合格人员在现场进行，也可以采用记录和图纸在室内按计量规则进行计算，其结果都必须经监理工程师和承包人双方同意，签字认可。如果承包人在收到监理工程师的计量通知后，不参加或未派人参加计量工作，根据通用合同条款规定，由监理工程师派出人员单方面进行的工程计量，经监理工程师批准的应认为是正确的工程计量，可以用作支付的依据，承包人不可以对此种计量提出异议。

3. 驻地监理工程师对计量结果的审查

驻地监理工程师对计量结果的审查包括两个方面：一是计量的工程质量是否

达到合同标准；二是计量的过程是否符合合同条件。

4.总监理工程师代表处对工程计量项目的审定

总监理工程师代表处在审定过程中有权对计量的工程项目的质量进行抽检，抽检不合格的项目不予计量，对计量过程有错误的项目进行修正或不予计量。只有经总监理工程师审查批准的工程项目，才予以支付工程款项。

三、计量管理

1.落实计量职责

为使计量的责任分明，监理机构中一般设有专门负责计量的工作班子，并在每个驻地办事机构中设一名专门的计量工程师。驻地计量工程师主要负责的是各项目的工程计量。在组织计量工作时，采用按专业分工，分别进行计量的办法，做到计量职责分明。具体工程内容的计量应落实到人，以免重复计量和漏计。因此，一定要注意计量工作由谁负责，并且为了保证计量的准确性，还必须有负责检查、复核的人员以及最终签认的人员，使计量工作按规定的程序进行。

例如，济青线的计量工作由市（地）监理处负责，省监理处审定。具体做法是由驻地的各合同段工程师对其分管合同段进行计量，并签署托付证书，由计量工程师审查托付证书，核查其工程量是否准确。如有疑问，承包人有权要求项目工程师提供资料和有关情况，经计量工程师审查后再交驻地监理工程师，而中外驻地监理工程师则共同对本合同段的计量工作负全面责任。用这样办法的目的就是明确计量职责，清除计量工作的混乱，保证计量工作的准确性。

通过对计量工作的分工，使工程计量责任到人；并通过对计量的复核、审定等程序及制定计量人员的岗位责任制，对计量工作进行有效管理。

2.做好计量记录

计量记录与档案是计量管理中的一个重要内容。对于公路工程这样大型的复杂项目，要进行多次计量，将形成一系列的计量资料，只有在完善计量记录的基础上加强对计量的档案管理，才能使项目的计量工作顺利完成。为了便于合同管理以及正确评价工程和查询交流计量工作，必须加强工程计量（中间计量）档案管理。

计量应根据合同的要求做好记录。符合要求的记录应能说明哪些已经计量，哪些尚未计量，哪些已经签发支付证书，哪些尚未签发证书。计量时监理工程师还应完成以下工作。

（1）应有一套图纸，用彩笔将所进行的工程的位置在图纸上标示出来，并在适当的位置作详细补充说明，如工程的开始、结束及几何尺寸等数据，这将有助于做好计量记录。

（2）应有一套档案，包括计量证书的号码及所计量的数量。所有计量证书必须是承包人和监理工程师共同签署的，只有这样才能作为支付的凭证。

（3）记录工程量清单中所列出的分类细目的数量与计量后数量的差异及双方同意的任何进度支付证书应付的款额。

（4）对计日工应记录在有号码的计量证书上，并由承包人代表及监理工程师代表共同签名。计日工应详细记录如下内容。

①记录已指令进行的这项计日工的估计数量和付款额已获同意，记录计日工已完成的数量及付款金额；

②如果计日工的时间超过 1 个月，应在暂时计量单上记账，并在计量证书上另立系列号码，这些记录应与累计账册一同归档；记录已同意的计日工单价、付款的金额、付款报表号码。

（5）工程变更应记录已下达的变更指令依据，已同意的单价和价格调整，增加费用的计量证书应另编系列号码分开存档。

（6）对于现场存放的材料应每月计量记录一次，其计量表中应记录已发到现场的材料的种类和数量及这些材料的发票面值；已计量的数量应记录每一次报表中的预付金额及回收金额，材料计量证应另编系列号码，并应与发票及所有材料的累计账册一同归档。

3. 计量分析

为了搞好计量的管理工作，除落实职责和加强记录与档案的管理外，还应加强计量分析，一方面及时发现计量工作中的问题，另一方面及时掌握工程进度，为进度监理和费用支付提供基础。

为了便于计量的分析与管理，对计量的表格应统一，使其标准化和规范化。监理工程师应设计好表格让承包人和具体从事计量的人员按此填写，这便于采用计算机辅助计量和进行计量分析。

计量分析时一方面应对照原工程量清单和设计图纸进行分析，将实际工程量与原设计的工程量进行对比，发现偏差并分析偏差产生的原因；另一方面以计量的工程量为依据，计算出实际进度，将实际进度与批准的进度比较，发现进度偏差，并找出原因从而采取措施改进。计量分析也应对计量的方法是否恰当、计量的结果是否准确以及是否有质量不合格的工程等进行分析，通过分析找出是否有多计、错计的部分。

除以上所述三项内容外，计量管理还包括计量争端的协调与处理。计量是费用支付的直接基础，也是承包人工作的一种基本评价。因此，在计量工作中难免发生争端与分歧，监理工程师必须协调各方，尽快解决争端。

第四节　公路工程预算单价分析方法

一、公路工程造价构成

公路工程的造价是指公路工程交通基建、养护项目从筹备到竣工验收交付使用所需的全部费用，由建筑安装工程费，设备、工具（器具）购置费，工程建设其他费用部分构成。

1. 建筑安装工程费

建筑安装工程费包括直接费、间接费、利润及税金。

（1）直接费由直接工程费和其他工程费组成。直接工程费是指施工过程中耗费的构成工程实体和有助于工程形成的各项费用，包括人工费、材料费、施工机械使用费。其他工程费是指直接工程费以外施工过程中发生的直接用于工程的费用，包括冬期施工增加费、雨期施工增加费、夜间施工增加费、特殊地区施工增加费、行车干扰工程施工增加费、施工标准化与安全措施费、临时设施费、施工辅助费、工地转移费九项。

（2）间接费由规费、企业管理费两项组成。规费系指法律、法规、规章、规程规定施工企业必须缴纳的费用，包括养老保险费、失业保险费、医疗保险费、工伤保险费和住房公积金等。企业管理费由基本费用、主副食运费补贴、职工探亲路费、职工取暖补贴和财务费用五项组成。

（3）利润是指施工企业完成所承包工程应取得的盈利。

（4）税金是指按国家税法规定应计入建筑安装工程造价内的营业税、城市维护建设税及教育费附加等。

2. 设备、工具（器具）购置费

（1）设备购置费是指为满足公路的营运、管理、养护需要，购置的达到固定资产标准的设备和虽低于固定资产标准但属于设计明确列入设备清单的设备的费用，包括渡口设备，隧道照明、消防、通风的动力设备，高等级公路的收费、监控、通信、供电设备，养护用的机械、设备和工具、器具等的购置费用。

（2）工具（器具）购置费是指建设项目交付使用后为满足初期正常营运必须购置的第一套不构成固定资产的设备、仪器、仪表、工卡模具、器具、工作台（框、架、柜）等的费用。该费用不包括构成固定资产的设备、工器具和备品、备件，以及已列入设备购置费中的专用工具和备品、备件。

（3）办公和生活用家具购置费是指为保证新建、改建项目初期正常生产、使用和管理所必须购置的办公和生活用家具、用具的费用。范围包括行政、生产部门的办公室、会议室、资料档案室、阅览室、单身宿舍及生活福利设施的家具、用等。

3. 工程建设其他费用

（1）建设项目管理费包括建设单位（业主）管理费、工程质量监督费、工程监理费、工程定额测定费、设计文件审查费和竣（交）工验收试验检测费。

（2）研究试验费是指为本建设项目提供或验证设计数据、资料进行必要的研究试验和按照设计规定在施工过程中必须进行试验、验证所需的费用，以及支付科技成果、先进技术的一次性技术转让费。不包括应由科技三项费用（即新产品试制费、中间试验费和重要科学研究补助费）开支的项目；应由施工辅助费开支的施工企业对建筑材料、构件和建筑物进行一般鉴定、检查所发生的费用及技术革新研究试验费；应由勘察设计费或建筑安装工程费用中开支的项目。

（3）建设项目前期工作费是指委托勘察设计、咨询单位对建设项目进行可行性研究、工程勘察设计，以及设计、监理、施工招标文件及招标标底或造价控制值文件编制时，按规定应支付的费用。该费用包括编制项目建议书（或预可行性研究报告）、可行性研究报告、投资估算，以及相应的勘察、设计、专题研究等所需的费用；初步设计和施工图设计的勘察费（包括测量、水文调查、地质勘探等）、设计费、概（预）算及调整概算编制费等；设计、监理、施工招标文件及招标标底（或造价控制值或清单预算）文件编制费等。

（4）专项评价（估）费是指依据国家法律、法规规定须进行评价（评估）、咨询，按规定应支付的费用。该费用包括环境影响评价费、水土保持评估费、地震安全性评价费、地质灾害危险性评价费、压覆重要矿产资源评估费、文物勘察费、通航认证费、行洪论证（评估）费、使用林地可行性研究报告编制费、用地预审报告编制费等费用。

（5）施工机构迁移费是指施工机构根据建设任务的需要，经有关部门决定成建制地（指工程处等）由原驻地迁移到另一地区所发生的一次性搬迁费用。该费用不包括应由施工企业自行负担的，在规定距离范围内调动施工力量以及内部平衡施工力量所发生的迁移费用；由于违反基建程序，盲目调迁队伍所发生的迁移费；因中标而引起施工机构迁移所发生的迁移费。

（6）供电贴费。供电贴费是指按照国家规定，建设项目应支付的供电工程贴费、施工临时用电贴费。

（7）联合试运转费是指新建、改（扩）建工程项目，在竣工验收前按照设计规定的工程质量标准，进行动（静）载荷载实验所需的费用，或进行整套设备带负荷联合试运转期间所需的全部费用抵扣试车期间收入的差额。该费用不包括应由设备安装工程项下开支的调试费的费用。费用内容包括：联合试动转期间所需的材料、油燃料和动力的消耗，机械和检测设备使用费，工具用具和低值易耗品费，参加联合试运转人员工资及其他费用等。

二、公路工程预算单价分析

公路工程建筑安装工程费由直接费和其他工程费组成，工程量清单综合报价除涉及以上四部分费用外，还需考虑防范风险的费用，工程项目施工成本仅包括直接费和间接费两部分。直接费中其他工程费和间接费需依据不同的工程类别分别确定计算费率进行计算。

1. 直接费

直接费由人工费、材料费、施工机械使用费组成。

（1）人工费。人工费是指直接从事建筑安装工程施工的生产工人开支的各项费用，内容包括以下三方面：

基本工资：指发放给生产工人的基本工资、流动施工津贴和生产工人劳动保护费，以及为职工缴纳的养老、失业、医疗保险费和住房公积金等。生产工人劳动保护费系指按国家有关部门规定标准发放的劳动保护用品的购置费及修理费、徒工服装补贴、防暑降温费、在有碍身体健康环境中施工的保健费用等。

工资性补贴：指按规定标准发放的物价补贴，煤、燃气补贴，交通费补贴，地区津贴等。

生产工人辅助工资：指生产工人年有效施工天数以外非作业天数的工资，包括开会和执行必要的社会义务时间的工资，职工学习、培训期间的工资，调动工作、探亲、休假期间的工资，因气候影响停工期间的工资，女工哺乳期间的工资，病假在 6 个月以内的工资及产、婚、丧假期的工资。

（2）材料费。材料费是指施工过程中耗用的构成工程实体的原材料、辅助材料、构（配）件、零件、半成品、成品的用量和周转材料的摊销量，按工程所在地的材料预算价格计算的费用。材料预算价格由材料原价、运杂费、场外运输损耗、采购及保管费组成。

（3）施工机械使用费。施工机械使用费是指列入概、预算定额的施工机械台班数量，按相应的机械台班费用定额计算的施工机械使用费和小型机具使用费。

2.其他工程费

其他工程费是指直接工程费以外，施工过程中发生的直接用于工程的费用。

（1）冬期施工增加费：指按照公路工程施工及验收规范所规定的冬期施工要求，为保证工程质量和安全生产所需采用的防寒保温设施、工效降低和机械作业率降低以及技术操作过程改变等所增加的有关费用。

（2）雨期施工增加费：指雨期施工期间，为保证工程质量和安全生产所需采用的防雨、排水、防潮和防护措施、工效降低和机械作业率降低以及技术作业过程的改变等，所需增加的有关费用。

第五节　公路工程施工成本核算与分析

一、施工成本核算的对象

施工成本核算对象是指在工程成本计算中，确定归集和分配生产费用的具体对象，即生产费用承担的客体。成本计算对象的确定，是设立工程成本明细分类账户，归集和分配生产费用，以及正确计算工程成本的前提。施工单位工程项目成本核算的应以具有独立设计文件、造价文件以及能独立组织施工的单位工程为核算对象。但施工合同包含两项以上单位工程时，要分别进行不同单位工程的成本核算，以便掌握不同工程类型产品的成本水平和相关资料。对于达不到单位工程整体范围的施工合同，则按合同造价界定范围进行成本核算；承包多个单位工程中同类性质专业工程的施工合同，仍应按各单位工程进行专业工程成本核算。

二、施工成本核算的内容

施工企业在工程施工过程中发生的各项施工费用，凡是能够直接计入有关工程成本核算对象的，直接计入各工程核算对象的成本项目中；不能直接计入的，应先计入"工程施工—间接费用"账户，然后再采用一定的方法分配计入各工程成本核算对象的成本项目，最后计算出各工程的实际成本。

1. 人工费的核算

人工费计入成本的方法，一般应根据企业实行的具体工资制度而定。

（1）在实行计件工资制度下，所支付的工资一般都能分清受益对象，应根据工程任务单和工资结算汇总表，将归集的工资直接计入各成本核算对象的人工费成本项目中。

（2）在实行计时工资制度下，只有一个成本核算对象或者所发生的工资能分清是在哪个成本核算对象的施工中，可将其直接计入该成本核算对象的"人工费"项目中；如果工人同时在为多个成本核算对象施工，就需将所发生的工资在各个成本核算对象之间进行分配。

（3）职工福利费、工会经费、职工教育经费等工资附加费，应根据各个成本核算对象当期实际发生或分配计入工资总额，按规定计提并计入"人工费"项目。

（4）工资性质的津贴，按规定应计入成本的奖金、劳动保护费等人工费，比照计件和计时工资的归集和分配方法，直接计入或分配计入有关成本核算对象的"人工费"项目。

（5）对于支付给分包单位的人工费，直接计入该分包工程的"人工费"项目。

2. 材料费的核算

由于工程项目耗用的材料品种繁多、数量大、领用次数频繁，因此，企业必须建立、健全材料的收、发、领、退等管理制度，制定统一的定额领料单、大堆材料耗用计算单、集中配料耗用计算单、周转材料摊销分配表、退料单等自制原始凭证，并按不同的情况进行费用的归集和分配。

3. 机械使用费的核算

工程施工中使用的施工机械，分为自有机械和租用机械。因此，机械使用费的核算也可以分以下两种情况。

（1）租入机械费用的核算。从外单位或本企业内部独立核算单位租入施工机械支付的租赁费，一般可以根据机械租赁费结算单所列金额，直接计入成本核算对象的"机械使用费"成本项目中。如果租入的施工机械是为两个或两个以上的工程服务，应以租入机械所服务的各个工程受益对象提供的作业台班数量为基数进行分配。

（2）自有机械费用的核算。工程项目使用自有施工机械和运输设备进行机械作业所发生的各项费用，首先应通过"机械作业"科目分别归集，月末根据各个成本核算对象实际使用机械的台班数计算各成本核算对象应分摊的施工机械使用费。

4. 其他直接费的核算

项目施工生产过程中实际发生的其他直接费，包括材料二次搬运费、临时设施摊销费、生产工具用具使用费等。凡能分清受益对象的，应直接计入受益对象的成本核算账户"工程施工—其他直接费"，如与若干个成本核算对象有关的，可先归集到项目经理部的"其他直接费"账户科目，再按规定的方法分配计入有关成本核算对象的"工程施工—其他直接费"成本项目内。

5. 间接费用的核算

间接费用主要是指现场施工管理费，主要有管理人员的工资、奖金和按比例计提上交企业的职工福利费用、工会经费、教育经费、劳保统筹费，以及现场公共生活服务等费用。施工间接费，先在项目"施工间接费"总账归集，再按一定的分配标准计入受益成本核算对象（单位工程）"工程施工—间接成本"。

三、项目施工成本分析的内容

项目施工成本分析包括对施工成本偏差的数量、来源和原因所进行的分析，以及对施工成本变化趋势的分析。成本分析的目的在于揭示影响成本升降的因素，寻求进一步降低成本的途径、手段和措施。

从成本分析应为施工生产服务的角度出发，项目施工成本分析的内容应与成本核算对象的划分同步。总体上来说，项目施工成本分析的内容应该包括以下三个方面。

1. 按项目施工的进展进行的成本分析

（1）分部分项工程成本分析。

（2）月（季）度成本分析。

（3）年度成本分析。

（4）竣工成本分析。

2. 按项目成本施工的进行分析

（1）人工费分析。

（2）材料费分析。

（3）机械使用费分析。

（4）其他直接费分析。

（5）间接成本分析。

3. 针对特定问题和与成本有关事项的分析

（1）施工索赔分析。

（2）成本盈亏异常分析。

（3）工期成本分析。

（4）资金成本分析。

（5）技术组织措施节约效果分析。

（6）其他有利因素和不利因素对成本影响的分析。

另外，项目施工成本分析还可以分为单位成本分析和总成本分析。单位成本分析是针对单位工程的单位成本进行分析；总成本分析是针对一定时期内项目经理部完成的全部工程项目的总成本进行的成本分析。

第六章 工程项目进度管理

在公路工程施工项目过程中，进度管理有非常重要的地位，是整个施工项目的重点内容，并关系到工程的竣工时间。本章主要对工程项目进度管理进行详细的讲解。

第一节 网络计划技术概述

由于社会化生产的进步，科学技术的发展以及电子计算机的应用，引起了计划管理方法的变革。为适应大规模生产的发展和关系复杂的现代科学研究的需要，而发展起来的一种以网络图为基础的计划管理方法，称为网络计划技术，我国著名数学家华罗庚先生概括地称之为统筹方法。

一、网络计划技术的分类

网络计划种类繁多，可以从不同的角度进行分类。

1. 按代号的不同划分

网络计划可以分为双代号网络计划和单代号网络计划。美国较多使用双代号网络计划，欧洲则较多使用单代号搭接网络计划，我国公路工程较常用的是双代号网络计划。

2. 按有无时间坐标的限制划分

网络计划可以分为标注时间网络计划和时间坐标网络计划。

3. 按目标的多少划分

网络计划可以分为单目标网络计划和多目标网络计划。

4. 按编制对象划分

网络计划可以分为局部网络计划、单位工程网络计划和综合网络计划（又称总网络计划）。局部网络计划，是以一个分部工程或一个施工段为对象编制的网络计划；单位工程网络计划，是以一个单位工程或单体工程为对象编制的网络计划；综合网络计划，是以一个建设项目为对象编制的网络计划。

在公路工程施工中，局部网络计划是指按公路的某一组成部分或某一施工阶段编制的分部工程或分项工程网络计划，每一道工序在网络图中都有一条相应的箭线，因而可以用于现场施工，例如可以按照桥涵、路基、路面、沿线工程等不同专业分别编制；单位工程网络计划是按合同段分别编制的施工网络计划；综合网络计划是对一个公路工程项目的全部施工内容编制的网络计划，是具体指导工程全局的，它是工程从开工到竣工的各个主要环节的总的进度安排，起着控制构成工程总体的各个单位工程或各个施工阶段工期的作用。

5. 按计划平面划分

网络计划可以分为单平面网络计划和多平面网络计划。

6. 按工作和事件在网络图中的表示方法划分

网络计划可以分为事件网络计划和工作网络计划。事件网络计划，是以节点表示事件的网络计划；工作网络计划中以箭线及其两端节点的编号表示工作的网络计划为双代号网络计划，以节点及其编号表示工作的网络计划称为单代号网络计划。

7. 按工作之间逻辑关系和持续时间的肯定程度划分

网络计划可以分为肯定型网络计划和非肯定型网络计划。肯定型网络计划，即工作之间的逻辑关系及各工作的持续时间都是肯定的（如关键线路法CPM）。非肯定型网络计划，即工作之间的逻辑关系和各工作的持续时间之中有一项以上是不肯定的（如计划评审技术 PERT、图示评审技术 GERT 等）。本章只讨论肯定型网络计划。

二、网络计划技术的特点

网络计划技术的基本模型是网络图。网络图是用箭线和节点组成的，用来表示工作流程的有向、有序的网状图形。所谓网络计划，是用网络图表达任务构成、工作、顺序，并加注时间参数的进度计划。与横道计划相比，网络计划具有如下优点。

（1）网络图把工程实施过程中的各有关工作组成了一个有机的整体，能全面而明确地反映出各项工作之间的相互制约和相互依赖的关系。

（2）能进行各种时间参数的计算。

（3）能在名目繁多、错综复杂的计划中找出决定工程进度的关键工作和关键线路，便于计划管理者集中力量抓主要矛盾，确保进度目标的实现。

（4）能从许多可行方案中，比较、优选出最佳方案。

（5）利用网络计划中反映出的各项工作的时间储备，可以合理地进行资源调整和配置，达到降低成本的目的。

（6）在计划的执行过程中，某一工作由于某种原因推迟或提前完成时，可以预见到它对整个计划的影响程度，而且能根据变化的情况迅速进行调整，保证自始至终对计划进行有效的控制与监督。

（7）能够利用电子计算机进行时间参数计算和优化、调整，可以编程上机。它的出现与发展，使现代化的计算工作——计算机在建筑施工计划管理中得以更广泛的应用。

网络计划技术既是一种计划方法，又是一种科学的管理方法，它可以为项目管理者提供许多信息，有利于管理人员全面了解、重点掌握、灵活安排，合理组织、取得好、快、省的全面效果，不断提高管理水平。网络计划的缺点是它不像横道图那么直观明了。但是，带有时间坐标的网络计划图可以弥补其不足。

第二节　常用网络计划技术

网络计划技术是以网络计划对任务的工作进度进行安排和控制，以保证实现预定目标的科学的计划管理技术。网络计划由两部分构成，即网络图和网络时间参数。由于网络计划技术能清楚而明确地表达各工作内容之间的逻辑关系，易于发现项目实施中经常出现的时间冲突、资源冲突；同时网络图的编制可粗可细，可以随着项目进展的深入而不断细化；可以根据需要编制多级网络计划系统；随着技术的进步，已有相关的应用软件替代人工绘制网络计划图。因此在现代项目管理中得到了广泛而深入的应用。我国的《工程网络计划技术规程》推荐的常用的网络计划类型主要有：双代号网络计划，双代号时标网络计划，单代号网络计划，单代号搭接网络计划。

一、双代号网络计划

双代号网络计划是以箭线及其两端节点的编号表示工作的网络计划，由箭线、节点、线路 3 个基本要素组成。工作之间的逻辑关系可包括工艺关系和组织关系。其具体表现形式是双代号网络图，是由若干表示施工过程（工序）的箭线和表示事件的节点（圆圈）以及从开始节点至结束节点连通的有向路线所组成，其中每一个工序均应用一根箭线和两个节点来表示，每个节点都编以号码，箭线前后两个节点的号码即代表该箭线所表示的工序。

（一）双代号网络计划基本要素

1. 箭线（工作）

在双代号网络图中，每一条箭线表示一项工作（有时称工序、作业或活动），如支立模板、绑扎钢筋、浇筑混凝土、沙砾垫层等。箭线的箭尾节点表示该工作的开始，箭头节点表示该工作的结束。工作的名称标注在箭线的上方，完成该项工作所需要的持续时间标注在箭线的下方。由于一项工作需用一条箭线和其箭尾和箭头处两个圆圈中的号码来表示，故称为双代号表示法。在双代号网络图中，任意一条实箭线都要占用时间、消耗资源（有时只占时间，不消耗资源，如混凝土的养护）。在公路工程中，一条箭线表示项目中的一个施工过程，它可以是一道工序、一个分项工程、一个分部工程或一个单位工程，其粗细程度、大小范围的划分根据计划任务的需要来确定。

在双代号网络图中，为了正确地表达图中工作之间的逻辑关系，往往需要应用虚箭线。虚箭线是实际工作中并不存在的一项虚拟工作，故它们没有工序名称，既不占用时间，也不消耗资源，一般起着工作之间的联系、区分和断路三个作用。联系作用是指应用虚箭线正确表达工作之间相互依存的关系；区分作用是指双代号网络图中每一项工作都必须用一条箭线和两个代号表示，若两项工作的代号相同时，应使用虚工作加以区分；断路作用是用虚箭线断掉多余联系（即在网络图中把无联系的工作连接上时，应加上虚工作将其断开）。

在无时间坐标限制的网络图中，箭线的长度原则上可以任意改变，其占用的时间以下方标注的时间参数为准。箭线可以为直线、曲线、折线或斜线，但其行进方向均应从左向右。在有时间坐标限制的网络图中，箭线的长度必须根据完成该工作所需持续时间的大小按比例绘制。在同一张网络图上为了整齐美观，箭线的画法要统一，一般都画成水平直线或带水平直线的折线。箭线所指的方向表示工序前进的方向，箭线的箭尾表示该工序的开始，箭头表示该工序的结束，一条箭线表示工序的全部内容。工序名称应标注在箭线水平部分的上面，工序持续时间（也称作业时间）则标注在下面，有时为了方便起见，工序名称可用 A、B、C 等代号表示。两个工序前后连续施工时，表示两个工序的箭线也应前后连续画下去。施工时还往往出现平行工序，平行工序的箭线也应平行绘制。

在双代号网络图中，各项工作之间的关系是相互联系的。通常将被研究的对象称为本工作，紧排在本工作之前的工作称为紧前工作，紧排在本工作之后的工作称为紧后工作，与之平行进行的工作称为平行工作。

2.节点（又称结点、事件）

节点是网络图中箭线之间的连接点，用圆圈表示，有的书上，也把节点称为"结点"或"事件"。双代号网络图中的节点一般是表示前一道工序的结束，同时还表示后一道工序的开始。节点既不占用时间也不消耗资源，是个瞬时值，即它只表示工作的开始或结束的瞬间，起着承上启下的衔接作用。在网络图中，对一个节点来讲，可能有许多箭线指向该节点，这些箭线就称为"内向工序"（或内向箭线）。同样也可能有许多箭线由同一节点出发，这些箭线就称为"外向工序"（或外向箭线）。网络图中有三种类型的节点。

（1）起点节点：网络图的第一个节点叫"起点节点"，它只有外向箭线，一般表示一项任务或一个项目的开始。

（2）终点节点：网络图的最后一个节点叫"终点节点"，它只有内向箭线，一般表示一项任务或一个项目的完成。

（3）中间节点：网络图中即有内向箭线，又有外向箭线的节点称为中间节点。它意味着前道工序的结束和后续工序的开始。

在双代号网络图中，节点应用圆圈表示，并在圆圈内编号。一项工作应当只有唯一的一条箭线和相应的一对节点，且要求箭尾节点的编号小于其箭头节点的编号。网络图节点的编号顺序应从小到大，可不连续，但不允许重复。

3.线路

网络图中从起点节点开始，沿箭头方向顺序通过一系列箭线与节点，最后达到终点节点的通路称为线路。线路上各项工作持续时间的总和称为该线路的计算工期。一般网络图有多条线路，可依次用该线路上的节点代号来记述，其中持续最长的一条线路被称为关键线路，位于关键线路上的工作称为关键工作，是指网络图中总时差（总时差概念，详见后面叙述）最小的工作。当计划工期等于计算工期时总时差为零的工作就是关键工作。当计算工期不能满足计划工期时，可设法通过压缩关键工作的持续时间，以满足计划工期要求。在选择缩短持续时间的关键工作时，常常考虑如下因素。

（1）缩短持续时间而不影响质量和安全的工作。

（2）有充足备用资源的工作。

（3）缩短持续时间所需增加的费用相对较少的工作等。

4. 逻辑关系

网络图中工作之间相互制约或相互依赖的关系称为逻辑关系，它包括工艺关系和组织关系，在网络中均应表现为工作之间的先后顺序。

（1）工艺关系。生产性工作之间由工艺过程决定的、非生产性工作之间由工作程序决定的先后顺序关系叫工艺关系。

（2）组织关系。工作之间由于组织安排需要或资源（人力、材料、机械设备和资金等）调配需要而规定的先后顺序关系叫组织关系。

5. 绘图规则

网络图必须正确地表达整个工程或任务的工艺流程和各工作开展的先后顺序及它们之间相互依赖、相互制约的逻辑关系，因此，绘制网络图时必须遵循一定的基本规则和要求。

（1）双代号网络图必须正确表达已定的逻辑关系。绘制网络图之前，要正确确定施工顺序及工序之间的衔接关系，根据施工的先后次序逐步把代表各道工序的箭线连接起来，绘制成网络图。

（2）双代号网络图中，严禁出现循环回路。所谓循环回路是指从网络图中的某一个节点出发，顺着箭线方向又回到了原来出发点的线路。

（3）双代号网络图中，在节点之间严禁出现带双向箭头或无箭头的连线。用于表示公路工程施工组织计划的网络图是一种有向图，是沿着箭头指引的方向前进的。因此，一条箭线只能有一个箭头，不允许出现有双向箭头的箭线，也不允许出现无箭头的连线。

（4）双代号网络图中，严禁出现代号相同的箭线，也不允许出现没有箭头节点或没有箭尾节点的箭线。网络图中每一条箭线都各有一箭尾节点和箭头节点的代号，号码不得重复，一道工序只能有唯一的代号。

（5）当双代号网络图的某些节点有多条外向箭线或多条内向箭线时，为使图形简洁，可使用母线法绘制（但应满足一项工作用一条箭线和相应的一对结点表示）。

（6）绘制网络图时，箭线不宜交叉；当交叉不可避免时，可用过桥法或指向法，两条箭线不可以直接交叉。

（7）双代号网络图中应只有一个起点节点和一个终点节点（多目标网络计划除外）；而其他所有节点均应是中间节点。

（8）在网络图中，应尽量避免使用反向箭线。由于反向箭线容易发生错误或视觉误差，可能造成循环线路，在时标网络图中更不允许出现。

（二）双代号网络计划时间参数的计算

1. 作业时间的计算

作业时间是指完成一项活动（工序）所需的时间，也就是在一定生产技术条件下，完成该项活动所需的延续时间，用符号 i 来表示。$t(i,j)$ 表示 (i,j) 这道工序的作业时间。确定作业时间是编制网络计划的主要依据，通常主要有以下几种方法。

（1）定额计算法，也叫单一时间法。一般情况下，可按工序的工程量，并根据投入资源的多少及该工序的定额计算出作业时间。若该工序无定额可查，则可采用经验估计法或参照相近行业相似定额确定单一作业时间值。

（2）加权平均值法，也叫三种时间估算法。这种方法是先估计三种时间（即最短、最长和最可能完成时间），然后再求出其加权平均值 $t(i,j)$ 作为作业时间，其值可按下式计算。

$$t(i,j) = \frac{a+4m+b}{6}$$

式中：$t(i,j)$——活动 i-j 的作业时间；

a——最短估计时间，称为最乐观时间；

b——最长估计时间，称为最保守时间；

m——介于 a、b 二者之间的估计时间，称为最可能完成时间。

用此法计算的作业时间 $t(i,j)$ 值具有随机性，所以还必须进行概率计算，以确定工程在规定期限完成任务的可能性。如果不是主要工序，对总工期影响不大时，也可直接采用。

（3）利用本企业过去作业时间的历史资料法。这种方法是企业利用自身长期生产实践中，积累和总结的作业时间数据、资料或企业内部定额，来确定作业时间值的方法。此法常在工程投标中应用。

2. 关键线路的确定

计算节点时差和工序时差的目的是为了确定关键线路和进行网络计划的优化调整。关键线路，是指把关键节点和关键工序连接起来所形成的总持续时间最长的线路。在网络图中，关键线路用粗箭线或双箭线标出。

（1）关键线路确定的方法。利用关键节点、关键工序的方法确定关键线路。当网络图编成以后，经过计算各节点时差和工序时差，就可知道哪些节点时差为零的关键节点以及哪些工序总时差为零的关键工序，把这些关键节点和关键工序连接起来的线路，就是关键线路。它是进行工程进度管理的重点。破圈法是确定关键线路的一种简便方法：只要绘出网络图，并确定每项工序（活动）的作业时间之后，应用破圈法规定的法则可以不用计算网络时间，即可找出关键线路。

（2）关键线路的性质。关键线路上工序的各类时差 [总时差（TF）、自由时差（FF）、相干时差（IF）、独立时差（DF）] 均等于零；关键线路是网络图中从开始节点到结束终点之间总工期持续最长的线路。

（3）关键线路的特点。关键线路总工期的长短，决定着工程项目的总工期，必须抓住关键线路，从缩短关键工序的作业时间着手；掌握关键线路对于组织和指挥生产具有重要意义，它可以使管理者心中有数，把主要力量集中在关键工序上，避免盲目地抢进度，还可合理地使用人、财、物等资源，保证工期，降低成本。关键线路不是固定不变的，它是在一定条件下形成的，当条件变化时，关键线路也随之而变，如果关键线路以外的非关键线路的工序把总时差都用完后，非关键就转化为关键了，所以要用发展的、动态的观点来看待关键线路；在网络图中，关键线路不一定只有一条，有时可能存在多条关键线路，这表明各关键线路工期都很紧，必须加强管理、严格控制，以保证任务的按期完成。

二、双代号时标网络计划

（一）双代号时标网络图的绘制方法

1. 按最早开始时间和最早结束时间绘制的双代号时标网络图

绘制这种时标网络图，一般要先计算时间参数，其具体步骤如下。

（1）计算网络图各工序的时间参数，作为画图的依据。

（2）在有横向时间标度的表格上确定每道工序最早开始时间的节点位置。

（3）按各工序的持续时间长短绘制相应工序的实线部分。工序箭线一般沿着水平方向画，箭线在时间标度上的水平投影长度，就表示该工序的持续时间。

（4）用水平波形线把实线部分与其紧后工序的最早开始节点连接起来。两线连接处要加一圆点标明。波形线部分的水平投影长度就是工序的自由时差。

（5）两工序之间的关系，如需要加虚工序连接时，用不占用时间的垂直虚线连接。占用时间的部分（如自然过程等）可用波形线来表示。

（6）把时差为零的工序连成由起点至终点的线路，就是关键路线。终点节点的时间就是施工竣工的时间。

2. 按最迟开始时间和最迟结束时间绘制的双代号时标网络图

其绘制步骤如下。

（1）计算网络图中每道工序的时间参数作为画图的依据。

（2）在有时间标度的表格上确定每道工序最迟开始时间的节点位置。如果节点处只有一条外向箭线，那么此道工序的最迟开始时间就是该节点的位置。若某节点处有若干条外向箭线，那么各道工序最迟开始时间中的最小值就是该节点的位置。

（3）按各工序的作业时间长短沿水平方向绘制相应工序的实线部分，其箭头必须与该道工序的结束节点相连。

（4）用波形线把实线部分（即箭尾）与该工序的开始节点连接起来，两线连接处要加圆点标明。

（5）虚工序的连接与关键路线的找法同按最早开始时间的时标网络图相同。这里要注意的是按最迟开始时间的时标网络图，波形线所示的长度不是工序的自由时差。比较按最早开始时间画的和按最迟开始时间画的两种网络图的相同工序，其波形线长度的较大值就是该工序的总时差。

（二）双代号时标网络图的检查与调整

时标网络图也是基层单位常相的一种网络计划表达形式，检查时，以某天的纵向点画线为界（垂直于时间坐标），实际进度在界线右侧表示提前，在界线左侧表示拖后。时标网络计划的调整比较麻烦，当情况发生变化时，如资源的变动或工期拖后需对时标网络计划修改，因为改变工作持续时间就需要改变箭线的长度和节点的位置，这样往往因移动局部几项工作而牵动整个网络计划。

三、单代号网络计划

单代号网络计划是以节点及其编号表示工作，以箭线表示工作之间逻辑关系的网络计划，工作之间的逻辑关系和双代号网络计划一样，应正确反映工艺关系和组织关系。

（一）单代号网络图的构成

单代号网络图与双代号网络图相似，也是由许多节点和箭线组成，但是构成单代号网络图的基本符号含意与双代号网络图却不完全相同。单代号网络图的节点表示工序，而箭线仅表示各道工序之间的逻辑关系。由于用节点来表示工序，因而，单代号网络图又称节点网络图。单代号网络图与双代号网络图相比，具有一些优点：工序之间的逻辑关系容易表示；不用虚箭线；网络图便于检查、修改。所以单代号网络图也有广泛的应用。现将单代号网络图的基本概念叙述如下。

1. 节点

节点是单代号网络图的主要符号，它可以用圆圈"○"或方框"□"表示。一个节点代表一道工序（工作、作业、活动或施工过程）。节点所表示的工序名称、作业时间和代号一般都标注在圆圈或方框内，有的甚至将时间参数也注在节点内。

2. 箭线

箭线在单代号网络图中仅用以表示工序之间的逻辑关系，既不占用时间，也不消耗资源。单代号网络图中不用虚箭线。箭线的箭头方向表示工作的前进方向，箭尾节点表示的工序为箭头节点的紧前工序。

3. 代号

在单代号网络图中，一道工序只能有一个代号，不得重号。代号仍用数码表示，箭头节点的号数要大于箭尾节点的号数，一个节点（表示一道工序）只有一个号数，故此称"单代号"。

（二）单代号网络图的绘制方法

1. 单代号网络图各种逻辑关系的表示方法

单代号网络图中，各工序之间的逻辑关系仍然是根据施工工艺和组织上的客观顺序来确定，逻辑关系的表示方法也比较简单。

2. 绘制单代号网络图的基本规则

绘制单代号网络图必须遵循一定的逻辑规则，当违背了这些规则时，就可能出现逻辑上的混乱，无法判别工序之间的关系逻辑或无法进行时间参数的计算，这些基本规则和双代号网络图的要求基本相同，即：

（1）不允许出现循环路线。

（2）工序代号不允许重复，任何一个编号只能表示唯一的工序。

（3）网络图中不得出现双向箭线或无箭头的线段。

（4）如果单代号网络图在开始（或结束）时为多目标，不是单个起点节点（或终点节点）时，此时必须在开始（或结束）处增加虚拟的起点节点（或终点节点），除了开始的起点节点和最后的终点节点外，其他所有节点，其前面必须至少有一个紧前工序节点，后面必须至少有一个紧后工序节点，并以箭线相联系。

第三节　工程项目进度计划

一、工程项目进度计划的种类

进度计划指工程项目建设活动开展前，根据各活动的先后关系、技术经济特点、组织措施、资源消耗、约束条件等，对具备建设活动在开始与完成时间上进行的规划。进度计划是工程进度控制的科学依据，科学合理的进度计划是完成进度控制的前提。进度计划根据使用者、编制范围、对象等不同，可分为如下几种。

（一）业主（建设单位）的进度计划

为使工程建设符合国家宏观投资计划的要求，必须遵循基本建设程序，按合理工期建成投入使用。要实现项目目标，就要编制各种计划，作为进度控制的基础。一般来说，业主的进度计划属于宏观进度计划范畴。按照我国的计划体制，应当编制下列各种计划。

1. 工程项目前期工作计划

工程项目前期工作计划是指对可行性研究、设计任务书及初步设计的工作进度安排。该计划由业主在预测的基础上进行编制。

2. 工程项目建设总进度计划

工程项目建设总进度计划是指初步设计被批准后，编制、上报年度计划之前，根据初步设计对工程项目从开始建设（设计、施工准备）至竣工投入使用全过程的统一部署，以安排各单位和单位工程的建设进度，合理分配年度投资，组织各方面的协作，保证初步设计确定的各项建设任务的完成。它对于保证项目建设的连续性、增强建设工作的预见性、确保项目按期使用具有重要作用。工程项目建设总进度计划是编制、上报年度计划的依据，由以下几个部分组成。

（1）文字部分：包括工程项目的概况和特点；安排建设总进度的原则和依据；投资资金来源和年度安排情况；技术设计、施工图设计、设备交付和施工力量进场时间的安排；道路、供电、供水等方面的协作配合及进度的衔接；计划中存在的主要问题及采取的措施；需要上级及有关部门解决的重大问题等。

（2）工程项目一览表：该表把初步设计中确定的建设内容，按照单项工程、单位工程归类并编号明确其建设内容和投资额，以便各部门按统一的口径确定工程项目控制投资和进行管理。

（3）工程项目总进度计划：是根据初步设计中确定的建设工程和工艺流程，具体安排单项工程和单位工程的进度，一般用横道图编制。

（4）投资计划年度分配表：该表根据工程项目总进度计划，安排各个年度的投资，以便预测各个年度的投资规模，筹集建设资金或与银行签订贷款合同，规定分年用款计划。

（5）工程项目进度平衡表：是以明确各种设计文件交付日期，主要设备交货日期，承包人进场日期和竣工日期，水、电、道路接通日期等，以保证建设中各个环节相互衔接，确保工程项目按期投入使用。在此基础上，分别编制综合进度控制计划、设计工作进度计划，采购工作进度计划、施工进度计划、验收和投产进度计划等。

3. 工程项目年度计划

工程项目年度计划依据工程项目总进度计划由业主进行编制。该计划既要满足工程项目总进度计划的要求，又要与当年可能获得的资金、设备、材料、施工力量相适应。根据各合同路段或交付使用的要求，合理安排年度建设的工程项目。工程项目年度计划的内容如下。

（1）文字部分：说明编制年度计划的依据和原则；建设进度；本年度计划投资额；本年度计划建设规模；施工图、设备、材料、施工力量等建设条件的落实情况，动用资源情况；对外部协作配合项目建设进度的安排或要求；需要上级主管部门协助解决的问题；计划中存在的其他问题。

（2）年度计划项目表：该计划对年度施工的项目确定投资额、年度形象进度，阐明建设条件（图纸、设备、材料、施工力量）的落实情况。

（3）年度竣工交付使用计划表：该计划阐明单项工程的建设内容、投资额、新增固定资产、新增路网交通通过能力等的总规模及本年度计划完成数，并阐明竣工日期。

（4）年度建设资金平衡表和年度设备平衡表。

（二）监理（咨询）单位的进度计划

1. 总进度计划

总进度计划阐明工程项目前期准备、设计、施工、动用前准备及项目动用等几个阶段的控制进度，一般用横道图编制。

2. 总进度分解计划

总进度分解计划包括年度进度计划、季度进度计划、月度进度计划、设计准备阶段进度计划、设计阶段进度计划、施工阶段进度计划及动用前准备阶段进度计划。

3. 各个项目进度计划

各个项目进度计划是从单位（项）工程的角度，采用横道图或网络图的形式，表示各项目或相关工序施工的时间安排，并配以相应的文字说明。

4. 进度控制工作制度

进度控制工作制度包括工作流程图与进度控制措施（组织措施、技术措施、经济措施、合同措施）。

5. 实现进度目标的风险分析

进度风险分析的根本任务是确定影响进度目标不能实现的潜在因素，并对其影响程度进行评价和预测，采取最佳对策组合以确保进度目标的实现。

6. 进度控制方法规划

进度控制的方法很多，不同的工程项目，其控制方法不同。监理工程师在规划进度控制方法时，应结合工程项目的具体情况，采取切实可行的方法与措施。

（三）设计单位的进度计划

设计单位的进度计划包括：设计准备阶段工作计划、设计总进度计划和设计工作分专业进度计划等。

（四）施工单位的进度计划

从编制的范围与对象看，施工单位的进度计划分为：施工准备阶段工作计划、施工总进度计划、单位工程进度计划、分包工程进度计划、分部分项工程进度计划和施工项目年度（季度、月度）进度计划等。

二、工程项目进度计划的编制方法

编制进度计划就是确定工程建设项目工作的起始和结束日期。在确定项目的进度之前，编制项目进度计划的过程常常必须反复进行。

（一）进度计划编制程序

（1）确定进度计划编制的依据，明确进度计划的用途和目的。

（2）确定工程项目建设总工期。

（3）确定工程建设活动及可用资源，根据需要对公路项目进行分解，设计各活动的逻辑关系，确定其延续时间。

（4）选择工程进度计划表达方式，如选择使用表格、横道图、网络图、垂直图等。

（5）编制工程进度计划。

（6）优化调整。

（7）编制说明及相应图表等。

（二）工程项目施工总进度计划的编制方法

工程项目施工总进度计划是各项工作在时间上的体现。编制施工总进度计划就是根据施工部署中的施工方案和工程项目的开展程序，对公路建设项目的所有工程内容做出时间上的安排。其作用在于确定各个施工项目及其主要工程、准备工作和项目各个子项的施工期限及其开工和竣工日期，从而确定施工现场上劳动力、材料、成品、半成品、施工机械的需要数量和调配情况，以及现场临时设施的数量、水电供应数量和能源、交通的需求数量等。因此，正确地编制施工总进度计划是保证各个项目以及整个建设工程按期交付使用，充分发挥投资效益，降低工程建设成本的重要条件。编制施工总进度计划的基本要求是保证拟建工程在规定的期限内完成、迅速发挥投资效益，保证工程施工的连续性和均衡性及节约施工成本费用。施工总进度计划编制的步骤如下。

1. 列出工程项目一览表并计算工程量

公路项目施工总进度计划主要起控制总工期的作用，因此项目划分不宜过细。通常按照合同路段、节点工程（如大桥、互通立交、长隧道等）投入使用的顺序和工程作业面开展程序列出，并突出每个交工系统中的主要工程项目，一些附属项目及小型工程，临时设施可以合并列出工程项目一览表。在工程项目一览表的基础上，按工程的开展顺序，以单位工程计算主要实物工程量。此时计算工程量的目的是为了选择施工方案和主要的施工、运输机械；初步规划主要施工过程的流水施工；估算各项目的完成时间；计算劳动力和技术物资的需要量。因此，工程量只需粗略地计算即可。计算工程量可按初步设计图纸并根据各种定额手册进行计算。

2. 确定每个施工区段的施工期限

由于各承包人的施工技术与管理水平、机械化程度、劳动力和材料供应情况等不同而有很大差别。因此应根据各承包人的具体条件，并考虑施工项目的各合同段的技术特点、工程结构类型、体积大小和现场地形、工程与水文地质、施工条件等因素加以确定。此外，也可参考有关相似项目的工期来确定各施工区段的施工期限。

3. 确定各单位工程的开竣工时间和相互搭接关系

在施工部署中已经确定了总的施工期限、施工程序和各系统的控制期限及搭接时间，但对每个单位工程的开竣工时间尚未具体确定。通过对各合同段或建筑物的工期进行分析，确定了每个合同段或构筑物的施工期限后，就可以进一步安排各合同段或构筑物的搭接施工时间。在安排搭接施工时，通常应考虑以下各主要因素。

（1）保证重点，兼顾一般。在安排进度时，要分清主次，抓住重点，同时期进行的项目不宜过多，以免分散有限的人力物力。主要工程项目是指工程量大、工期长、质量要求高、施工难度大，对其他工程施工影响大、对整个建设项目的顺利完成起关键性作用的工程子项。这些项目在各系统的控制期限内应优先安排。

（2）满足连续、均衡施工要求。在安排施工进度时，应尽量使各工种施工人员、施工机械在整个工地范围内连续施工，同时尽量使劳动力、施工机具和物资消耗量在整个工地上达到均衡，避免出现突出的高峰和低谷，以利于劳动力的调度、原材料供应和充分利用临时设施。为达到这种要求，应考虑在工程项目之间组织大流水施工，即在相同结构特征的建筑物或主要工种工程之间组织流水施工，从而实现人力、材料和施工机械的综合平衡。另外，为实现连续均衡施工，还要留出一些后备项目作为调节项目，穿插在主要项目的流水中，如附属工程、小型工程、线外工程或临时设施等。

（3）满足项目的施工工艺要求。合理安排各个单位工程或分部分项工程的施工顺序，使之满足工程施工的技术要求是保证进度计划可行性的前提。

（4）认真考虑施工总进度计划对施工总平面空间布置的影响。由于施工现场的限制，使场内运输、材料构件堆放、设备组装和施工机械布置等产生困难。为减少这方面的困难，除采取一定的技术措施外，对相邻各路段或标段的开工时间和施工顺序予以调控，以避免或减少相互影响是保证进度的重要措施之一。

（5）全面考虑各种条件限制。在确定各合同段施工顺序时，还应考虑各种客观条件的限制。如施工企业的施工力量，各种原材料、机械设备的供应情况，设计单位提供图纸的时间，各年度建设投资数量等，对各项建筑物的开工时间和先后顺序予以调整。同时，由于公路施工受季节、环境影响较大，因此，经常会对某些项目的施工时间提出具体要求，从而对施工的时间和顺序安排产生影响。

4. 安排施工进度

施工总进度计划可以用横道图表达，也可以用网络图表达。由于施工总进度计划只是起控制性作用，因此不必搞得过细。当用横道图表达总进度计划时，项目的排列可按施工总体方案所确定的工程展开程序排列。横道图上表达出各施工项目的开竣工时间及其延续时间。

随着网络计划技术的推广和普及，采用网络图表达施工总进度计划已经在实践中得到广泛应用。用时间坐标网络图表达总进度计划比横道图直观、明了，还可以表达出各项目之间的逻辑关系。同时，网络图可以应用电子计算机计算和输出，更便于对进度计划进行调整、优化、统计资源需求，甚至输出图表等。

5. 总进度计划的优化调整

施工总进度计划图表绘制完后，将同一时期各项工程的资源量分别相加，用一定的比例绘在施工总进度计划的底部，即可得出建设项目资源需要量动态曲线。若曲线上存在较大的高峰或低谷，则表明在该时间里各种资源的需求量变化较大，需要调整一些单位工程的施工速度或开竣工时间，以便消除高峰或低谷，或使用资源优化技术进行各种需求的优化，以达到资源需求量均衡或最短的工期。

（三）单位工程进度计划的编制方法

单位工程进度计划的目的和作用是控制单位工程的施工进度，保证在规定工期内完成满足质量要求的工程任务；确定单位工程的各个施工过程的施工顺序、施工持续时间及相互衔接科学合理；为编制季度、月度生产作业计划提供依据；是确定劳动力和各种资源需要量计划和编制施工准备工作计划的依据。

1. 编制依据

编制单位工程施工进度计划，主要依据下列资料。

（1）经过审批的单位工程施工图设计文件以及地质、设备及其基础图、各种采用的标准图等图纸及技术资料。

（2）施工组织总设计对本单位工程的有关规定。

（3）单位工程施工组织设计。

（4）施工工期要求及开工、竣工日期；地形图、施工工艺设计图。

（5）施工条件、劳动力、材料、构件及施工机械的供应条件、分包单位的情况等。

（6）确定的重要分部分项工程的施工方案，包括施工顺序、施工段划分、施工起讫点，流向、施工方法、质量要求及安全措施等。

（7）劳动定额及机械台班定额。

（8）其他有关要求和资料，如工程合同等。

2. 编制内容和步骤

（1）划分施工过程。编制进度计划时，首先应按照图纸和施工顺序将拟建单位工程的各个施工过程列出，并结合施工方法、施工条件、劳动组织等因素，加以适当调整，使其成为编制施工进度计划所需的施工过程，通常施工进度计划表中只列出直接在建筑物上进行施工的建筑安装类施工过程，而不列出构件制作和运输类施工过程。但当某些构件采用现场就地预制方案，单独占有工期且对其他分部分项工程的施工有影响或某运输工作需与其他分部分项工程的施工密切配合时，也需将这些设备和运输类施工过程列入。在确定施工过程时，应注意以下几个问题：施工过程划分的粗细程度，主要根据单位工程施工进度计划的客观作用确定。对控制性施工进度计划、项目划分得粗一些，通常只列出分部工程名称。如公路工程的控制性施工进度计划，只列出路基土石方工程、防护工程、排水工程、路面工程、桥梁工程，涵洞工程、隧道工程、互通立交工程、交通工程及沿线设施等施工过程。而对于实施性的施工进度计划，项目划分得要细一些，通常要列到分项工程，如路面工程要划分为底基层、基层、面层、路肩、中央分隔带等分项工程。施工过程的划分要结合所选择的施工方案，如结构安装工程，若采用分件吊装法，则施工过程的名称、数量和内容及其安装顺序应按照构件来确定；若采用综合吊装法，则施工过程应按施工单元（节间、区段）来确定。注意适当简化施工进度计划内容，避免工程项目划分过细、重点不突出。因此，可考虑将某些穿插性分项工程合并到主要分项工程中去。对于次要的分项工程，可合并为"其他工程"一项列入。某些项目只要反映出与土建工程如何配合即可，不必细分。如公路项目中沿线设施、标志等，不一定需要在进度计划中分立项目。所有施工过程应大致按施工顺序先后排列。所采用的施工项目名称应与现行定额上的项目名称尽量一致。划分施工过程要粗细得当。根据所划分的施工过程列出施工过程（分部分项工程）一览表。

（2）计算工程量。计算工程量时，一般可以直接采用施工图预算的数据，但应注意有些项目的工程量应按实际情况做适当调整。如计算桩基土方工程量时，应根据土壤的级别和采用的施工方法（单独基坑开挖、基槽开挖还是大开挖，放边坡还是加支撑）等实际情况进行计算。工程量计算时应注意以下几个问题：各分部分项工程的工程量计算单位应与现行定额手册所规定的单位相一致，以避免计算劳动力、材料和机械数量时进行换算，产生错误。结合选定的施工方法和安全技术要求计算工程量。结合施工组织要求，按分区、分项、分段、分层计算工程量。直接采用预算文件中的工程量时，应按施工过程的划分情况将预算文件中有关项目的工程量汇总。如"路面工程"一项要将预算中按各种路面结构的不同厚度、不同结构计算的工程量进行汇总。

（3）确定劳动量和机械台班数量。劳动量和机械台班数量应当根据各分部分项工程的工程量、施工方法和现行的施工定额，并结合当时当地的具体情况加以确定，一般应按下式计算：

$$P = \frac{Q}{S}$$

$$P = \frac{Q}{H}$$

式中：P——完成某施工过程所需的劳动量（工日）或机械台班数量（台班）；

Q——完成某施工过程所需的工程量；

S——某施工过程所采用的产量定额；

H——某施工过程所采用的时间定额。

（4）确定各施工过程的延续时间。计算各分部分项工程延续时间的方法有两种。根据工程项目经理部计划配备在该分部分项工程上的施工机械数量和各专业工人数量确定。

在安排每班工人数量和机械数量时，应综合考虑各分项工程工人班组的每个工人都应有足够的工作面（不能少于最小工作面），以发挥高效率并保证施工安全；各分项工程在进行正常施工时所必需的最低限度的工人队组人数及其合理组合不能小于最小劳动组合，以达到最高的劳动生产率；根据工期要求倒排进度：首先根据规定总工期和施工经验，确定各分部分项工程的施工时间，然后再按各分部分项工程需要的劳动量或机械台班数量，确定每一分部分项工程每个工作班所需要的工人数量或机械数量。

（5）编制施工进度计划的初始方案。编制施工进度计划时，必须考虑各分部分项工程的合理施工顺序，尽可能组织流水施工，力求主要工种的工作队连续施工，其编制方法为：划分主要施工阶段（分部工程），组织流水施工，首先安排其中主导施工过程的施工进度，使其尽可能连续施工，其他穿插施工过程尽可能与它配合、穿插、搭接或平行作业；配合主要施工阶段，安排其他施工阶段（分部工程）的施工进度。按照工艺的合理性和工序间尽量穿插、搭接或平行作业方法，将各施工阶段（分部分项工程）的流水作业图表最大限度地搭接起来，即得单位工程施工进度计划的初始方案。

（5）施工进度计划的检查与调整。检查与调整的目的在于使初始方案满足规定的目标，一般从以下几方面进行检查与调整：各施工过程的施工顺序、平行搭接和技术间歇是否合理；工期方面，初始方案的总工期是否满足规定的工期；劳动力方面，主要工种工人是否满足连续、均衡施工；资源方面，主要机械、设备、材料等的利用是否均衡、施工机械是否充分利用。

三、工程项目进度计划系统

建设工程项目进度计划系统是由多个相互关联的进度计划组成的系统，它是项目进度控制的依据。由于各种进度计划编制所需要的必要资料是在项目进展过程中逐步形成的，因此项目进度计划系统的建立和完善也有一个过程，它是逐步形成的。

四、工程项目总进度目标的论证

（一）建设工程项目总进度目标论证的工作内容

（1）建设工程项目的总进度目标指的是整个项目的进度目标，它是在项目决策阶段时确定的，项目管理的主要任务是在项目的实施阶段对项目的目标进行控制。建设工程项目总进度目标的控制是业主方项目管理的任务（若采用建设项目总承包的模式，协助业主进行项目总进度目标的控制也是总承包方项目管理的任务）。在进行建设工程项目总进度目标控制前，首先应分析和论证目标实现的可能性。若项目总进度目标不可能实现，则项目管理者应提出调整项目总进度目标的建议，提请项目决策者审议。

（2）在项目的实施阶段，项目总进度包括：

①设计前准备阶段的工作进度。

②设计工作进度。

③招标工作进度。

④施工前准备工作进度。

⑤工程施工和设备安装进度。

⑥工程物资采购工作进度。

⑦项目动用前的准备工作进度等。

建设工程项目总进度目标论证应分析和论证上述各项工作的进度，及上述各项工作进展的相互关系。

（3）在建设工程项目总进度目标论证时，往往还不掌握比较详细的设计资料，也缺乏比较全面的有关工程发包的组织、施工组织和施工技术方面的资料，以及其他有关项目实施条件的资料。因此，总进度目标论证并不是单纯的总进度规划的编制工作，它涉及许多工程实施的条件分析和工程实施策划方面的问题。

（4）大型建设工程项目总进度目标论证的核心工作是通过编制总进度纲要论证总进度目标实现的可能性。总进度纲要的主要内容包括：

①项目实施的总体部署。

②总进度规划。

③各子系统进度规划。

④确定里程碑或关键节点事件的计划进度目标。

⑤总进度目标实现的条件和应采取的措施等。

（二）建设工程项目总进度目标论证的工作步骤

（1）建设工程项目总进度目标论证的工作步骤如下：

①调查研究和收集资料。

②项目结构分析。

③进度计划系统的结构分析。

④项目的工作编码。

⑤编制各层进度计划。

⑥协调各层进度计划的关系，编制总进度计划。

⑦若所编制的总进度计划不符合项目的进度目标，则设法调整。

⑧若经过多次调整，进度目标无法实现，则报告项目决策者。

（2）调查研究和收集资料包括如下工作：

①了解和收集项目决策阶段有关项目进度目标确定的情况和资料。

②收集与进度有关的该项目组织、管理、经济和技术资料。

③收集类似项目的进度资料。

④了解和调查该项目的总体部署。

⑤了解和调查该项目实施的主客观条件等。

（3）大型建设工程项目的结构分析是根据编制总进度纲要的需要，将整个项目进行逐层分解，并确立相应的工作目录，如：

①一级工作任务目录，将整个项目划分成若干个子系统。

②二级工作任务目录，将每一个子系统分解为若干个子项目。

③三级工作任务目录，将每一个子项目分解为若干个工作项。

整个项目划分成多少结构层，应根据项目的规模和特点而定。

（4）大型建设工程项目的计划系统一般由多层计划构成，整个项目划分成多少计划层，应根据项目的规模和特点而定，如：

①第一层进度计划，将整个项目划分成若干个进度计划子系统。

②第二层进度计划，将每一个进度计划于系统分解为若干个子项目进度计划。

③第三层进度计划，将每一个子项目进度计划分解为若干个工作项。

第四节　项目进度计划的检查与调整

一、进度计划的检查

进度计划的检查，是计划管理工作中的一项经常性的工作，宜采取定期检查或不定期检查相结合的办法。一般说来，进度控制的效果与收集数据资料的时间间隔有关。

（一）进度计划检查的内容

施工进度检查的目的是要弄清工程项目施工进行到了什么程度，是超前，还是落后。其检查的内容一般比较广泛，主要包括以下几点。

1. 施工形象进度检查

检查施工现场的实际进度情况，并和计划进度比较。这是施工进度检查的重点。

2. 设计图纸及设计文件编制工作进展情况检查

检查各设计单元供图进度，确定或估计是否满足施工进度计划的要求。

3.设备采购进展情况检查

检查设备在采购、运输过程中的进展情况，确定或估计是否满足计划的到货日期或能否适应土建和安装进度的安排。

4.材料供应或成品、半成品加工情况检查

有些材料（如水泥）是直接供应的，主要检查其订货、运输和贮存情况。有些材料需经工厂加工成成品或半成品，然后运到工地，例如钢构件和钢制管段等，应检查其原料订货、加工、运输等情况。

（二）实际进度数据的加工处理

跟踪检查的主要工作是定期收集反映工程实际进度的有关数据，收集的数据应当全面、真实、可靠，不完整或不正确的进度数据将导致判断不准确或决策失误。为了进行实际进度与计划进度的比较，必须对收集到的实际进度数据进行加工处理，形成与计划进度具有可比性的数据。例如，对检查时段实际完成工作量的进度数据进行整理、统计和分析，确定本期累计完成的工作量、本期已完成的工作量占阶段计划工作量的百分比及占计划总工作量的百分比等。

（三）实际进度与计划进度的对比分析

将实际进度数据与计划进度数据进行比较，可以确定建设工程实际执行状况与计划目标之间的差距，为了直观反映实际进度偏差，通常采用表格或图形进行实际进度与计划进度的对比分析，从而得出实际进度比计划进度超前、滞后还是一致的结论。实际进度与计划进度的比较是建设工程进度检查的主要环节。常用的进度比较方法有横道图比较法、"S"形曲线比较法、"香蕉"曲线比较法、前锋线比较法、列表比较法等。

二、进度计划的调整

（一）总工期与施工主要资源的审查和调整

进度计划的时间计算完毕以后，首先就要审查计划总工期，看它是否符合建设部门或国家的要求，即是否在规定的工期范围之内。如果计划工期不超过规定的工期，那么这个计划在工期这一点上就是可行的，符合要求的。如果计划工期超过了工期规定，那就要调整计划工期，将它压缩到规定的工期范围之内；如果

做不到这一点，那就要提出充分的理由和根据，以便就工期问题与业主或业主代表作进一步商谈。其次，还要进一步估算施工主要资源的需要量，审查资源需要量与供应的可能性，看二者能否协调。如果资源供应能够满足施工高峰对资源的需求，则这个计划也就被认为是可行的了。如果在某一段时间内供应不能满足资源消耗高峰的需要，那就要对这段时间施工的工序加以调整，使它们错开时间，减少集中的资源消费，把它降到可能供应的水平之下。

（二）分析进度计划产生偏差的主要原因

进度拖延是工程项目建设过程中经常发生的现象。对进度拖延原因分析可采用因果关系分析图，影响因素分析表，工程量、劳动效率对比分析等方法，详细分析进度拖延的各种影响因素，以及各因素影响量的大小。进度拖延的原因是多方面的，常见的有以下几点。

1. 工程项目各相关单位之间的协调配合

工程项目是一个多专业、多方面协调合作的复杂过程，如果政府部门、业主、咨询单位、设计单位、物资供应单位、贷款单位、监理单位等各单位之间，以及土建、水电、通信、运输等各专业之间没有形成良好的协作，必然会影响工程建设的顺利实施。例如，工程设计通常是分阶段进行的，如果初步设计不能顺利得到批准，必然会影响到后续详细设计中的施工图设计、施工方案设计进度。又如资金方面，如果业主在工程预付款或进度款的支付中有所延迟，则会对施工单位的施工进度造成影响。

2. 工程变更

外界条件的变化，如设计变更、设计错误、外界（如政府、上层机构）对项目提出新的要求或限制；当建设工程在已施工的部分发现一些问题或者由于业主提出了新的要求而必须进行工程变更时，会影响设计工作进度。例如，材料代用、设备选用的失误将会导致原有工程设计失效而重新进行设计。

3. 风险因素

风险因素包括政治、经济、技术及自然等方面的各种可预见或不可预见因素。政治方面有战争、内乱、罢工、拒付债务、制裁等；经济方面有延迟付款、汇率浮动、换汇控制、通货膨胀、分包单位违约等；技术方面有工程事故、试验失败、标准变化等；自然方面有地震、洪水等。

4. 工期及相关计划的失误和管理过程中的失误

计划工期及进度计划超出现实可能性；管理过程中的失误，如计划部门与实施者之间，总、分包商之间，业主和承包商之间缺少沟通，许多工作脱节等。

（三）分析进度偏差是否影响到其后续工作和总工期

当某项工作发生实际进度偏差时，要分析该进度偏差是否影响到其后续工作的进展以及是否影响了总工期，这在实际工作中需要借助网络计划进行判断。根据该项工作是否处于关键线路、其进度偏差是否超过该项工作的总时差和自由时差来判断对后续工作和总工期的影响。例如：由于业主方对即将投入施工的某工程材料的要求发生改变而需要重新进行采购时，如该工作不是关键工作（即不在关键线路上），其材料的重新采购不一定会影响到总工期和后续工作；如再继续分析发现采购时间超过了该项工作的自由时差而未超过总时差，则此次变更只影响到了后续工作而未影响到总工期。通过进度偏差分析，进度控制人员可以根据进度偏差的影响程度，制订相应的纠偏措施进行调整，以获得符合实际进度情况和计划目标的新进度计划。

（四）采取进度调整措施，对项目进度计划的调整

1. 调整工作顺序，改变某些工作间的逻辑关系

当工程项目实施中产生的进度偏差影响到总工期，且有关工作的逻辑关系允许改变时，可以改变关键线路和超过计划工期的非关键线路上的有关工作之间的逻辑关系。在工作面及资源允许的情况下组织流水作业是其中的典型方法。例如：某现浇钢筋混凝土桥梁上部结构的施工项目中，其主体工程由支架搭设、模板、钢筋、浇筑混凝土等四个施工过程组成，其中每个施工过程都需要10天时间完成，主体工程的总工期是40天。如现有缩短工期的需要，可在工作面和资源允许条件下把整个工作面划分为若干工作段，采取流水作业的方法以充分发挥生产效率，减少工作面的单一专业占用造成的时间间歇。

2. 缩短某些工作的持续时间

这种方法通过采取增加资源投入、提高劳动效率等措施来缩短某些工作的持续时间，使工程进度加快，以保证按计划工期完成该项目。这些被压缩了持续时间的工作是位于关键线路和超过计划工期的非关键线路上的工作。如果某项工作进度拖延的时间超过其总时差，那么无论它是否处于关键线路，都将会对后续工

作和总工期产生影响，在这种情况下，为了减少对总工期的延误，应采取措施缩短关键线路上后续工作的持续时间，并用工期优化的方法对原网络计划进行调整。其调整方法视限制条件及其对后续工作的影响程度的不同而有所区别，一般分为以下三种情况。

（1）网络计划中某项工作进度拖延的时间已超过其自由时差，但未超过其总时差。我们知道，当一项工作拖延的时间未超过其自由时差时，这种拖延对后续工作没有任何影响，该项工作仍可正常进行，不需为此再做什么调整；当一项工作拖延的时间已超过其自由时差时，这种拖延对其后续工作必有影响；然而，由于其拖延的时间尚未超过总时差，其后续工作还有相应的自由时差来弥补这个拖延，所以，它对进度计划总工期并无影响，但当后续工作开始的晚会带来一系列问题和损失，如设计工作拖延造成施工延迟，从而产生人力、机具的窝工浪费并由此引起合同纠纷和索赔。因此，寻求合理的调整方案，把进度拖延对后续工作的影响减少到最低程度，是计划工程师的一项重要工作。

（2）网络计划中某项工作进度拖延的时间超过其总时差。如果网络计划中某项工作进度拖延的时间超过其总时差，则无论该工作是否为关键工作，其实际进度都将对后续工作和总工期产生影响。此时，进度计划的调整方法又可分为以下三种情况：

第一种是项目总工期不允许拖延：如果工程项目必须按照原计划工期完成，则只能采取缩短关键线路上后续工作持续时间的方法来达到调整计划的目的。这种方法实质上就是工期优化方法。

第二种是项目总工期允许拖延：如果项目总工期允许拖延，则此时只需以实际数据取代原计划数据，并重新绘制实际进度检查日期之后的简化网络计划即可。

第三种是项目总工期允许拖延的时间有限：如果项目总工期允许拖延，但允许拖延的时间有限。则当实际进度拖延的时间超过此限制时，也需要对网络计划进行调整，以满足要求。具体的调整方法是以总工期的限制时间作为规定工期，对检查日期之后尚未实施的网络计划进行工期优化，即通过缩短关键线路上后续工作持续时间的方法来使总工期满足规定工期的要求。

（3）网络计划中某项工作进度超前。在建设工程设计阶段所确定的工期目标，往往是综合考虑了各方面因素而确定的合理工期。因此，时间上的任何变化，无论是进度拖延还是超前，都可能造成其他目标的失控。如果这项工作超前完成对后续工作的协调不会带来什么影响，这时对其无须进行调整。但当该工作提前完成，会打乱对人、材、物等资源的合理安排，造成协调工作的困难和项目实施费用的增加时，即应通过减少资源投入量或改变资源分配的方法对其进度进行调整，使其进度减慢，以使不利影响减少到最低程度。

（五）编制可行的网络计划并计算技术经济指标

经过工期、资源及进度计划的初步调整之后，计划已能适应现有的施工条件与要求，因而计划是切实可行的。这时就可以绘成比较正规的网络图，如能绘成带时间坐标网络图并附以资源消耗曲线则更佳。可行的计划一般不可能是最优的计划，但在受到种种条件限制的情况下，进一步的优化往往是并不容易的，而且在进行工期和资源的调整时，实际也是根据优化的原则进行工作的，更何况初始方案本身从一开始就是按最低成本的要求编制的。所以，可以认为，可行计划既是一个切合实际的计划，也已经是一个较优的计划，是可供执行的。可行计划既然常常就是供执行的计划，因此有必要计算一下它的技术经济指标，如与定额工期的比较、单位用工、劳动生产率（建筑安装工人）、节约率（与预算比较）、机械台班利用率等。通过这些指标可以与过去的或先进的计划进行比较，也可以逐步积累经验，对提高管理水平来说，也是一项有意义的工作。

（六）进度计划的优化

可行计划还不是最优的计划，是因为它还存在着加以改进的余地。所以，只要可能，对于可行计划还应逐步加以改进、优化，使之更臻完善，以便取得更好的经济效果。在工程实践中，要寻求最优计划在实际上是不可能的，只能寻求的是在目前条件下更令人满意的计划。所以，进度计划的检查和调整是个持续改进的过程。

（七）整理变更资料、吸取教训

在采取上述措施调整进度以后，形成调整后的项目计划，作为继续实施的依据，同时整理变更资料，连同所选择的纠偏措施以及从进度控制中吸取的其他方面的教训等形成文字材料，作为本项目或者其他项目的历史资料，以供参考。

第五节　建设项目进度控制

一、进度控制的特点

由于建筑产品和工程施工自身的特点，如建筑产品固定，生产流动，露天作业，而且受外界自然条件影响大、施工周期长、技术间歇性强和综合性强等客观因素的制约，使得施工计划在执行过程中常出现以下特点。

1. 施工进度计划的多变性

由于建筑工程形式多样，结构复杂多变，受外界影响因素多和不可预见因素多的影响，使施工进度计划相对稳定性小。

2. 施工进度计划的被动性

施工进度的被动性是相对于项目总计划而言的，施工进度应服从项目总体进度的安排。

3. 施工进度的不均衡性

施工进度的不均衡性是指施工进度时间和空间上的不均衡性。对施工进度的控制是一项复杂的系统工程，使得对施工进度的控制成为动态控制过程。

二、施工进度控制的作用

（1）可以有效缩短项目建设周期。

（2）可以减少不同单位和部门之间的相互干扰。

（3）可以达到节省资源的目的。

（4）可以落实和建立各单位的施工计划、成本计划和质量计划。

（5）可为防止或提出工程索赔提供依据。

三、影响进度的因素分析

项目实施过程中，就施工进度而言，首先必须合理确定项目的施工进度，但是，由于建设工程项目的施工特点，特别是对大中型项目，其施工周期长，影响施工进度的因素纷繁复杂，如技术、组织协调、气候、政治、资金、人力、物资和地理环境等，使得施工进度计划在执行过程中呈现出可变性和不均衡性等特点。归纳起来，影响项目施工进度的主要因素有以下几个方面。

1. 相关单位进度的影响

工程施工涉及设计单位、材料物资供应单位、资金贷款以及与工程建设有关的运输、通信和供电等部门，任何一个部门工作的拖后都会影响施工进度。因此，控制施工进度仅考虑施工单位是不够的，还必须与有关工作部门的工作进度相协调才行。

2. 设计变更因素

设计变更因素是影响施工进度执行的最大因素，其中包括建设单位或政府部门在项目设计中的部分变更、设计图纸的错误或变更等。

3. 材料物资供应的影响

施工中需要的材料和机具不能按期供应或质量存在问题，都会对施工进度产生影响。

4. 不利的施工条件

在施工中遇到的情况比设计和合同文件所预计的施工条件更困难。

5. 新技术应用

例如，低估项目施工在技术上的难度，没有考虑某些设计或合同施工问题的影响等。

四、进度控制的基本要素

工程项目的进度控制包括计划、实施、检查和调整等基本控制要素。

1. 项目进度计划

项目进度计划是项目进度控制的第一控制要素。项目进度计划有项目的前期准备、设计、施工和动用前准备等几个阶段的进度计划。

项目进度控制在项目进度计划阶段的实质性体现：

一是制订分级控制进度计划，即将上述计划细化为项目总进度计划（总控制）、项目分阶段进度计划（中间控制）和项目分阶段的各子项进度计划（详细控制）；

二是需对这些计划进行优化，这样才能提高项目进度计划的有效控制程度。

2. 项目进度实施

项目进度实施是项目进度控制的第二控制要素。项目进度实施过程中，由于存在干扰因素，会使实际结果偏离进度计划。

项目进度控制在项目进度实施阶段的实质性体现：一是预测干扰因素；二是分析风险程度；三是采取预控措施。

采用这些监控手段，可避免或减少实际结果与进度计划的偏差。

3. 项目进度检查

项目进度检查是项目进度控制的第三控制要素。要了解和掌握项目进度计划在实施过程中的变化趋势和偏差程度，必须进行项目进度检查。

项目进度控制在项目进度检查阶段的实质性体现：一是跟踪检查；二是数据采集；三是偏差分析（实际结果与进度计划的比较）。

这些偏差识别工作的快速、准确进行，可提高项目进度控制的敏度和精度。

4. 项目进度调整

项目进度调整是项目进度控制的第四控制要素。项目进度计划在实施过程中，由于发生偏差而需要调整时，是个非常复杂的过程。

项目进度控制在项目进度调整阶段的实质性体现：一是偏差分析，分析产生进度偏差的前因后果；二是动态调整，寻求进度调整的约束条件和可行方案；三是优化控制，决策使进度、费用变化最小，能达到或逼近进度计划的优化控制目标。

偏差分析、动态调整和优化控制是项目进度控制中最困难、最关键的控制要素。工程项目进度控制是周期性进行的持续改进过程。

五、进度控制的程序

进度控制随着建设的进程而展开，因此进度控制的总程序与建设程序的阶段划分相一致。在具体操作上，每一建设阶段的进度控制又按计划、实施、检查及反复调整的科学程序进行着。进度控制的重点是建设准备和建设实施阶段的进度控制。因为这两个阶段时间最长，影响因素最多，分工协作关系最复杂，变化也最大，但前期工作阶段所进行的进度决策又是实施阶段进度控制的前提和依据，其预见性和科学性对整个进度控制的成败具有决定性的影响。进度控制总程序具体内容如下。

（1）在项目建议书阶段，通过机会研究和初步可行性研究，在项目建议书报批文件中提出项目进度总安排的建议。它体现了业主对项目建设时间方面的预期目标。

（2）在可行性研究阶段，对项目的实施进度进行较详细的研究。通过对项目动工时间要求和建设条件可能的相关分析，对不同进度安排的经济效果的比较，在可行性研究报告中提出最优的一个或两、三个备选方案，该报告经评估、审批后确定的建设总进度和分期、分阶段控制进度，就成为实施阶段进度控制的决策目标。

（3）在设计阶段，除进行设计进度控制外，还要对施工进度做进一步预测。设计进度本身也必须与施工进度相协调。初步设计应根据批准的可行性报告和可靠的设计基础资料进行编制。初步设计和总概算批准后，便可作为确定建设项目投资额、编制固定资产投资计划、签订总包合同及贷款合同、实行投资包干、控制建设工程拨贷款、组织主要设备订货、进行施工准备及编制技术设计文件（或施工图设计）等的依据。初步设计和总概算应由投资者审批，特大型和特殊项目应由国家发展和改革委员会报请国家批准。三阶段设计的技术设计根据初步设计文件编制，它和修正概算经批准后，是建设工程拨贷款和编制施工图设计文件的依据。施工图设计应根据批准的初步设计（或施工图设计）和主要设备订货情况进行编制，并据以指导施工。

（4）在建设准备阶段，要控制征地、拆迁、场地清理和平整的进度，抓紧水、电、道路等建设条件的准备，组织材料、设备的订货，组织施工招标，办理各种协议签订和有关主管部门的审批手续。这一阶段工作头绪繁多，上下左右间关系复杂。每一项疏漏或拖延都将留下建设条件的缺口，成为工程顺利开展的障碍或打乱进度的正常秩序。因此这一阶段工作及其进度控制极为重要，绝不能掉以轻心。在这一阶段里还应通过编制与审批施工组织设计，确定施工总进度计划、首期或第一年工程的进度计划。

（5）建设实施阶段进度控制的重点是组织综合施工和进行偏差管理。项目管理者要全面做好进度的事前控制、事中控制和事后控制。除对进度的计划审批、施工条件提供等预控环节和进度实施过程的跟踪管理外，还要着重协调好总包不能解决的内外界关系问题。当没有总包单位，建筑安装的各项专业任务直接由业主分别发包时，计划的综合平衡和单位间协调配合的责任就更为重要；对进度的事后控制，就是要及早发现并尽快排除相互脱节、总图争执和外界干扰，使进度始终处于受控状态，确保进度目标的逐步实现。与此同时，还要抓好项目动工的准备工作，为按期或提早项目动工创造必要而充分的条件。

（6）在竣工验收阶段，项目管理者要督促和检查承包人的自验、试运转和预验收，要协助业主组织设计单位和承包人进行初验，在具备条件后协助业主组织正式验收。在本阶段，有关甲、乙方之间的竣工结算和技术资料核查归档移交、施工遗留问题的返修、处理等，都会有大量涉及双方利益的问题需要协调解决。此外还有验收过程的大量准备工作，必须抓全、抓细、抓紧，才能加快验收的进度。

六、进度控制的内容

工程项目的进度控制是一个大系统，从目标上看，它是由进度控制总目标、分目标和阶段目标组成的目标系统；从进度控制所涉及的单位来看，它是由业主和承包人构成的庞大组织系统；从进度控制计划上看，它是由项目总进度控制计划，单位工程进度计划和相应的设计、资源供应、资金供应、投产动用等计划组成的计划系统。而所有这些控制，一般由业主委托监理工程师实施进度总控制。由于参与建设的各主体单位其各自的进度控制目标不同，他们的进度控制的内容也不相同。

（一）监理单位的进度控制内容

（1）在设计前的准备阶段，向业主提供有关工期的信息和咨询，协助其进行工期目标和进度控制决策。

（2）进行环境和施工现场调查和分析，编制项目进度规划和总进度计划，编制设计前准备工作详细计划并控制其执行。

（3）发出开工通知书。

（4）审核总承包人、设计单位、分承包人及供应单位的进度控制计划，并在其实施过程中，通过履行监理职责，监督、检查、控制、协调各项进度计划的实施。

（5）通过核准、审批设计单位和承包人的进度付款，对其进度施行动态间接控制，妥善处理和核批承包人的进度索赔。

（二）设计单位的进度控制内容

（1）编制设计准备工作计划、设计总进度计划和各专业设计的出图计划，确定计划工作进度目标及其实施步骤。

（2）执行各类计划，在执行中加强检查，采取相应措施排除各种障碍，包括必要时对计划进行调整或修改，保证计划的实现。

（3）为承包人的进度控制提供设计保证，并协助承包人实现进度控制目标。

（4）接受监理单位的设计进度监理。

（三）承包人的进度控制内容

（1）根据合同工期目标，编制施工准备工作计划、施工方案、项目施工总进度计划和单位工程施工进度计划，以确定工作内容、工作顺序、起止时间和衔接关系，为实施进度控制提供依据。

（2）编制月（旬）作业计划和施工任务书，做好进度记录以掌握施工实际情况，加强调度工作以促成进度的动态平衡，从而使进度计划的实施取得成效。

（3）采用实际进度与计划进度对比的方法，以定期检查为主，应急检查为辅，对进度实施跟踪控制。实行进度控制报告制度，在每次检查之后，写出进度控制报告，提供给业主、监理单位和企业领导作进度控制参考。

（4）监督并协助分包人实施其承包范围内的进度控制。

（5）对项目及阶段进度控制目标的完成情况、进度控制中的经验和问题做出总结分析，积累进度控制信息，使进度控制水平不断提高。

（6）接受监理单位的施工进度控制监理。

七、工程项目进度控制的含义和目的

工程项目管理有多种类型，代表不同利益方的项目管理（业主方和项目参与各方）都有不同的进度控制任务，其控制的目标和时间范畴也是不相同的。工程项目进度控制是个动态的管理过程，它包括进度控制目标的分析和论证，在收集资料和调查研究的基础上编制进度计划和进度计划的跟踪检查与调整等。工程项目是在动态条件下实施的，如果实施过程中只重视进度计划的编制，而不能够根据实际情况进行必要的调整，则进度将无法得到有效的控制。为实现进度目标，进度控制的过程也就是随着项目的进展，进度计划不断调整的过程。

（1）进度目标分析和论证的目的是论证进度目标的合理性，结合实际情况进度目标是否能够实现；如果经过科学的论证，目标不能实现，则必须对进度目标进行调整。

（2）进度计划的跟踪检查与调整包括定期跟踪检查所编制的进度计划执行情况，以及纠正执行过程中的偏差，并视实际情况对进度计划进行必要调整。工程项目进度控制的目的是通过进度控制来实现工程项目的进度目标。

八、工程项目进度控制

（一）工程项目进度控制的任务

在项目实施过程中，代表不同利益的项目管理参与方有着不同的工程项目进度控制的任务，具体体现在以下几点。

（1）业主方进度控制的任务是控制整个项目实施阶段的进度，包括控制设计准备阶段的工作进度、设计工作进度、施工进度、物资采购工作进度，以及项目动用前准备阶段的工作进度。

（2）设计方进度控制的任务是依据设计任务委托合同对设计工作进度的要求控制设计工作进度，这是设计方履行合同的义务。另外，设计方应尽可能使设计工作的进度与招标施工和物资采购等工作进度相协调。在国际上，设计进度计划主要是各设计阶段的设计图纸（包括有关的说明）的出图计划，在出图计划中标明每张图纸的出图日期。

（3）施工方进度控制的任务是依据施工任务委托合同对施工进度的要求控制施工进度，这是施工方履行合同的义务。在进度计划编制方面，施工方应视项目的特点和施工进度控制的需要，编制深度不同的控制性、指导性和实施性施工的进度计划，以及按不同计划周期（年度、季度、月度和每旬）的施工进度计划等。

（4）供货方进度控制的任务是依据供货合同对供货的要求控制供货进度，这是供货方履行合同的义务，供货进度计划应包括供货的所有环节，如采购、加工制造、运输等。

（二）工程项目进度控制的依据

1. 项目进度计划

批准的项目进度计划，称为进度基准计划。进度基准计划在技术和资源方面都必须是可行的。

2. 进度报告

进度报告提供了有关进度绩效的信息，如哪些计划的日期已经达到，哪些还没有。进度报告还可提醒项目团队注意将来有可能引起问题的事项。

3. 变更申请

变更申请，可以是直接的或间接的，可以从外部或内部提出。变更申请可能是请求延缓进度或加快进度。

4. 进度调整计划

进度调整计划是指如何调整原订的计划，是进行项目进度调整的主要原则依据。

（三）工程项目进度控制的方法

进度控制的方法包括行政方法、经济方法、技术管理方法等。

1. 进度控制的行政方法

用行政方法控制进度，是指上级单位及上级领导人、本单位的领导层及领导人利用其行政地位和权力，通过发布进度指令进行指导、协调、考核，利用激励手段（奖、罚、表扬、批评）监督、督促等方式进行进度控制。使用行政方法进行进度控制，优点是直接、迅速、有效，但应当注意其科学性，防止武断、主观、片面的瞎指挥。行政方法应结合政府监督和社会监理开展工作，指令要少些，指导要多些。行政方法控制进度的重点应是进度控制目标的决策或指导，在实施中应尽量让实施者自己进行控制，尽量少进行行政干预。国家通过行政手段审批项目建设和可行性研究报告，对重大项目或大中型项目的工期进行决策，批准年度基本建设计划，制订工期定额并督促其贯彻、实施，招投标办公室批准标底文件中的开竣工日期及总工期等，都是行之有效的控制进度的行政方法。

2. 进度控制的经济方法

进度控制的经济方法，是指用经济类的手段对进度控制进行影响和控制，主要有：银行通过对投资的投放速度控制工程项目的实施进度；承发包合同中写进有关工期和进度的条款；业主通过招标的进度优惠条件鼓励承包人加快进度；业主通过工期提前奖励和延期罚款实施进度控制；通过物资的供应数量和进度实施进行控制等。

用经济方法控制进度应在合同中明确，辅之以科学的核算，使进度控制产生的效果大于为此而增加的投入。

3. 进度控制的技术管理方法

进度控制的技术管理方法是指通过各种计划的编制、优化、实施、调整而实现进度控制的方法，包括流水作业方法、科学排序方法、网络计划方法、滚动计划方法、计算机辅助进度管理等。

（四）工程项目进度控制的措施

进度控制的措施包括组织措施、管理措施、经济措施和技术措施等。

1. 进度控制的组织措施

（1）组织是目标能否实现的决定性因素，为实现项目的进度目标，应充分重视健全项目管理的组织体系。例如，建立包括监理单位、业主、设计单位、承包人，供应单位、市政公用单位等进度控制体系。

（2）在项目组织结构中应有专门的工作部门和符合进度控制岗位资格的专人负责进度控制工作。例如，明确各方的人员配备、进度控制任务和相互关系。

（3）进度控制的主要工作环节包括进度目标的分析和论证、编制进度计划、定期跟踪进度计划的执行情况、采取纠偏措施以及调整进度计划。例如，建立进度报告制度和进度信息沟通网络，建立图纸审查、及时办理工程变更和设计变更手续的措施。这些工作任务和相应的管理职能应在项目管理组织设计的任务分工表和管理职能分工表中明确并认真落实。

（4）编制项目进度控制的工作流程。例如，确定项目进度计划系统的组成；各类进度计划的编制程序、审批程序和计划调整程序等。

（5）进度控制工作包含了大量的组织和协调工作，而会议是组织和协调的重要手段，应进行有关进度控制会议的组织设计，以明确会议的类型，各类会议的主持人及参加单位和人员，各类会议的召开时间，各类会议文件的整理、分发和确认等。例如，建立进度协调会制度，建立进度控制检查制度和调度制度，建立进度计划审核制度，建立进度控制分析制度等。

2. 进度控制的管理措施

（1）建设工程项目进度控制的管理措施涉及管理的思想，管理的方法、管理的手段、承发包模式、合同管理和风险管理等。在理顺组织的前提下，科学和严谨的管理显得十分重要。例如，加强合同管理，加强组织、指挥、协调，以保证合同进度目标的实现；严格控制合同变更，对各方提出的工程变更和设计变更，监理工程师应严格审查后补进合同文件中。

（2）建设工程项目进度控制在管理观念方面存在的主要问题通常有：缺乏进度计划系统的观念，分别编制各种独立而互不联系的计划，形成不了计划系统；缺乏动态控制的观念，只重视计划的编制，而不重视及时地进行计划的动态调整；缺乏进度计划多方案比较和选优的观念，合理的进度计划应体现资源的合理使用、工作面的合理安排、有利于提高建设质量、有利于文明施工和有利于合理地缩短建设周期。

（3）用工程网络计划的方法编制进度计划必须很严谨地分析和考虑工作之间的逻辑关系，通过工程网络的计算可发现关键工作和关键路线，也可知道非关键工作可使用的时差，运用工程网络计划的方法有利于实现进度控制的科学化。

（4）承发包模式的选择直接关系到工程实施的组织和协调。为了实现进度目标，应选择合理的合同结构，以避免过多的合同交界面而影响工程的进展。工程物资的采购模式对进度也有直接的影响，对此应做比较分析。

（5）为实现进度目标，不但应进行进度控制，还应注意分析影响工程进度的风险，并在分析的基础上采取风险管理措施，以减少进度失控的风险量。常见的影响工程进度的风险有组织风险、管理风险、合同风险、资源（人力、物力和财力）风险、技术风险等。例如，加强风险管理，在合同中充分考虑风险因素及其对进度的影响、处理办法等。

（6）重视信息技术（包括相应的软件、局域网、互联网以及数据处理设备）在进度控制中的应用。虽然信息技术对进度控制而言只是一种管理手段，但它的应用有利于提高速度信息处理的效率、有利于提高速度信息的透明度、有利于促进进度信息的交流和项目各参与方的协同工作。

3. 进度控制的经济措施

（1）建设工程项目进度控制的经济措施涉及资金需求计划、资金供应的条件和经济激励措施等。例如，对工期缩短给予奖励；对拖延工期给予罚款、索赔等。

（2）为了确保进度目标的实现，应编制与进度计划相适应的资源需求计划（资源进度计划），包括资金需求计划和其他资源（人力和物力资源）需求计划，以反映工程实施的各时段所需要的资源。通过资源需求的分析，可发现所编制的进度计划实现的可能性，若资源条件不具备，则应调整进度计划。资金需求计划也是工程融资的重要依据。例如，提供资金、设备、材料、加工订货等供应时间保证措施。

（3）资金供应条件包括可能的资金总供应量、资金来源（自有资金和外来资金）以及资金供应的时间。例如，业主方及时办理预付款及工程进度款支付手续等。

（4）在工程预算中应考虑加快工程进度所需要的资金，其中包括为实现进度目标将要采取的经济激励措施所需要的费用。例如，对应急赶工给予优厚的赶工费，加强索赔管理等。

4. 进度控制的技术措施

（1）建设工程项目进度控制的技术措施涉及对实现进度目标有利的设计技术和施工技术的选用。例如，采用多级网络计划技术和其他先进适用的计划技术等。

（2）不同的设计理念、设计技术路线、设计方案会对工程进度产生不同的影响。在设计工作的前期，特别是在设计方案评审和选用时，应对设计技术与工程进度的关系做分析比较。在工程进度受阻时，应分析是否存在设计技术的影响因素，为实现进度目标有无设计变更的可能性。例如，采用电子计算机控制进度的措施等。

（3）施工方案对工程进度有直接的影响。在决策其选用时，不仅应分析技术的先进性和经济合理性，还应考虑其对进度的影响。在工程进度受阻时，应分析是否存在施工技术的影响因素，为实现进度目标有无改变施工技术，施工方法和施工机械的可能性。例如，组织流水作业，保证作业连续、均衡、有节奏；缩短作业时间、减少技术间歇的技术措施；采用先进高效的技术和设备。

第七章 公 路 养 护

公路养护就是对公路的保养与维护，保养侧重于从建成通车开始的全过程养护，维护侧重于对被破坏的部分进行修复。本章主要对公路养护技术进行详细的讲解。

第一节 公路养护基本知识

一、公路养护的目的与任务

1. 公路养护的目的

公路养护的目的就是运用先进的技术和科学的管理方法，合理地分配和使用养护资金，通过养护维修使公路在设计使用年限内经常保持完好状态，并有计划地改善公路的技术指标，以提高公路的服务质量，最大限度地发挥公路的运输经济效益。

2. 公路养护的基本任务

公路养护的基本任务主要有以下五个方面的内容。

（1）贯彻"预防为主、防治结合"的方针，加强预防性养护，提高公路的抗灾害能力，保持公路及其沿线设施良好的技术状况。

（2）加强公路及其沿线设施的基本状况调查，及时发现和消除隐患。

（3）保持公路及其沿线设施的良好技术状况，及时修复损坏部分，保障公路行车安全、畅通、舒适。

（4）坚持和贯彻"科技兴交、科学养路"的方针，大力推广和运用先进的养护技术、机械装备和科学的管理方法。吸收和采用新技术、新工艺、新材料、新设备，采取科学的技术措施，不断提高公路养护工程质量，有效延长公路的使用寿命，降低路桥设施的全寿命周期成本，提高养护资金的使用效益。

（5）加强公路技术改造，以适应公路交通事业的不断发展。公路养护应重视资源节约和环境保护，保护农田、路旁景观和各种文物古迹，推广和运用路面、桥梁、隧道等管理系统，建立数据库，并注意生产安全、注意养护生产作业安全及减少对通行车辆的影响。

二、公路养护发展趋势

1. 路面诊断智能化

路面诊断智能化分为两个阶段，首先是路面检测的自动化。与之相适应的许多路面检测设备应运而生，如路面综合检测车、横向摩擦力系数检测车、弯沉仪、激光平整度仪等，通过这些检测设备进行路面数据自动采集。大部分路面检测设备技术是成熟的，但是路面综合检测车目前在国内仍处于研究、探索、试用阶段，还没有形成规模。其次是路面管理专家系统，其功能是将路面检测数据进行储存和分析，通过数据处理评定路面使用性能和提出养护对策。

2. 预防性养护的常态化

从国内目前的养护情况看，基本上都是事后性养护，即出现病害后才去处理问题，而真正实行预防性养护有个过程，并且取决于智能化数字处理的准确性。

3. 养护设备的一体化

随着高速公路的不断发展，社会对高速公路的要求随之增高，要求高速公路提供快速、安全、高效的道路运输条件，如果继续采取传统的修补坑槽、裂缝等方法，耗时长、效果差，影响道路安全畅通，其发展趋势必然是养护施工设备的一体化。如美国、德国、日本等国家生产了现场热再生养护列车，它代表当今世界养护施工机械化、一体化的发展方向，集加热、铣刨、摊铺等功能于一体，每工作日可以对 1 ~ 2 km 沥青路面进行再生养护，大大提高了养护效率，减少了占道时间。

4. 养护材料的节能环保化

沥青路面材料再生利用可以缓解资源压力，有利于保护环境和降低养护成本，受到各国的普遍重视。欧美发达国家经过多年的系统研究，开发了五种再生方式以及一系列成套设备，已经形成了一套比较完整的再生技术，达到了规范化和标准化的成熟程度，部分国家出台了相应的政策法规强制规定废旧沥青路面材料必须进行再生利用。

5. 养护施工社会化

在世界范围内，发达国家高速公路管理部门与养护施工单位基本分离，其社会化程度高低取决于养护管理水平、技术能力的高低。我国养护管理也逐渐在向这个方向转化。

第二节 公路养护技术

一、公路养护管理办公自动化系统

公路养护管理办公自动化系统实现了无纸化办公，改变了传统的办公模式。主要目的是通过办公业务的处理、流转、管理过程电子化、信息化，从而实现办公自动化。

公路系统办公自动化系统主要以信息共享、内部交流、系统短信等交流手段为基本功能，包含办公管理、公文处理、组织机构查询、文件传输、资料下载、资料管理、文档管理、日程和办公、专业监控、娱乐休闲和系统管理等功能模块，涵盖了机关办公的方方面面，使用方便简洁，方便操作。

改变了传统的办公模式，进一步提高了工作效率和质量，必然对公路管理工作的发展起到积极的助推作用。交通地理信息系统（GIS-T）迅速发展的主要原因分析如下：

一是信息技术的发展，使得相关信息技术的性能价格比急剧提高，开发相关系统的经费门槛大幅度降低，系统开发费用从几百万降低到几十万人民币。

二是目前在软件开发领域，组件技术以前所未有的方式提高了软件的生产效率，近来兴起的面向对象技术进入到成熟的实质化阶段。为了适应组件式软件技术趋势，诸如地理信息系统软件类似其他软件一样，由以往生产厂家提供全部系统或者具备二次开发功能的软件，转变到提供组件由个人用户自己再开发，从而使开发相关系统的技术门槛大幅度降低。

三是我国公路大建设，以及因特网和电子商务引发的对物流的关注，形成了对以 GIS-T 为核心的 3S（卫星定位系统 GPS、地理信息系统 GIS 和遥感系统 RS）技术研究和应用的强大需求。

在公路建设中的应用，在公路建设中，可以充分利用交通地理信息技术为公路勘测和设计服务。在道路选线过程中，利用 GPS 和 RS 和其他测量手段，获得外业的勘测数据，然后通过测量数据产生数字地面模型，作为内业数据处理的基础，以选择公路走向。

在构建数字地面模型中，一般采用地形图数字化或扫描矢量化，随着数字地球概念和技术的广泛应用，现在则以卫星图像和航空照片为基础，通过地理信息系统软件可以快速精确地生成数字地面模型。在此基础上，输入有关的技术、环境及社会等数据，并且考虑各种限制条件，如曲率半径、最大纵坡、多层地质构造及边坡、已有线形物（公路，河流，铁路等）、特别区域（沼泽地，城镇，环境保护区等）等，优化道路的选择。

利用卫星图像技术或航空摄影测量技术，可以准确获得地形高程及图像，大大减少烦琐、艰巨的实地测量等前期工作。地理信息系统软件等技术在计算机上的运算和虚拟，可以节省资金及设计时间。

通过确定路线最佳方案，可以大幅度减少并平衡工程的土石方量。通过在路线优化过程中处理、保存大量的数据，并计算各条优化路线的分项建设费用，为项目提供财务分析及运营费用控制。

在公路养护中的应用。合理配备养护的人力和物力，有效安排养护资金，跟踪、评价养护项目的完成情况，实现公路养护项目计划管理、进度管理、成本管理、质量管理的计算机化。

二、规范化管理

1. 日常养护规范化

按照《公路养护技术规范》规定，科学、规范、有效地管理和使用公路日常养护资金，充分发挥日常养护资金的使用最大效益。

公路日常养护，应进一步健全检查巡查制度，统一规范各类养护管理账目、检查巡查和生产记录，规范养护档案管理。

公路小修保养，应按照公路养护技术规范、操作规程的有关规定组织实施，积极贯彻科学养护和预防性养护理念，积极采用现代化管理手段和先进养护技术，大力推广应用新技术、新材料、新工艺、新设备，不断提高公路养护技术水平。

2. 养护工程规范化

公路管理养护工程应建立项目储备和预审预批制度，年度计划优先安排已通过预审预批的项目。公路养护工程必须严格按照国家和省有关规定，择优选择技术力量规范且有一定养护工程设计经验的设计企业单位进行设计。设计单位应根据公路技术状况、桥隧定期检查报告和养护需求编制科学合理的设计方案，加强方案比选优化，并注意废旧资源循环使用。

公路养护工程应按照国家和省有关规定通过招投标方式择优选择施工单位，公路养护工程应按照"企业自检、社会监督、政府监管、合同管理"的要求，建立健全质量监管系统，并将监管日常化，全面提升养护工程质量。

3. 养护作业规范化

依据《公路养护作业规程》、交通运输部《关于加强公路养护作业组织管理的通知》以及省级部门相关的管理法规制度，规范公路养护作业行为。公路养护管理单位和公路养护作业单位应按照国家有关规定，成立相应安全管理部门并配备安全管理人员，其中从业人员须按规定进行安全培训和教育。

三、公路养护队伍建设规范化管理

按照精简、统、高效的原则，构建充满活力、富有效率、有利科学发展的公路养护管理队伍，更好地为"建设大路网、深化五型路"奠定坚实的组织体系和队伍保障。

统一明确各级公路管理机构的职责、名称和单位属性。按照精简高效的原则合理确定各级公路管理机构的定员标准。加强专业技术人员配备，科学确定专业工程师配备数量和比例。

加强路政、养护联合路巡机制，坚持路面保洁、路面杂物清除工作常态化，做到及时处置、清运杂物，保持了路容路貌的平整清洁，不让"小问题"升级成"大问题"，抓好养护施工"小细节"。

大力推广应用国省干线养护综合信息管理系统，提升公路养护管理的科技含量和精细化水平。通过该系统，各个公路管理站点可以分享公路基础数据、桥梁数据等，及时了解管养路段各类路面、路基、桥梁等病害，建立病害档案，进行比对分析，制定适时可行的病害处治方案。同时也实现了养护报表、绩效考核、工资发放等工作的网上传递、资源共享，极大地提高了工作效率。

通过积极运作，建立了公路养护工程的竞争机制，严格了公路养护工程费支出的定量标准，转变养护人员意识，变被动养护为主动养护，提高了工作效率和积极性。

第三节　公路养护施工

一、路基日常养护施工

（一）路基沉陷

1.路基沉陷的原因

路基层位不同，承受载荷情况及受外界气候变化影响就不同，因此路基沉陷的原因也是多方面的。一般认为路基沉陷由以下原因造成：

（1）地质地形自身的缺陷。公路沿线所在地域往往地质条件恶劣，承载力达不到要求，特别是在流沙、泥沼等劣质土壤地段。填料土壤中混入这些腐殖土、泥沼土、冻土等，容易导致填料的规格不一，填料间的空隙大，最终使得填料约束能力有限，地基压实程度达不到工程质量要求，在外界因素的刺激下，原公路路基土壤易下沉和移位，造成路基的沉陷。

（2）气候或天气的影响。公路所在地区的气候条件、降水量大小、洪涝干旱、季节温差等都会对路基造成不同程度的影响。极端的天气，不是造成了路面下毛细水上升，就是温差过大，造成土壤结构的破坏、强度降低，使得公路路堤产生不均匀下沉，导致路基沉陷。

（3）荷载车辆的影响。公路在建成通车后，车流量会随着交通的完善，比原设计中预计的流量有所增加；在我国，车辆超载现象也比较常见，无疑会给公路路基造成超负荷影响。渗透性材料一般选用公路路基填土材料，这种材料的空隙率很大，在大量的超载车辆和公路自身的重量作用下，填料的密实度会逐渐增大，而空隙率会逐渐减小，从而造成公路路基沉陷。

（4）公路设计中存在的缺陷。公路路基的设计质量是其日后稳固支撑的关键，设计不合理或设计缺陷都会直接导致日后路基的沉陷。在公路的勘察设计阶段，对地质资料的审查不周密，对外界环境迫害力估计不足，或对路基的防护措施不到位，最终将导致路基在环境因素的干扰下，出现不同程度的沉陷或其他路基灾害。在设计中，路基的排水设计也应该充分考虑到当地降水量的影响，一旦有过多的水分侵入路基，就会使得路基填料的含水量增加，降低路基的强度和稳定性。排水不畅通极易造成路基的下沉，形成路基沉陷。

2.路基沉陷的防治对策分析

路基沉陷的成因决定了其具有很多不确定性，因此对路基的危害防治应从公路工程的设计中就予以充分考虑，并在工程施工中严格按照设计要求来实现质量达标，还要在公路路基养护中制定科学合理的养护方案，使路基始终保持健康的状态，从而避免路基灾害的发生或降低路基灾害带来的损失。为防治路基沉陷常采用以下对策。

（1）勘察设计阶段重视路基的灾害预防。公路勘察设计中的不规范和不到位是路基沉陷的重要原因。在公路的勘察设计阶段，不能仅依靠设计者的经验和设计原则来确定路基的施工标准；还要结合路基所处地质环境和所承受的车辆载荷情况，来实际分析路基应当具备的抗压迫和承载能力，再进一步做出优化设计方案。部分业主往往在施工中只注重工程成本的控制，在公路设计阶段忽视或放弃了地质资料的整理，也没有给设计单位提供必要的路基所处地质环境资料，导致设计人员在设计过程中对路基沉陷没有做出必要的考虑，引起后期公路通行中发生路基灾害事故。因此，在工程设计过程中有必要对公路沿线的地质资料进行有效的审视，并在公路纵横断面设计时，有目的地选取典型的区段进行沉陷技术设计。

（2）路基加固技术措施。公路施工质量是保证路基良好的关键环节，施工队伍的管理水平、技术水平和作业水平都是工程质量的内在核心。其中技术管理和技术措施的采用十分关键。为了保证公路通车后的安全稳定性，对公路路基的沉陷危害必须采用科学、合理、有效的技术措施进行加固防治。

①换填法。填土换填法主要是针对路基沉陷不深且面积较小时采用。它将原受损路基中的填料挖除，更换成符合规范的填料重新整平压实。所用换填土宜选择塑性指数优良的粉质黏土或沙砾土；挖除病害的路基时面积应适当扩大，并呈台阶形状，填土时由下往上逐层填筑，碾压密实，压实度应较之原来的基础高出1% ~ 2%。这种方法简便易行，没有太多的技术要求，在实际中应用较为广泛。

②固化剂法。固化剂分为液态和固态两类。液态的固化剂主要是水玻璃；固态的固化剂有石膏、石灰、水泥等。作为一种特殊的建筑材料，固化剂可以在多种场合发挥作用。当路基沉陷发生时，假若路基填料受限，且要求数量较小时，可以在原填料中混合一些固化剂进行加固处理。液态的固化剂的使用，往往是通过将浆液打入填料使填料产生凝结达到固化效果，适用于深层土的固化凝结；固态固化剂的使用是与填料混合加压来形成固结硬化，主要适用于浅层填料的固化。固化剂的种类和用途不同，在公路工程施工中应根据不同的需求及填料图的性质来选择固化剂。

③成桩加固法。成桩加固法主要有粉喷桩法，生石灰桩及灰土、碎石和干拌水泥碎石桩挤密法等。对于处理 10 m 以内路基下沉的病害，采用粉喷桩加固技术是十分有效的。粉喷桩是通过固体固化剂的注入，在软基之间进行一定的物理和化学变化，形成具有一定强度和硬度的桩体；同时，在桩体周围的土质也随之发生变化，并与桩体仪器承担载荷，起到加固的作用。采用这种方法时，应仔细分析路基沉陷的状况，严格按照规范要求进行粉喷桩的施工设计和施工作业。粉喷桩的处理过程属于隐蔽工程，因此，应特别注意施工中的质量控制和检验。

④压力注浆法。压力注浆法通过注浆管使浆液在一定压力的作用下渗透、充填进路基的空隙或沙石间的空间，在经过一段时间的人工控制，使原本松散的路基变成强度高、结构成一体的新路基实体，实现路基强度的提高。这种方法适用于路基沉陷面积大、深度大的情况，注浆的扩散情况受到灌浆压力的影响，实际应用中可以根据填料的种类、受损形状及路基的密实度、强度等因素，具体确定注浆的形式和灌浆压力，必要时还应进行现场试验。

（二）路基翻浆

当排水不畅、路基土质不良、含水过多，经行车反复作用，路基会出现弹簧、鼓包、裂缝、冒浆、车辙等现象，称为翻浆。

翻浆现象是一个四季都在发生变化的过程，应根据各个季节不同的现象，采取适当的养护措施，加强预防性的防治工作，以防止或减轻翻浆病害。

1.路基翻浆的春季养护

春季是翻浆的暴露时期，在天气转暖的情况下，翻浆发展很快，养护工作的主要内容是抢防。

一旦发现路面有潮湿斑点，发生龟裂、鼓包、车辙等现象，表明路基已发软，翻浆已经开始露头。此时应对其长度、起讫时间、气温变化、表面特征等进行仔细的调查分析，找出原因，及时采取养护措施，防止翻浆加重。

（1）在路肩上开挖横沟，及时排除表面积水。横沟间距一般为 3 ～ 5 m，沟宽为 30 ～ 40 cm，沟深至路面基层以下，高于边沟沟底。

（2）及时修补路面坑槽和路肩坑洼，保持路面和路肩平整，以利于尽快排除表面积水。

（3）如条件许可，应控制重型车辆通过或令车辆绕道行驶。

（4）在交通量较小、重车通过不多的公路上，用木料、树枝等做成柴排，铺于翻浆路段，上面再铺碎石、沙土，临时维持翻浆期间的通车。

（5）沙桩防治。当路基出现翻浆迹象时，在行车带部位开挖渗水井，井深至冰冻层以下，当渗水基本停止后，淘干渗水，填入粗沙或碎（砾）石，形成沙桩。

2. 路基翻浆的夏季养护

夏季是翻浆的恢复期，这时养护的主要内容是修复翻浆破坏的路基、路面，采取根治翻浆的措施。

当路基翻浆停止渐趋稳定时，对维持通车的临时设施，应立即拆除或填平，恢复原状。

治理翻浆，首先是分析翻浆原因，根据不同情况采取下列治理措施。

（1）因路基偏低，排水不良而引起的翻浆，若地形条件许可，可采用挖深边沟，降低水位的方法进行治理，或用透水性良好的土提高路基，保持路基上部土壤干燥。

（2）路基土透水性不良，提高路基有困难时，宜将路基上层挖除，换填 40 ～ 60 cm 厚的沙性土和碎（砾）石，压实后重铺路面。

（3）设置透水性隔离层。其位置应在地下水位以上，用粗集料铺筑，厚度为 10 ～ 20 cm，分向路基两侧做成 3% 的横坡。为避免泥土堵塞，隔离层的上下两面各铺筑 1 ～ 2 cm 厚的苔藓、泥炭、草皮或土工布等其他透水性材料作为防淤层。连接路基边坡的部位，应铺大块片石防止碎落。隔离层上部与路基边缘的高差不小于 50 cm，底部高出边沟底 20 ～ 30 cm。

（4）设置不透水隔离层。在路面不透水的路基中，设置不透水隔离层。隔离层横跨全路基，称为贯通式；隔离层铺至延出路面边缘外 50 ～ 80 cm，称为不贯通式。不透水隔离层所用材料和厚度为：沥青含量为 8% ～ 10% 的沥青土或 6% ～ 8% 的沥青沙，厚度为 2.5 ～ 3.0 cm；沥青直接喷洒，厚度为 2 ～ 5 mm；

用油毛毡（一般为 2 ～ 3 层）或不易老化的特制塑料薄膜摊铺。

（5）为防止水的冻结和土的膨胀，可在路基中设置隔温层，以减小冰冻层深度。厚度一般不小于 15 cm。隔温材料可用泥炭、炉渣、碎砖等，直接铺在路面下。其宽度每边宽出路面边缘 30 ～ 50 cm。

（6）设置盲沟以降低地下水位，截断地下水潜流，使路基保持干燥。

①在路肩上设置横向盲沟。其位置应与路中心线垂直。当路基纵坡大于 1%时，则与路中心线构成 60° ～ 75° 的斜度，两侧相互交错排列，间距为 5 ～ 10 m，沟底宜做成 4% ～ 5% 的坡度。

②当地下水潜流顺路基方向从路基外侧向路基流动，可在路基内设横向截水盲沟或在路基外设纵向渗沟，不使其侵入路基。盲沟的设置应与地下水含水层的流向成正交，并深入该层底部，以截断整个含水层。

③如地下水位较高，可在路基边沟底下设置纵向盲沟。其深度一般为 1 ～ 2 m，但应根据当地毛细作用高度和需要降低的水位要求而定。

④盲沟应选择渗水良好的碎（砾）石填充。对较深的截水盲沟，则应按填充料颗粒的大小分层填入（下大、上小）；也可埋设带孔的泄水管。沟面用草皮反铺掩盖，覆以密实的结合料，以防止地面水渗入。

（7）改善路面结构层。铺设沙（砾）垫层以隔断毛细水上升，增进融冰期蓄水、排水作用，减小冻结或融化时水的体积变化，减轻冻胀和融沉作用。铺设水泥稳定类、石灰稳定类、石灰工业废渣类等路面基层结构层，以增强路面的板体性、水稳性和冻稳性，提高路面的力学强度。

3. 路基翻浆的秋季养护

秋季养护的主要内容是排水，防止水分进入路基，保持路基处于干燥状态，减少冬季冻结过程中由于温差作用向路面下土层聚流的水分。所以秋季养护要做好下列工作。

（1）随时整修路面、路肩、边坡面，要维护好路拱和平整度，如有裂纹、松散、车辙、坑槽、搓板、纵向冲沟等病害，应及时处理，避免积水。

（2）路肩要保持规定的排水横坡，尤其应在雨后夯压密实，保持路肩坚实平整。边坡要保持规定坡度，拍压密实，防止冲刷和坍塌阻塞边沟，造成积水。

（3）修整地面排水设施，保证地面排水通畅。

（4）检查地下排水设施，保证地下水能及时排出。

4.路基翻浆的冬季养护

冬季养护的主要内容是采取措施减轻路基水分在温差作用下向路基上层聚积的程度，同时防止水分渗入路基。冬季养护的主要工作内容如下。

（1）及时清除翻浆路段的积雪。防止路基下层水分大量聚积到路基上层，致使翻浆加重。

（2）经常上路检查，发现路面出现裂缝、坑槽等要及时修补，及时排除融化雪水。

（3）对往年有翻浆而尚未根治的路段以及发现翻浆苗头的路段，应在翻浆前做好准备工作，包括准备好抢防的用料。

（三）路基滑坡和塌方

滑坡、塌方成因复杂，因此，在防治和处理滑坡、塌方时，要针对各种不同的情况采取不同的防治措施。公路上的滑坡多发生于路基上的边坡，这是因为修筑公路破坏了地貌自然的平衡。因此，防治滑坡的措施应以排水疏导为主，再配合抗滑支撑措施或上部减重来维持边坡平衡。为防止地表水和潜流水流入坍体，可采取表 7-1 中的措施。

表 7-1　滑坡排水措施参考表

名称	适用条件	布置及设计施工原则
环形截水沟	滑体外	截水沟应设在滑坡可能发展的边界 5 m 以外，根据需要可设数条，分段拦截地表水，向一侧或两侧的自然沟系排出。在坡度陡于 1：1 的山坡上，常采用陡坡排水槽来拦截山坡上方的坡面径流。沟槽断面以满足宣泄坡面径流为准，如土质渗水性强，应采用黏性土、石灰三合土或浆砌片石铺砌防渗层
树枝状排水系统	滑体内	结合地形条件，充分利用自然沟系作为排水渠道，汇集并旁引坡面径流于滑坡体外排出，排水布置应尽量避免横切滑体，主沟宜与滑移方向一致。支沟与主沟斜交 30°～45°。如土质松软，可就土夯成沟形，上铺黏性土或石灰三合土加固。通过裂缝处，可采用搭叠式木质水槽或陶管，混凝土槽、钢筋混凝土槽，以防山坡变形拉断水沟，使坡面水集中下渗
明沟与渗沟相配合的引水工程	滑体内的含水或湿地	目的在于排除山坡上层滞水和疏于边坡土体含水，埋入地下部分类似集水渗沟，露出地面部分是排水明沟
平整夯实自然山坡坡面	滑体内	如山坡土质疏松，坡面水易于阻滞下渗，应对坡面整平夯实，填塞裂缝，防止坡面径流汇集下渗

名称	适用条件	布置及设计施工原则
绿化工程（植树、铺种草皮）	山坡滑体内	绿化工程是配合表面排水的一项有效措施，特别对渗水严重的黏性土滑坡和浅层滑坡，效果显著。在滑坡面种植灌木及阔叶果树，可疏干滑体水分，根系起加固坡面土层的作用。铺种草皮可滞缓坡面径流流速，防止冲刷，减少下渗，避免坡面泥土淤塞沟槽

少量的塌方，要及时清除；大的坍塌，要先疏通单车道维持通车，同时做好排水和安全行车。

对边坡裂缝，应用胶泥或沙浆填塞捣实，防止雨水渗入基体。

滑坍边坡上坍落的悬岩、危石，要严格注视其变化，对可能发生的崩塌，宜采取预先爆破或刷坡的方法处理，以免危及行车和行人安全。

设置支挡工程，维持土体平衡，支挡工程有以下几类。

（1）抗滑垛，一般用于滑体不大，自然坡度平缓，滑动面位于路基附近或坡脚下部较浅处的滑坡。它是依靠片石垛的自重以增加抗滑力的一种简易抗滑措施。

（2）抗滑挡土墙，在滑坡下部修建抗滑挡土墙，是整治滑坡常用的有效措施之一。抗滑挡土墙一般多采用重力式结构，其尺寸应根据坍滑情况经过计算确定。

（3）抗滑桩是一种用桩的支撑作用稳定滑坡的有效抗滑措施。一般适用于非塑性体层和中厚度滑坡前缘，以及使用重力式支撑建筑物圬工量过大，施工困难的场合。

（四）排水设施病害

路基地面排水结构物，一般包括边沟、截水沟、跌水、急流槽、倒虹吸管、渡槽等，统称沟渠。不同的结构形式，养护方法也不同。

1. 边沟的养护

（1）路肩有高草影响路面排水时，应根据草的生长情况经常修剪，使其不高于 15 cm，以不阻水为宜。

（2）当边沟纵坡大于 3% ~ 4% 时，沟底应用片石铺砌加固，冰冻较轻地区也可用三合土或四合土加固。

（3）边沟进出口应经常检查，发现有堵塞物应及时清除，使水流畅通。

2. 截水沟（天沟）的养护

（1）在春融前，特别是汛前，应全面进行检查、疏浚。

（2）雨中及时排除堵塞物，疏导水流、保持水流畅通，防止水流集中冲坏路基。

（3）暴雨后应重点检查，如有冲刷损坏，必须及时修理加固。

3. 排水沟、跌水及急流槽的养护

排水沟、跌水及急流槽的养护办法与边沟、截水沟相同。

4. 暗沟的养护

（1）应经常进行检查，如发现堵塞、淤积，应进行及时冲洗。

（2）雨季应保证流水畅通。

5. 渗沟的养护

（1）如发现沟口长草、堵塞，应及时清理和冲洗。

（2）如碎（砾）石层淤塞不通时，应翻修，并剔除颗粒较小的沙石。

（3）如位置不当，应根据情况另行修建。

6. 排水沟的加固

边沟、截水沟、排水沟等，应结合地形、地质、纵坡、流速等实际情况，综合考虑加固。对松软土（细沙质土或粉沙土），当流量较大或纵坡度为 1% ~ 2% 时；或黏性较大的土（粉沙质黏土或沙质黏土）纵坡度为 3% ~ 4% 时，沟底可用片石铺砌加固，沟壁用草皮加固。疏松土，纵坡度大于 3% 时，或黏性较大的土，纵坡度大于 4% 时，沟底及沟壁，均应用片石或水泥混凝土预制块铺砌加固或设置跌水。冰冻较轻地区也可用三合土或四合土捶面方法加固。

（五）防护与加固工程损坏

一般来说，把用作防止路基被冲刷和风化，主要起隔离作用的设施称为防护工程。防护与加固工程损坏主要是指挡土墙、驳岸等防护工程，在受到水流不断的冲刷下，基础失稳产生滑移破坏。防护与加固工程的养护应根据其损坏的原因采用不同的处理措施。

1. 防护与加固工程损坏的原因

（1）防护与加固工程所处地基软弱或基础设置不深。

（2）加固工程位置选择不合理，挤压河道，引起局部冲刷。

（3）对山区小型排水构造物的测设，缺乏系统设计。山区排水构造物不但要排水，还要考虑输沙因素，因此容易造成堵塞，水漫路面，冲毁路基。

2. 防护与加固工程损坏的防治

（1）防护与加固工程处在软弱的地基时，要采用换土或采用沙砾、碎石、灰土等进行填筑。

（2）防护与加固工程基础埋深，对于无冲刷地基，应在天然地基以下至少1 m；有冲刷时，应在冲刷线以下至少1 m。

（3）挡土墙应设置排水设施，以排除墙后填料中的水分，防止墙后积水致使墙身受到额外的静水压力，减少冬季冰冻地区填料的冻胀压力，消除黏土填料浸水的膨胀压力。

（4）路堑挡土墙后的地面应做好排水处理，设置排水沟，必要时夯实地表土以减少雨水和地面水下渗。而墙趾前的边沟，则应予以铺砌加固以防边沟水进入基础。

（5）浆砌片（块）石墙身，泄水孔尺寸可为5 cm×10 cm、10 cm×10 cm、15 cm×20 cm或直径为5～10 cm的圆孔，视泄水量大小而定，泄水孔的间距一般为2～3 m，上下泄水孔宜错开布置，最下层泄水孔的出口应高于地面。若为路堑墙，出水口应高于边沟水位0.3 m；若为浸水挡土墙，设在常水位以上0.3 m。

（6）沿河路堤设置挡土墙时，应结合河流情况布置，注意墙后仍需要保持水流顺畅，不要挤压河道，引起局部冲刷。

二、沥青路面的预防性养护施工

沥青路面罩面按其使用功能可分为普通型罩面（简称罩面）、防水型罩面（简称封层）和抗滑层罩面（简称抗滑层）三种。

（一）罩面

1. 适用范围

罩面主要用于消除破损、完全或部分恢复原有路基平整度、改善路基性能等修复工作。

2. 材料要求

（1）结合料宜使用性能较好的黏稠型道路石油沥青、乳化石油沥青、改性乳化沥青或改性沥青。

（2）宜选择耐磨、强度高的石料。

（3）高速公路、一级公路宜采用中粒式、细粒式密级配沥青混凝土或沥青玛蹄脂结构；二级及二级以下公路可采用热拌沥青碎石混合料结构；三级及三级以下公路可采用沥青表面处治层结构。

3. *厚度要求*

罩面厚度应根据所在路段的交通量、公路等级、路基状况、使用功能等综合考虑确定。

（1）当路基状况指数、行驶质量指数为中、良等级，路面仅有轻度网裂时，可采用较薄的罩面层厚 1 ~ 3 cm。

（2）当路基破损、平整度、抗滑三项指标都在中等级以下，又要求恢复到优、良等级时，应采用较厚的罩面层 3 ~ 5 cm。

（3）高速公路、一级公路罩面宜采用 4 ~ 5 cm 的厚度；其他公路可采用较薄的罩面层 1 ~ 4 cm。

（4）各级公路的罩面层厚度不得小于最小施工层厚度。

（二）封层

1. 适用范围

封层主要用于提高原有路面的防水性能、平整度和抗滑性能的修复工作。

2. 材料要求

（1）封层的结合料宜采用乳化石油沥青、改性乳化石油沥青。

（2）矿料宜选用耐磨、强度高的石料。

（3）各种材料技术指标应符合有关规范规定。

（4）高速公路、一级公路可采用沥青稀浆封层养护，但宜采用粗粒式改性乳化沥青混合料，其他等级公路可采用乳化沥青混合料。

3. *厚度要求*

（1）交通量较大，重型车较多的路段宜采用厚约 1.0 cm 的封层。

（2）在中等交通量路段宜采用厚约 0.7 cm 的封层。

（3）在交通量小，重型车少的路段宜采用厚约 0.3 cm 的封层。

（三）抗滑层

1. 适用范围

抗滑层适用于提高路基抗滑能力的修复工作。

2. 材料要求

（1）选用适合铺筑抗滑表层的材料和沥青混合料。

（2）高速公路、一级公路宜选用重交通道路石油沥青、改性石油沥青、改性乳化石油沥青作为结合料。

（3）选用抗滑耐磨的石料，磨光值应大于 42。

（4）所用材料技术指标应符合有关规范要求。

3. 厚度要求

（1）用于高速公路、一级公路时厚度不宜小于 4 cm。

（2）二级公路宜采用中粒、细粒式沥青混凝土结构，也可采用热拌沥青碎石或沥青表面处治结构，厚度不得小于最小施工层厚度。

（3）三、四级公路可采用乳化沥青封层结构，厚度可为 0.5 ～ 1.0 cm。

4. 施工要求

按规范规定，施工时应符合下列要求：

（1）对确定罩面的路段，在罩面前必须完成各种病害的处治修复工作，并清除路面上的泥土杂物。

（2）根据施工气温、旧沥青路面状况等因素采取相应施工工艺措施，罩面前必须喷洒粘层沥青，确保新老沥青层的结合。有条件时，洒粘层沥青前最好用机械打毛处理。

（3）当气温低于 10 ℃或路面潮湿时，不得浇洒粘层沥青，并不得摊铺沥青罩面层。

（4）采用乳化沥青稀浆封层时，必须有固定的专业人员、固定的专业乳液生产和施工（撒布、摊铺）设备、专职的检测试验人员，并按有关规定进行检测和质量控制。稀浆封层撒布机在使用前，应根据稀浆混合料配合比设计，对集料、乳液、填料、加水量进行认真调试，调试稳定后，方可正式摊铺。

三、沥青路面常见病害及维修技术

1.一般要求

（1）分析各种路面病害产生的原因，并根据路面的结构类型、设计使用年限、维修季节、气温等实际情况，采取相应维修措施。

（2）为防止病害发展和破损面积的扩大，应及时处治病害。

（3）高速公路和一级公路路面病害的维修应采用机械作业，所使用的沥青混合料应集中厂拌，并采取保温措施。其他等级的公路也应逐步提高维修作业的机械化水平。

（4）对病害的维修，事先应有周密的计划，做好材料准备，保证工序之间的衔接，对坑槽、沉陷、车辙等需将原路面面层挖除后进行机械修补作业的病害，宜当日开挖当日修补，并设置警示标志以保证行车安全。

（5）修补面积应大于病害的实际面积，修补范围的轮廓线应与路面中心线平行或垂直，并在病害面积范围以外 10～15 cm。应采取措施使修补部分与原路面连接紧密。

（6）在病害的处治中，凡需重新做面层的，其技术要求应符合现行《公路沥青路面施工技术规范》的规定；凡需重做基层的，其技术要求应符合现行《公路路面基层施工技术规范》的规定。

2.裂缝的维修

（1）在高温季节全部或大部分可愈合的轻微裂缝，可不加处理。在高温季节不能愈合的轻微裂缝，可采用以下两种方法进行处治。

①将有裂缝的路段清扫干净并均匀喷洒少量沥青（在低温、潮湿季节宜喷洒乳化沥青），再匀撒一层 2～5 mm 的干燥洁净石屑或粗沙，最后用轻型压路机将矿料碾压。

②沿裂缝涂刷少量稠度较低的沥青。

（2）对于路面的纵向或横向裂缝，应按裂缝的宽度按以下步骤分别予以处治。

①缝宽在 5 mm 以内。清除缝中杂物及尘土；将稠度较低的热沥青（缝内潮湿时应采用乳化沥青）灌入缝内，灌入深度约为缝深的 2/3；填入干净石屑或粗沙，并捣实；将溢出缝外的沥青及石屑、粗沙清除。

②缝宽在 5 mm 以上。除去已松动的裂缝边缘；用热拌沥青混合料填入缝中，并捣实。缝内潮湿时，应采用乳化沥青混合料。

（3）因沥青性能不好、路面设计使用年限较长或油层老化等原因出现的大面积裂缝（包括网裂），且基层强度尚好时，通过技术经济比较，可选用下列维修方法。

①乳化沥青稀浆封层，封层厚度宜为 3 ~ 6 mm。

②加铺沥青混合料上封层，或先铺设土工合成材料后，再在其上加铺沥青混合料上封层。

③改性沥青薄层罩面。

④单层沥青表处。

（4）由于土基、基层强度不足或路基翻浆等引起的严重龟裂，应先处治好基层后再重做面层。

3. 拥包的维修

（1）属于因施工操作不慎将沥青漏洒在路面上形成的拥包，将拥包除去即可。

（2）已趋于稳定的轻微拥包，应将拥包用机械刨削或人工挖除。如果除去拥包后，路表不够平整，应予以处治。

（3）因面层沥青用量过多或细料集中而产生较严重拥包，或路面连续多次出现拥包且面积较大，但路面基层仍属稳定，则应用机械或人工将拥包全部除去，并低于路表面约 10 mm。扫尽碎屑杂物及粉尘后用热沥青混合料重做面层。

（4）因基层局部含水量过大，使面层与基层间结合不良而被推移变形造成的拥包，应将拥包连同面层挖除，将水分晾晒干，或用水稳定性较好的材料更换已变形的基层再重做面层。

（5）由于基层局部强度不足或水稳性不好，使基层松软而导致的拥包，应将面层和基层完全挖除。如土基中含有淤泥，还应将淤泥彻底挖除，换填新料并夯实。在地下水位较高的潮湿路段，应采取措施引出地下水，并在基层下面加铺一层水稳性好的材料，最后重做面层。

4. 沉陷的维修

（1）因路基不均匀沉降而引起的局部路面沉陷，若土基和基层已经密实稳定，不再继续下沉，可只修补面层，并根据路面的破损状况分别采取下列处治措施。

①路面略有下沉，无破损或仅有少量轻微裂缝，可在沉陷处喷洒或涂刷黏层沥青，再用沥青混合料将沉陷部分填补，并压实平整。

②因路基沉陷导致路面破损严重，矿料已松动、脱落形成坑槽的，应按照坑槽的维修方法予以处治。

（2）因土基或基层结构遭到破坏而引起路面沉陷，应参照上述有关要求处治好基层后再重做面层。

（3）桥涵台背因填土不实出现不均匀沉降的，可视情况选择以下处理方法。

①挖除沥青面层，在沉陷部分加铺基层后重做面层。

②对台背填土密实度不够的，应重新处理压实，台背死角处的压实宜采用夯实机械。

③对含水量和孔隙比均较大的软基或含有有机物质的黏性土层，宜采取换土措施处理。换土深度应视软层厚度而定。换填材料应选择强度高、透水性好的材料，如碎石土、卵砾土、中粗沙及强度较高的工业废渣，且要求级配合理。

5. 车辙的维修

（1）车道表面因车辆行驶推移而产生的车辙，应将出现车辙的面层切削或铣刨清除，然后重铺沥青面层。在高速公路及一级公路上，可采用 SMA 或 SBS 改性沥青混合料，或聚乙烯改性沥青混合料来修补车辙。

（2）路面受横向推挤形成的横向波形车辙，如果已经稳定，可将凸出的部分削除，在波谷部分喷洒或涂刷黏结沥青并填补沥青混合料，找平、压实。

（3）因面层与基层间有不稳定的夹层而形成的车辙，应将面层挖除，清除夹层后，重做面层。

（4）由于基层强度不足、水稳定性能不好，使基层局部下沉而造成的车辙，应先处治基层。其方法可参照上述有关做法。

6. 波浪与搓板的维修

（1）属于面层原因形成的波浪或搓板可按下述方法进行维修。

①路面仅有轻微波浪或搓板，可在波谷部分喷洒沥青，并匀撒适当粒径的矿料，找平后压实。

②波浪（搓板）的波峰与波谷高差起伏较大时，应顺行车方向将凸出部分铣刨削平，并低于路表面约 10 mm。削除部分喷洒热沥青，再匀撒一层粒径不大于 10 mm 的矿料，扫匀，找平并压实。

③严重的大面积波浪或搓板，应将面层全部挖除，然后重铺面层。

（2）若面层与基层之间存在不稳定的夹层，面层在行车荷载的作用下推移变形而形成波浪（搓板），应挖除面层，清除不稳定的夹层后，喷洒黏结沥青，重铺面层。

（3）因基层局部强度不足，或稳定性差等原因造成的波浪（搓板），应先对基层进行处治，再重做面层。其处置方法可参照上述有关做法。

7. 冻胀和翻浆的维修

（1）因路基冻胀使路面局部或大面积隆起影响行车时，应将胀起的沥青路面刨平，待春融后按翻浆处理的方法予以处治。

（2）因冬季基层中的水结冰引起冻胀以及春融季节化冻而引起的翻浆，应根据情况采用以下方法之一予以处治：换填沙粒；局部发生翻浆的路段，可采用打石灰梅花桩或水泥沙砾桩的办法予以改善；加深边沟，并在翻浆路段两侧路肩上交错开挖宽为 30 ~ 40 cm 的横沟，其间距为 3 ~ 5 m，沟底纵坡不小于 3%，沟深应根据解冻情况逐渐加深，直至路面基层以下。横沟的外口应高于边沟的沟底。如路面翻浆严重，除挖横沟外，还应顺路面边缘设置纵向小盲沟。交通量较小的路段也可挖成明沟。但翻浆停止后，应将明沟填平恢复原状。

（3）因基层水稳定性不良或含水量过大造成的翻浆，应挖去面层及基层松软部分，将基层材料晾晒干，并适当增加新的硬粒料（有条件时应换填透水性良好的沙砾或工业废渣等），然后分层（每层不超过 15 cm）填补并压实，最后恢复面层。

（4）低温季节施工的石灰稳定类基层，雨水在板体强度未形成时渗入，其上层发生翻浆的，应将翻浆部分挖除，重做石灰稳定基层或换用其他材料予以填补，然后重做面层。

8. 坑槽的维修

（1）路面基层完好，仅面层有坑槽时的维修方法如下。

①按照"圆洞方补、斜洞正补"的原则，画出所需修补坑槽的轮廓线。

②沿所画轮廓线开凿至坑底稳定部分，其深度不得小于原坑槽的最大深度。

③清除槽底、槽壁的松动部分及粉尘、杂物，并涂刷黏层沥青。

④填入沥青混合料（在潮湿或低温季节，宜采用乳化沥青拌制的混合料）并整平。

⑤用小型压实机具或铁制手夯将填补好的部分压夯实。新填补的部分应略高于原路面。如果坑槽较深（7 cm 以上），应将沥青混合料分两次或三次摊铺和压实。

⑥热补法修补。采用热修补养护车，将加热板加热坑槽处路面，翻松被加热

软化铺装层，喷洒乳化沥青并加入新的沥青混合料，然后搅拌摊铺，压路机压实成型。

（2）对交通量较小的路段，在低温寒冷或阴雨连绵的季节，无法采用常规方法，也无条件采用合适的材料修补坑槽时，为防止坑槽面积的扩大，可采取临时性的措施对坑槽予以处治，待天气好转后再按规范要求重新修补。

（3）若因基层局部强度不足等使基层破坏而形成坑槽，应先处治基层，再修复面层。

①先将路面上已松动的矿料收集起来。

②待气温升至 15 ℃以上时，按 0.8 ~ 1.0 kg/（m·h）的用量喷洒沥青，再均匀撒上厚 3 ~ 6 mm 的石屑或粗沙（每 1 000 m² 撒 5 ~ 8 m³）。

③用轻型压路机压实。

（4）做稀浆封层处治。处理松散路面后，再做稀浆封层。

（5）对因油温过高、沥青老化失去黏结性而造成的松散，应将松散部分全部挖除后，重做面层。

（6）因沥青与酸性石料间的黏附性不良而造成的路面松散，应将松散部分全部挖除后，重做面层。重做面层的矿料不应再使用酸性石料。在缺乏碱性石料的地区，应在沥青中掺入抗剥离剂、增黏剂或使用干燥的生石灰、消石灰、水泥等表面活性物质作为填料的一部分或采用石灰浆处理粗骨料等抗剥离措施，以提高沥青与矿料的黏附力，并增加混合料的水稳性。

（7）由于基层或土基软化变形而造成的路面松散，应先处理好基层后，再重做面层。

10. 泛油的维修

（1）只有轻微泛油的路段，可撒 3 ~ 5 mm 粒径的石屑或粗沙，并用压路机或控制行车速度碾压。

（2）泛油较重的路段，可先撒 5 ~ 10 mm 粒径的碎石，用压路机碾压。待稳定后，再撒 3 ~ 5 mm 粒径的石屑或粗沙，并用压路机或控制行车速度碾压。

（3）面层含油量高且已形成软层的严重泛油路段，可视情况采用下述方法之一进行处治。

①先撒一层 10 ~ 15 mm 粒径（或更大的）碎石，用压路机将其强行压入路面，待基本稳定后，再分次撒上 5 ~ 10 mm 粒径的碎石，并碾压成型。

②将含油量过高的软层铣刨清除后，重做面层。

（4）处治泛油应注意以下事项。

①处治时间应选择在泛油路段已出现全面泛油的高温季节。

②撒料应顺行车方向撒，先粗后细，做到少撒、薄撒、匀撒、无堆积、无空白。

③禁止使用含有粉粒的细料。

④采用压路机或引导行车碾压，使所撒石料均匀压入路面。

⑤如采用行车碾压，应及时将飞散的粒料扫回，待泛油稳定后，将多余、浮动的石料清扫并回收。

11. 脱皮的维修

（1）由于沥青面层与上封层之间黏结不好，或初期养护不良引起的脱皮，应清除已脱落和已松动的部分，再重新做上封层，所做封层的沥青用量及矿料粒径规格应视封层的厚度而定。

（2）如沥青面层层间产生脱皮，应将脱落及松动部分清除，在下层沥青面上涂刷黏结沥青，并重做沥青层。

（3）面层与基层之间因黏结不良而产生的脱皮，应先清除脱落、松动的面层，分析黏结不良的原因。若面层与基层间所含水分较多，应晾晒或烘干若面层与基层之间夹有泥层，则应将泥层清除干净，喷洒透层沥青后，重做面层。

12. 啃边的维修

（1）因路面边缘沥青面层破损而形成啃边，应将破损的沥青面层挖除，在接茬处涂刷适量的黏结沥青，用沥青混合料进行填补，再整平压实。修补啃边后的路面边缘应与原路面边缘齐顺。

（2）因基层松软、沉陷而形成的啃边，应先对路面边缘基层局部加强后再恢复面层。

（3）应加强路肩的养护工作，保持路肩稳定；随时注意填补路肩上的车辙、坑洼或沟槽；经常保持路肩与路面衔接平顺，并保持路肩应有的横坡，以利排水。

（4）为防止路面出现啃边，宜采取以下措施。

①用沙石、碎砖（瓦）、工业废渣等改善、加固路肩或设硬路肩，使路肩平整、坚实。

②可在路面边缘增设路缘石，或将路面基层加宽到其面层宽度外 20 ~ 25 cm 处。

③在平交道口或曲线半径较小的路面内侧，可适当加宽路面。

13. 磨光的维修

（1）高速公路、一级公路抗滑能力降低、已磨光的沥青面层，可用路面铣刨机直接恢复其表面的粗糙度。

（2）路面石料棱角被磨掉、路面光滑、抗滑性能低于要求值时，应加铺抗滑层。

（3）对表面过于光滑、抗滑性能特别差的路段，应做罩面处理。

①可以采用拌和法或层铺法施工的单层表面处治，也可采用乳化沥青稀浆封层。

②罩面前，应先处治好原路面上的各种病害，若原路面有沥青含量过多的薄层，应将其刮除掉后洒黏层油。罩面及封层的技术要求应符合现行《公路沥青路面施工技术规范》的规定。

14. 桥面沥青铺装的养护与维修

（1）经常保持桥面的清洁，及时清除各种污物、积水、积雪和冰块，疏通桥面泄水孔。冬季必要时，应撒铺防冻、防滑材料。

（2）桥面沥青铺装出现的各种病害，经检查确系不是由桥梁结构破坏而引起的沥青面层损坏，应按上述有关病害的处置方法进行。

（3）当沥青铺装中的防水层被破坏时，宜采用与原防水层相同的材料与结构予以修复。

四、沥青路面补强与加宽技术

1. 沥青路面补强设计

（1）在现有的公路等级不变的情况下，沥青路面因损坏严重、强度系数（SSI）不符合要求时，应补强路面；同时，补强也适用于因公路等级提高而进行的改建工程。补强应符合下列一般要求。

①对原有沥青路面必须做全面的技术调查和方案比较。

②补强设计应综合考虑由补强厚度导致的纵坡与横坡的调整以及与路面结构物的连接等方面的相互协调，使纵坡线形符合《公路工程技术标准》的规定，应改建线形，使其符合《公路工程技术标准》后，再进行补强设计。

③补强设计应考虑补强结构层与原路面结构的连接问题。

（2）沥青路面补强层材料的类型及结构形式的选择。

①沥青路面补强层材料类型按《公路沥青路面设计规范》的规定进行选取。

②路面补强结构形式的选择规范如下。

Ⅰ.对高速公路、一级公路和二级公路的补强，宜采用半刚性基层加沥青混合料面层的结构形式。

Ⅱ.对三级公路的补强，在不提高公路等级的情况下，可采用单层或多层补强结构；在提高公路等级的情况下，宜采用半刚性基层加沥青混合料面层的补强结构形式。

Ⅲ.对四级公路的补强，可采用单层或多层的补强形式。

（3）原有公路的技术调查

①调查原有公路路况，如路面的破损及病害的情况和程度，路面排水（积水）状况、积雪（沙）等状况，路肩采取的加固措施等。

②调查原有路面设计、施工、养护的技术资料及从使用开始至改建的年限、使用效果等。

③调查年平均双向日交通量、交通组成和交通量增长率等。

④调查路基和路面的宽度，路线纵坡、路面横坡、平曲线半径等；每500 m一断面，测定其原有路面结构层的厚度、各层材料的回弹模量及路基干湿类型，如路面宽度大于等于7 m，则每个断面选两个点，不足7 m选一个点；对沥青面层、基层和底基层材料，应按层取样试验、判断其结构层或材料是否还可以利用。

⑤原有公路的分段及弯沉调查按《公路沥青路面设计规范》的有关规定进行。

（4）对原有公路的处理。

①原有公路路拱不符合《公路工程技术标准》时，应结合补强设计，对路拱进行调整，使其符合规定。

②对原路面的病害，应视其层位、严重程度和范围，按有关规定进行处理。若面层有病害，可直接处理后进行补强；若基层有病害，应先开挖面层，对基层进行处理后，再进行补强。

（5）与桥涵的衔接。路面补强路段内若有桥涵等构造物，在补强前应对其铺装层进行检查。若原有铺装层出现破损，应及时修复。若原有铺装层完好，可在桥涵构造物的承载能力范围内，适当加铺新的铺装层。

为保证路面与桥涵顶面的纵坡顺适，应综合考虑和重新设计路线纵坡。路面的补强可从桥涵两侧的搭板外开始设计和施工，衔接点即为搭板两侧的端点，以衔接点的标高作为控制标高。对无搭板的情况，衔接点设在桥涵台背两端外10 m处。设计时要注意路面与桥涵构造物的衔接，应保证路线纵坡顺适。对衔接点处路面补强结构的施工，可视设计标高的情况向下开挖原有路面结构层，以重新铺筑补强结构层。

（6）补强设计中，补强层材料设计参数的选择按新建路面材料设计参数的选择方法进行，原有路面的整体强度以当量回弹模量表示。补强设计步骤、路面的分段和各路段的弯沉值的计算、原有路面当量回弹模量及补强厚度的计算应参照《公路沥青路面设计规范》的有关规定进行。

2. 沥青路面补强施工

（1）沥青路面补强层原材料应符合规范中的要求，混合料的组成设计应符合《公路沥青路面设计规范》和《公路路面基层施工技术规范》规定的要求。

（2）除应满足《公路沥青路面设计规范》和《公路路面基层施工技术规范》的有关规定外，沥青路面补强还应做好下列工作。

①原有路面技术状况不良时，应按下列要求处理。

Ⅰ. 平整度或路面横坡不符合规定要求时，应加铺整平层，或在加铺补强层的同时找平或调整路面横坡。对三、四级公路，必要时可将原路面翻松 6～8 cm，重新整形后调整。

Ⅱ. 对原有路面出现的各种病害，应根据产生的原因采取有效的处理措施后，再铺筑路面基层。

Ⅲ. 排水不良路段，应采取加深边沟、设置盲沟和渗井或设隔水层等措施进行处理。

②应采取浇洒透层油或黏层油等措施使新旧结构层连接良好，并保证结构层满足最小厚度的要求。

③为使路面边缘坚实稳定，基层应比面层宽出 20～25 cm 或埋设路缘石。路肩过窄路段，应先加宽路基至标准宽度，或采用护肩石的方法，再加宽基层。

④用沙石作为沥青路面的基层时，在干燥地带可适量掺入粗骨料（应按旧路面的细料含量而定）；在中湿、潮湿地带宜将基层翻松，再掺入适量的石灰碾压密实，并做好排水设施。

⑤挖除面层或基层时，应尽量做到再生利用，旧料应按再生利用的要求分类收集和存储。

（3）补强施工按现行《公路路面基层施工技术规范》和《公路沥青路面施工技术规范》的有关规定进行。

（4）沥青路面补强施工应切实做好施工的质量管理和控制。质量管理和控制应参照《公路路面基层施工技术规范》《公路沥青路面施工技术规范》和《公路工程质量验收评定标准》的技术规定执行。

3. 沥青路面加宽设计

（1）沥青路面加宽的基本要求。

①沥青路面加宽方案应根据原有公路等级、线形及交通量等确定。如原有公路线形不需改善，且路基较宽，加宽后路肩宽度符合《公路工程技术标准》时，可在原公路的基础上直接加宽；如原有公路因线形较差而需改善，设计时应尽可能利用原有的沥青路面，在原有基础上先加宽路基，再加宽路面。

②若路面的横断面为整体断面形式，加宽的沥青路面宜采用压实性、水稳性均较好的材料作为基层。结构宜与原有沥青路面相近，加宽部分的基层强度应不低于原有沥青路面的基层强度。若加宽部分的路面横断面形式为分离式，加宽部分所用的结构和材料可不同于原路面。对加宽部分按新建路面进行调查、设计，加宽部分的路基强度和稳定性及路面厚度应按《公路路基设计规范》和《公路沥青路面设计规范》的规定计算确定。

③路面加宽前，应对原有路面做全面的调查。

④加宽时，必须处理好新路面与原路面的纵横向衔接。对软土地基高路堤加宽时，还应对新路基进行加固处理，待固结沉降稳定后方可进行加宽施工，避免加宽路面出现非均匀沉降。

⑤若路基加宽宽度小于 1 m 时，加宽的路面或基层压实质量不好控制，则宜采用单侧加宽的方式；单侧加宽也包括因线形约束只能在一侧进行加宽的处理情况。单侧加宽时，必须调整原有路面的路拱横坡。

⑥加宽路面处于路线平曲线处，均应按《公路工程技术标准》的规定根据需要设置相应的超高和加宽，如原来未设置的，也应结合加宽设计补设。

⑦加宽以后的路基应保证原有路面排水系统的完善，必要时还要对原有路面的排水系统进行重新设计和施工。

（2）沥青路面基层的加宽。

①基层加宽前应对原有路面进行详细调查和测定，调查和测定的方法可参照相关规定执行。

②设计时应注意以下几点。

Ⅰ.基层加宽部分的处理：加宽部分应按新路基设计，即将原路面分段实测后计算弯沉值，作为加宽部分的设计弯沉值；根据调查测验的土质和路基干湿类型确定土基的回弹模量；依据不同材料的模量按新建路面的设计方法设计加宽部分的基层厚度，使其强度不低于原有路面整体强度。

Ⅱ.计算路面基层厚度时，依据已定设计弯沉值，采用《公路沥青路面设计规范》的方法进行计算。

Ⅲ.沙石路面作为路面基层时，如其强度和水稳性不足，应进行补强设计。中湿、潮湿路段，应铲除沙石磨耗层，对原有路面的病害或破损应采取措施进行处治。

（3）基层同时加宽、补强时应符合下列要求。

①对原路面应进行全面的技术调查，逐段分析其技术状况，并根据有关加宽和补强的要求，综合考虑路线纵坡、与桥涵通道等构造物的衔接、路基的防护与加固、路面排水系统、环境保护、绿化等因素，再进行设计。设计应符合相关规范的技术规定。

②原路基宽度符合要求且路面宽度不够时，宜在两侧加宽；路基窄，应先加宽路基，再加铺基层。

③在原路上加宽和补强时，因原路面强度低，要首先对其进行全面处理，使其符合规定的压实要求后，再进行加宽和补强。补强部分的设计和施工应符合有关规定和要求。

（4）沥青路面双侧加宽。

①加宽前，原有路面的调查和测定要求按规定执行。

②如原有路面路基较宽，路面加宽后路肩宽度符合《公路工程技术标准》时，可直接加宽；如路基较窄、不具备加宽路面条件的路段，应先加宽路基。为使路面边缘坚实，路基比基层应宽出 20 ~ 25 cm，基层应比面层宽出 20 ~ 25 cm，或埋设路缘石。如果施工机械和操作方法能保证路基加宽部分达到规定压实度，可随即加宽路面，否则应待路基稳定后，再加宽路面。

4.路基施工与质量控制

（1）路基施工时所用的填料宜与原路相同或选用水稳性较好的土，并应符合《公路路基施工技术规范》《公路土工试验规程》的规定。

（2）路堤加宽一侧填土宽度应大于填土层设计宽度 50 cm 以上，压实宽度须超过设计宽度 25 cm 以上，最后削坡。对压路机无法操作的路段，应采用小型机具分层夯实，并达到规定的压实度。为防止新老路基出现不均匀沉降，应沿原路基边坡挖成向内倾斜的台阶，台阶宽度应不小于 1 m，以增加加宽部分路基的稳定性。如压路机机械无法操作，应用小型机具夯实至规定的压实度。

（3）路基施工中应做好路基的防护与加固工作，保证其稳定性，施工完毕后应进行及时养护。路基的防护宜与改善环境、保护生态平衡和搞好公路绿化相结合。

（4）路基施工及质量控制标准应遵照《公路路基施工技术规范》和《公路工程质量验收评定标准》的技术规定执行。

5. **基层施工与质量控制**

（1）基层加宽施工时，应做好基层接茬处的处理，纵向接茬应与路中线平行。

（2）新旧基层衔接应符合下列要求。

①基层厚度大于或等于 25 cm 时，宜采用相错搭接法。搭接长度不小于 30 cm，搭接部位应首先采用小型机具夯实至设计规定的压实度，然后再对整个加宽基层采用机械全面压实，压实质量应符合设计要求。压实成型的新基层，应与原路面基层平齐。

②基层厚度小于 25 cm，宜采用平头接头法。新铺筑的基层成型后，应与原路面基层平齐。

（3）基层若需调拱时，加宽部分与调拱部分应按路面横坡的要求一次调整，整形压实。为使调拱部分新旧基层接合良好，应将旧面层先铲掉，把原基层拉毛后再与调拱层接合。调拱层的最小厚度应满足《公路沥青路面设计规范》的要求，不足时可向下开挖原基层，以保证调拱垫层的最小厚度要求，然后再做面层。

（4）基层施工及质量控制应遵照《公路路面基层施工技术规范》和《公路工程质量验收评定标准》的技术规定执行。

五、沥青路面再生技术

1. **概述**

再生沥青混合料的拌制一般分为热拌和冷拌两种。热拌再生沥青混合料是旧料、新矿料、再生剂与新沥青在热态下拌和而成的；冷拌再生沥青混合料是旧料、新矿料、再生剂与乳化沥青在常温下拌和而成的。热拌再生沥青混合料强度高、路用性能良好，冷拌再生沥青混合料成型期较长、强度相对较低。

2. **热拌再生沥青混合料**

（1）热再生适用性。热拌再生沥青混合料一般适用于翻修养护工程，可用于一级、二级、三级公路的中、下面层，以及四级公路的面层。对热拌再生沥青混合料使用于一级、二级和三级公路的上面层及高速公路中、下面层必须经试验、总结、评定合格后才能使用。

（2）热再生施工工艺。

①旧料是沥青路面翻修时所得的面层材料。翻挖路面时可采用机械、人工或两种方式联合进行作业，其质量应符合下列要求：旧料必须洁净，不得混入有机垃圾，混入无沥青黏结的沙石料的比例不得大于10%、含泥量不得大于1%；块状旧料可采用机械轧碎或人工敲碎；破碎后的旧料最大粒径按用途确定，用于粗粒式再生沥青混合料时，最大粒径为26.5 mm或31.5 mm（方孔筛）；用于中粒式再生沥青混合料时，最大粒径为16 mm或19 mm（方孔筛）；用于细粒式再生沥青混合料时，最大粒径为9.5 mm或13.2 mm（方孔筛）；破碎后的旧料应按质量分类堆放在平整、坚实和排水良好的场地。堆放高度以不结块为度，一般小于1.5 m。

②根据地区使用条件和公路等级与旧沥青性能，可在旧料中掺入适用的再生剂。适用的再生剂有机油、润滑油抽出油和玉米油。再生剂的性能和储放应符合下列要求：应具有较强的渗透和软化能力，以降低旧沥青枯度，达到要求的针入度；能与旧沥青互溶，使之和新沥青均匀地混合成一体；能调节旧沥青的成分，达到路用沥青的质量要求，有较好的抗老化性能；再生剂应储存在有盖的容器中，防止水和垃圾等杂质混入。储存和使用必须满足防火要求。

③用于再生沥青混合料的新沥青和乳化沥青的类型及标号可根据公路等级、用途和当地气候条件选定，它的质量应符合规定。

④用于再生沥青混合料的粗、细集料应具有足够强度，且与沥青黏附性良好，并无风化和杂质，颗粒形状接近立方体，其他质量要求应符合规定。

六、沥青微表处技术

1. 微表处技术应用特点

（1）施工速度快。连续式稀浆封层机1天之内能摊铺500 t微表处混合料，折合为一条10.6 km长的标准车道，摊铺宽度最小可达9.5 m，施工后1 h即可通车，适用于大交通量的高速公路及城市干道。

（2）微表处可提高路面的防滑能力，增加路面色彩对比度，改善路面性能，延长路面使用寿命。

（3）成型快、工期短、施工季节长，可以夜间作业，尤其适于交通繁忙的公路、街道和机场道路的铺设。

（4）常温条件下作业，可降低能耗，不释放有毒物质，符合环保要求。

（5）在面层不发生塑性变形的条件下，可修复深达 38 mm 的车辙而无须碾压。

（6）因为微表处很薄，所以在城市主干道和立交桥上应用时不会影响排水，用于桥面也不会增加多少重量。

（7）在机场，密级配的微表处能作为防滑面而不会产生破坏飞机发动机的散石。

（8）由于它能填补厚达 38 mm 的车辙，十分稳定且不产生塑性变形，所以它是不用刨铣解决车辙问题的独特方法。

微表处技术弥补了普通稀浆封层和热拌沥青混凝土摊铺各自存在的缺陷，确切地说，微表处是一种完善的道路养护方法。

2. 微表处技术对原材料的基本要求

（1）改性乳化沥青的基本要求。改性乳化沥青是微表处的黏结材料，其质量的好坏对封层质量的影响最直接、最明显。改性乳化沥青的特性主要与乳化剂和改性剂的选择有关，为达到快速开放交通的要求，乳化剂必须是慢裂快凝的阳离子乳化剂，且所用乳化剂不能对沥青性能造成影响。同时，对各种沥青的适应性要好，与改性剂要有良好的配伍性。改性剂的选择应根据不同地区的气候、交通特点进行试验后确定。

（2）填料、水和添加剂材料的基本要求。微表处混合料中填料、外加剂和添加剂的作用、规格与普通稀浆封层混合料所要求的基本一样。

3. 微表处施工技术基本要点

（1）施工设备和基本要求。

①比较准确的计量仪器。由于微表处施工时对各种物料的配比要求较严，所以要有准确的计量。

②双轴强制式搅拌箱。因为要达到微表处施工，混合料搅拌时间不能过长，但又必须在短时间内搅拌均匀，因而传统的螺旋式搅拌箱就不能满足要求。

③特殊设计的填补车辙的摊铺箱。它能将粒料最大的部分送到车辙的深处，从而使稳定性最好，其边缘能自动变薄铺开。

④添加剂系统。这样就能方便地把缓凝剂或促凝剂加入混合料中。

⑤在施工之前，每台封层机都要进行标定。在标定已经完成并且合格后，封层机才能投入使用。

⑥气候要求：ISSA 规定，在路面或空气温度达到 10 ℃并且持续下降时，不允许进行微表处施工；但是在路面或空气温度达到 7 ℃并且持续上升时，允许进行微表处施工。

（2）施工基本要点。

①施工前路面清扫。

Ⅰ.在进行微表处施工前，必须把路面上所遗留的材料、泥土、杂草和其他有害东西都清理干净。如果使用水冲洗路面，则要使所有的路面裂缝完全干燥后，才能进行微表处施工。

Ⅱ.一般不要求喷洒黏层油，对于路面光滑、松散以及水泥路面，可以采用喷洒黏层油的方法。

②施工注意事项。

Ⅰ.使用搅拌箱前的喷水管预先湿润路面，喷水量可根据施工当天的气温、湿度、表面纹理和干燥情况进行调节。

Ⅱ.封层机启动前，摊铺箱中必须有一定量的混合料，而且稠度适当、分布均匀，封层机才能匀速前进。

Ⅲ.在已完成的微表处路面上，不得存在由超大集料所引起的拖痕，如出现拖痕，应立即采取措施处理。

Ⅳ.纵向或横向接缝上不允许出现接缝补平、局部漏铺或过厚的现象，纵向接缝尽可能设置在车道标线上，并尽可能减少纵向接缝。

Ⅴ.在拌和与摊铺过程中，混合料不得出现水分过多和离析现象，任何情况下都不能在摊铺过程中直接向摊铺箱内注水。

七、水泥混凝土路面的日常养护施工

水泥混凝土路面损坏可分为面层断裂类、面层竖向位移类、面层接缝类、面层表层损坏类等类型。面层断裂类主要是指纵向、横向、斜向裂缝、交叉裂缝、断裂板等；面层竖向位移类主要指沉陷、胀起等；面层接缝类主要是指接缝填缝料损坏、纵向裂缝张开、唧泥、板底脱空、错台、接缝碎裂、拱起等；面层表层损坏类主要是指磨损、露骨、纹裂、网裂、起皮、活性集料反映病害、粗集料冻融裂纹、坑洞、修补损坏等。

1. 水泥混凝土面层断裂类病害

纵向裂缝大多出现在路基横向有不均匀沉降的路段。横向或斜向裂缝，通常由于重载反复作用、温度或湿度梯度产生的翘曲应力或者干缩应力等因素单独或综合作用引起。在开放交通前出现的横向或斜向裂缝，则主要是施工期间锯切缝的时间安排不当所造成。角隅断裂通常由于表面水侵入，地基承载力降低，接缝处出现唧泥，板底形成脱空，接缝传荷能力差，重载反复作用等综合作用所引起。有裂缝板在基层和路基浸水软化及重载反复作用下进一步断裂，便形成交叉裂缝和破碎板。

根据混凝土路面板的裂缝情况，可以采用如下修理方法分别予以处理。

（1）对宽度小于 3 mm 的轻微裂缝，可采取扩缝灌浆的方法，即顺着裂缝扩宽成 1.5 ~ 2.0 cm 的沟槽，清洁后填入粒径为 0.3 ~ 0.6 cm 的清洁石屑，将灌缝材料灌入扩缝内，养护至达到通车强度。

（2）对贯穿全厚的大于 3 mm 小于 15 mm 的中等裂缝，可采用条带罩面进行补缝。其方法为先用销缝机顺裂缝两侧各约 15 cm，并与横缝平行方向锯成两道深为 7 cm 的缝口，凿除两横缝内的混凝土后，沿裂缝两侧 10 cm 每隔 50 cm 钻直径为 1 cm，深为 5 cm 的钯钉孔，洗刷干净、晾干后，在槽壁及其底部涂刷水泥浆或环氧水泥沙浆，并在孔内填满水泥沙浆，把钯钉插入安装孔内，随即浇筑混凝土，进行振捣并整平。喷洒养护剂，锯缝后灌注填缝料。

（3）对宽度大于 15 mm 的严重裂缝可采用全深度补块。全深度补块分为集料嵌锁法、刨挖法和设置传力杆法。

2. 水泥混凝土面层竖向位移类病害

沉陷是路面在局部路段范围内的下沉，主要由于路基填土或地基的固结沉降或不均匀沉降所引起；胀起是混凝土路面板在局部路段范围内的向上隆起，主要由于路基的冻胀或膨胀土膨胀所引起。

（1）沉陷处理。为使沉陷的混凝土板恢复到原来的位置，可采用预升施工法进行处治。面板顶升的基本要求有如下几点。

①面板在顶升前，应用水准仪测量下沉板的下沉量，测站距下沉处应大于50 m，并绘出纵断面，求出升起值。

②在混凝土面板上钻孔，孔深应略大于板厚 2 cm，板块顶升宜采用起重设备或千斤顶。

③灌注材料可采用水泥沙浆。

④灌注材料压入后,每灌一孔应用木楔堵塞,压浆全部完毕,应拔出木楔,宜用高强水泥沙浆堵孔。

⑤压浆材料的抗压强度达到 6 MPa 时,方可开放交通。

(2)胀起的处理。当板端胀起但路面完好时,可用锯缝机缓慢地将拱起处两侧板的 2 ~ 3 道横缝加宽、切深,通过释放其应力予以处理;或切开拱起端,将板块恢复原位。然后用填缝料填封接缝。

当板端拱起板块已经发生断裂或破损时,则应根据破损情况分别按前述裂缝修理的方法予以处理。

3. 水泥混凝土面层接缝类病害

(1)纵向接缝张开病害是由于在纵缝内未按规定要求设置拉杆,相邻车道板块在温度和横向坡度的影响下出现横向位移,使纵缝缝隙逐渐变宽。

(2)唧泥和脱空病害是指板接(裂)缝或边缘下的基层细粒料被渗入缝下并积滞在板底的有压水从缝中或边缘处唧出,并由此造成板底面向基层顶面出现局部范围的脱空,接缝填封料失效。基层材料不耐冲刷、接缝传荷能力差和重载反复作用是引起唧泥的主要原因。

(3)唧泥发生和发展过程中,基层顶面受冲刷,细料被有压水冲积在近板底脱空区内,使接缝或裂缝两侧板面出现高程差,形成错台病害。错台的处置方法有磨平法和填补法两种。可根据错台的轻重程度选定。

①高差小于等于 10 mm 的错台,可采用机械磨平或人工凿平。

②高差大于 10 mm 的严重错台,可采用沥青沙或水泥混凝土进行处治。

(4)由于接缝施工不当(包括传力杆设置不当)或者缝隙内进入不可压缩材料,邻近接缝或裂缝约 60 cm 宽度范围内,出现并未扩展到整个板厚的裂缝,或者混凝土分裂成碎块或碎屑,这种损坏称作接缝碎裂病害。

(5)拱起是指水泥混凝土路面在气温升高时,因胀缝不能充分发挥作用,造成板体向上隆起的现象。其处置方法同胀起。

第四节　公路养护新技术的应用

一、信息技术应用

基于基层公路管养作业中的养护计划管理、养护工程管理、基础数据管理和养护质量管理四个方面对养护的全过程进行管理和监控，同时实现养护过程的可视化展现。以当前先进的系统架构与应用部署方法，采用构件技术，以 B/S 为主的多层应用体系结构，达到稳定、高性能地服务于省、市、县三级公路养护管理部门、农村公路管理部门和养护工区（公司）等的目标。

养护信息化系统建设主要包含以下三点。

（1）建设公路养护作业管理数据库。按照公路地理信息平台相关数据采集要求，通过公路养护工程相关作业的有效采集，建立公路基础数据库与空间数据库，为公路信息的存储、查询、更新等提供支持。

（2）开发公路养护信息化管理系统。依据"一网、一数、一用户"的技术要求，设计开发公路养护作业信息化管理系统，满足公路养护计划管理、养护工程实施管理、养护巡查管理等功能。

（3）结合 GIS 实现公路养护信息管理。WEB 应用系统可视化、图形化管理，依照公路"一张图"的技术要求，依托省级公路地理信息资源和基础图层，设计开发公路养护专题图层，包括：养护工程图层（计划图层、执行图层和完工图层）、路产设施图层、地下管线图层等专题图层。同时结合 GIS 技术，在二维或三维地图上同步实现公路养护工程项目管理功能，为公路养护工程项目管理提供可视化、图形化管理功能。

二、信息系统总体架构

总体架构设计，根据主流 SSM 技术框架，使用前后台分离技术，系统信息安全依照公路处信息化应用系统信息安全体系要求进行设计，后期的运维保障按照公路处信息化应用系统运维保障体系进行运行维护管理。

同时系统可接入上级公路电子政务平台,进行统一用户管理并实现单点登录,报表也可以与其他报表平台兼容,业务工作流可使用统一工作流平台,保证界面风格及功能与公路处电子政务平台统一。

三、功能模块

公路养护信息化管理系统有两部分构成:公路养护信息化管理平台和移动端App。其中公路养护信息化管理系统包含养护计划管理、养护工程管理、养护质量管理、基础数据管理、系统设置等模块,并根据每功能模块的业务需求和功能需求,进步划分出若干子功能模块。

1.养护计划管理

养护计划管理主要包含月度/季度/年度养护计划上报、养护计划审核、计划执行跟踪、计划统计分析等功能。制定养护计划,上报进行流程化管理,跟踪计划执行进度、完成情况、执行人员等信息,并对养护计划进行统计分析,便于后期管理与考核。

2.养护工程管理

养护工程管理主要包含养护基础信息管理、工程合同管理、日常巡检管理、工程实施管理、工程计量管理、工程结算管理、养护考核等功能。通过对养护工程全过程的管理,从养护合同签订到养护工程实施进行全方位监督管理,运行信息化手段对养护工程进行科学计量,方便公路主管部对养护工程进行精准结算,配合养护日常巡检管理,完成对养护公司和公路养护科室内部考核。

养护基础信息管理包含养护工区信息、养护工段信息、养护工段道工信息、养护作业车辆信息、养护应急基地信息、桥梁涵洞健康信息等。同时与省市基础数据库进对接,与省公路桥梁数据库进行对接,实时掌握桥梁涵洞健康情况,同时支持数据检索。

工程合同管理包含合同签订申请、合同审批、合同信息管理、供应商管理、养护公司管理等。

日常巡检管理包含巡检计划制定和审批、巡检考勤、巡检记录、事件上报(现场情况拍照、记录详细信息、自动获取实时定位等)、事件办理、巡检轨迹回放等。日常巡检管理还可以在移动终端操作。

工程实施管理养护工程实施进行全方位监督管理,包含工程进度跟踪、工程实施审核、工程质保期管理、工程统计汇总等。

3. 养护质量管理

养护质量管理包含路况检查、道路状态汇总和质量评定分析功能。对道路路况、大中桥梁、隧道、涵洞进行定期检查和设备性检查，包含指定检查计划、计划审批、检查结论评定和分析，对道路检查数据中的有效数据进行提取，与道路实际情况（照片、数据）进行现场比对，对道路病害等级进行评定，进行大中修比对筛选、不合格路段筛选，用于指导制定相关的养护计划。

4. 基础数据管理

基础数据管理主要包含基础数据查询、电子地图可视化展示。

基础数据管理是对基础图层数据、专题图层数据、GIS 图层数据等基础数据进行管理，并可与其他基础数据平台进行对接，包含基础数据导入、数据查看、数据修正、数据检索等功能。专题图层包含养护工程图层（计划图层、执行图层和完工图层）、路产设施图层、地下管线图层等专题图层。

可视化展示包含二维电子地图和三维电子地图展示，并结合 GIS 技术在二维或三维地图上展示公路路面各种设施和地下管线信息，同时可同步叠加公路养护工程项目管理功能、自动模拟巡航功能，为公路养护工程项目管理提供可视化、图形化管理能力。

5. 系统设置

系统设置包含组织架构管理、用户权限管理和代办事项等功能。

6. 移动端 App

移动端 App 包含 iOS 版本和安卓版本。主要包含系统登录、养护日常巡检、养护问题上报、二维电子地图等基本功能，满足养护作业人员日常工作需求。

第八章　公路工程项目信息管理

公路工程各个阶段都需要管理技术的加持，对于每个阶段的管理要点以及信息记录都非常重要，在整个项目过程中，信息管理具有重要意义。本章主要对公路工程项目信息管理进行详细的讲解。

第一节　概　　述

一、信息的基本概念

（一）信息的含义

"信息"一词来源于拉丁语"information"，原是"陈述""解释"的意思，后来泛指消息、音讯、情报、新闻、信号等，它们都是人和外部世界以及人与人之间交换、传递的内容。在人类社会中，信息是无所不在的，没有一种工作不需要涉及某种信息处理工作。关于信息的定义，目前说法很多。但总的归纳起来，信息一词可被定义为：信息是客观存在的一切事物通过物质载体将发生的消息、指令、数据、信号等所包含的一切，经传送交换的知识。它反映事物的客观状态，向人们提供新事实的知识。应注意一点，数据虽能表现信息，但数据与信息之间既有区别又有联系。并非任何数据都能表示信息，信息是更基本直接反映现实的概念，通过数据的处理来具体反映。

（二）公路工程项目的数据和信息特征

公路工程项目的数据和信息除具有自身的基本属性外，还具有如下特征：

（1）信息来源复杂，信息的收集难度较大，涉及业主、设计、监理和承包人以及各级政府部门，且较为分散，难以保证信息的准确性和及时性。

（2）信息量较大，对信息的收集、加工、处理必须依靠计算机技术才能及时、准确地完成。

（3）数据和信息的收集加工、处理和储存主要由进度控制、质量控制、投资控制和合同管理四大部分来完成。

（4）数据和信息的类型多样化，涉及文字、数据、图表、图像等，需计算机多媒体技术加以处理。

（5）工程的变更因素较多，对工程变更的信息需专门处理。

二、公路工程项目信息的分类

公路工程项目的信息量大，构成情况复杂。按照不同的类型、信息的内容、项目实施的主要工作环节以及参与项目的各个方面等，可以根据不同的情况进行分类。

（一）按项目管理的目标划分

1. 投资控制信息

投资控制信息是指与投资控制直接有关的信息，如各种估算指标、类似工程造价、物价指数；设计概算、概算定额；施工图预算、预算定额；工程项目投资估算；合同价组成；投资目标体系；计划工程量、已完工程量、单位时间付款报表、工程量变化表、人工、材料调差表；索赔费用表；投资偏差、已完工程结算；竣工决算、施工阶段的支付账单；原材料价格、机械设备台班费、人工费、运杂费等。

2. 成本控制信息

成本控制信息是指与成本控制直接有关的信息，如项目的成本计划、工程任务单、限额领料单、施工定额、对外分包经济合同、成本统计报表、原材料价格、机械设备台班费、人工费、运杂费等。

3. 质量控制信息

质量控制信息是指与项目质量控制直接有关的信息，如国家或地方政府部门颁布的有关质量政策、法令、法规和标准等，质量目标体系和质量目标的分解，质量目标的分解图表，质量控制的工作流程和工作制度，质量保证体系的组成，质量控制的风险分析，质量抽样检查的数据，各种材料设备的合格证、质量证明书、检测报告、质量事故记录和处理报告等。

4. 进度控制信息

进度控制信息是指与项目进度直接有关的信息，如施工定额；项目总进度计划、进度目标分解、项目年度计划、项目总网络计划和子网络计划、计划进度与实际进度偏差；网络计划的优化、网络计划的调整情况；进度控制的工作流程、进度控制的工作制度、进度控制的风险分析；材料和设备的到货计划、各分项分部工程的进度计划、进度记录等。

（二）按项目信息的来源划分

1. 项目内部信息

内部信息取自公路项目本身，如工程概况、设计文件、施工方案、合同结构、合同管理制度、信息资料的编码系统、信息目录表、会议制度、监理班子的组织、项目的投资目标、项目的质量目标、项目的进度目标等。

2. 项目外部信息

外部信息是指来自项目外部环境的信息，如国家有关的政策及法规、国内及国际市场上原材料及设备价格、物价指数、类似工程造价、类似工程进度、投标单位的实力、投标单位的信誉、毗邻单位情况等。

（三）按项目的稳定程度划分

1. 固定信息

固定信息是指在一定时间内相对稳定不变的信息，包括标准信息、计划信息和查询信息。标准信息主要是指各种定额和标准，如施工定额、原材料消耗定额、生产作业计划标准、设备和工具的耗损程度等。计划信息反映在计划期内已定任务的各项指标情况。

2. 流动信息

流动信息是指在不断变化着的信息，如项目实施阶段的质量、投资及进度的统计信息，就是反映在某一时刻项目建设的实际进度及计划完成情况。又如，项目实施阶段原材料的消耗量、机械台班数、人工工日数等，也都属于流动信息。

（四）按项目的性质划分

1. 技术信息

技术信息是最基本的组成部分，如工程的设计、技术要求、规范、施工要求、操作和使用说明等，这一部分信息也往往是公路工程信息的主要组成部分。

2. 经济信息

经济信息是公路工程项目信息的一个重要组成部分，也是经常受到各方面关注的一个部分，如材料价格、人工成本、项目的财务资料、现金流量情况等。

3. 管理信息

管理信息有时在公路工程信息中并不引人注目，如项目的组织结构、具体的职能分工、人员的岗位责任、有关的工作流程等，但它设立了一个项目运转的基本机制，是保证一个项目顺利实施的关键因素。

4. 法律信息

法律信息指项目实施过程中的一些法规、强制性规范、合同条款等，这些信息与建设工程规模并不一定有直接的对应关系，但它们设立了一个比较硬性的框架，项目的实施必须满足这个框架的要求。

（五）按信息的层次划分

1. 战略性信息

战略性信息是指有关项目建设过程的战略决策所需的信息，如项目规模、项目投资总额、建设总工期、承包商的选定、合同价的确定等信息。

2. 策略性信息

如提供给建设单位中层领导及部门负责人做中短期决策用的信息，如项目年度计划、财务计划等。

3. 业务性信息

业务性信息是指的是各业务部门的日常信息，如日进度、月支付额等。这类信息较具体，精度要求较高。

三、公路工程项目信息管理

（一）项目信息管理的基本要求

信息管理是指对信息的收集、整理、处理、储存、传递与应用等一系列工作的总称。公路工程项目信息管理应满足以下几方面的基本要求。

1. 要有严格的时效性

一项信息如果不严格注意时间，那么信息的价值就会随之消失。因此，能适时提供信息，往往对指导工程施工十分有利，甚至可以取得很大的经济效益。

2. 要有针对性和实用性

信息管理要做到如何根据需要，提供针对性强、十分适用的信息。如果仅仅能提供成沓的细部资料，其中又只能反映一些普通的，并不重要的变化，这样会使决策者不仅花费许多时间去阅览这些作用不大的烦琐细节，而且仍然得不到决策所需要的信息，使得信息管理起不到应有的作用。

3. 要有必要的精确度

要使信息具有必要的精确度，需要对原始数据进行认真的审查和必要的校核，避免分类和计算的错误。即使是加工整理后的资料，也需要做细致的复核，这样，才能使信息有效可靠。但信息的精度应以满足使用要求为限，并不一定越精确越好，因为不必要的精度，需耗用更多的精力、费用和时间，容易造成浪费。

（二）项目信息管理工作的原则

公路工程项目产生的信息数量巨大，种类繁多。为了便于信息的收集、处理、储存、传递和利用，在进行项目信息管理具体工作时，应遵循以下基本原则。

1. 标准化原则

在工程项目的实施工程中要求对有关信息的分类进行统一，对信息流程进行规范，产生控制报表则力求做到格式化和标准化，通过建立健全的信息管理制度，从组织上保证信息生产过程的效率。

2. 定量化原则

公路工程产生的信息不应该是项目实施过程中产生数据的简单记录，应该是经过信息处理人员的比较与分析。所以采用定量工具对有关数据进行分析和比较是十分必要的。

3. 有效性原则

项目信息管理者所提供的信息应针对不同层次管理者的要求进行适当加工，针对不同管理层提供不同要求和浓缩程度的信息。例如对项目的高层管理者，提供的决策信息力求精练、直观，尽量采用形象的图表来表达，以满足其战略决策的信息需要。

4. 时效性原则

公路工程的信息都有一定的生产周期，如月报表、季度报表、年度、报表等，这都是为了保证信息产品能够及时服务于决策。所以，公路工程的信息成果也应有相应的时效性。

（三）公路工程项目资料文档管理

在工程项目上，许多信息都是以资料文档为载体进行收集、加工、传输、存储、检索、输出和反馈的，因此工程资料文档管理是公路工程项目信息管理的重要组成部分。公路工程项目资料文档的管理应符合《建设工程文件归档整理规范》等国家标准、规范、规程和相关文件的规定。工程项目档案的编制要求如下：

（1）归档的工程文件一般应为原件。

（2）工程文件的内容及其深度必须符合国家有关工程勘察、设计、施工、监理等方面的技术规范、标准和规程。

（3）工程文件的内容必须真实、准确，与工程实际相符合。

（4）工程文件应采用耐久性强的书写材料，如碳素墨水，不得使用易褪色的书写材料。

（5）工程文件应字迹清楚、图样清晰、图标整洁，签字盖章手续完备。

（6）工程文件中文字材料幅面尺寸规格宜为 A4 幅面，图纸宜采用国家标准图幅。

（7）工程文件的纸张应采用能够长期保存的韧力大、耐久性强的纸张。图纸一般采用蓝图，竣工图应是新蓝图。计算机出图必须清晰，不得使用计算机所出图纸的复印件。

（8）所有竣工图均应加盖竣工图章。

（9）利用施工图改绘竣工图，必须标明变更修改依据；凡施工图结构、工艺、平面布置等有重大改变，或变更部分超过图面 1/3 的，应当重新绘制竣工图。

第二节　公路工程项目报告系统

一、工程项目中报告的种类

在工程中报告的形式和内容丰富多彩，它是人们沟通的主要工具，报告的种类主要有以下几类。

（1）日常报告。日常报告是有规律的发布信息，按控制期、里程碑事件、项目阶段提出的报告。按时间可分为日报、周报、月报、年报、项目主要阶段报告等。

（2）针对项目结构的报告。如工作包、单位工程、单项工程、整个工程项目的报告等。

（3）专门内容（或例外）报告。为项目管理决策提供专门信息的报告，如质量报告、成本报告、工期报告等。

（4）特殊情况的报告。常用于宣传项目取得的特别成果，或是对项目实施中发生的一些问题进行特别评述，如风险分析报告、总结报告、特别事件（如具体的安全和质量事故）报告、比较报告等。

二、工程项目中报告的作用

（1）作为决策的依据。通过报告可以使人们对项目计划和实施状况、目标完成程度十分清楚，由此可以预测未来，使决策迅速而准确。报告首先是为决策服务的，特别是上层的决策。但报告的内容仅反映过去的情况，在时间上也是滞后的。

（2）用来评价项目，评价过去的工作以及阶段成果。

（3）总结经验，分析项目中的问题，特别是在每个项目结束时都应有一个内容详细的分析报告，以保证持续的改进。

（4）通过报告去激励各参与者，让大家了解项目成果。

（5）提出问题，解决问题，安排后期的计划。

（6）预测将来情况，提供预警信息。

三、工程项目中报告的要求

为了达到项目组织之间顺利地沟通，起到报告的作用，报告必须符合如下要求。

（1）与目标一致。报告的内容和描述必须与项目目标一致，主要说明目标的完成程度和围绕目标存在的问题。

（2）符合特定的要求。这里包括各个层次的管理人员对项目信息需求了解的程度，以及各个职能人员对专业技术工作和管理工作的需要。

（3）规范化、系统化。即在管理信息系统中应完整地定义报告系统的结构和内容，对报告的格式、数据结构进行标准化。在项目中要求各参加者采用统一形式的报告。

（4）处理简单化，内容清楚，易于理解，避免造成理解和传输过程中的错误。

（5）报告的侧重点要求。报告通常包括概况说明和重大的差异说明，主要活动和事件的说明，而不是面面俱到。它的内容较多地是考虑到实际效用，而较少的考虑到信息的完整性。

四、工程项目报告系统介绍

在项目初期，在建立项目管理系统时必须包括项目的报告系统。报告系统应解决如下两个问题。

（1）罗列项目过程中应有的各种报告，并系统化。

（2）确定各种报告的形式、结构、内容、数据、信息采集和处理方式，并标准化。在编制工程计划时，就应当考虑需要的各种报告及其性质、范围和频率，可以在合同或项目手册中确定。原始资料应一次性收集，以保证相同的信息有相同的来源。资料在归纳整理进入报告前应进行可信度检查，并将计划值引入以便对比分析。

项目月报是最重要的项目总体情况报告。它的形式可以按要求设计，但内容比较固定，通常包括以下几个方面。

（一）项目概况

（1）简要说明在本报告期中项目及其主要活动的状况，如设计工作、批准过程、招标、施工、验收状况。

（2）计划总工期与实际总工期的对比，一般可以在横道图上用不同的颜色和图例比较，或采用前锋线方法。

（3）总的趋向分析。

（4）成本状况和成本曲线，包括如下层次：

①整个项目的成本总结分析报告。

②各专业范围或各合同的成本分析。

③各主要部门的费用分析。

分别应说明原预算成本，工程量调整的结算成本，预计最终总成本，偏差量、原因及责任，工程量完成状况，支出等。

可以采用对比分析表、柱形图、直方图、累计曲线的形式描述。

（5）项目形象进度。用图描述建筑和安装的进度。

（6）对质量问题、工程量偏差、成本偏差、工期偏差的主要原因做出说明。

（7）说明下一报告期的关键活动。

（8）下一报告期必须完成的工作包。

（9）工程状况照片。

（二）项目进度详细说明

（1）按分部工程列出成本状况以及实际进度曲线和计划的对比。同样采用上述所采用的表达形式。

（2）按每个单项工程列出以下内容：

①控制性工期实际和计划对比（最近一次修改以来的），采用横道图形式。

②其中关键性活动的实际和计划工期对比（最近一次修改以来的）。

③实际和计划成本状况对比。

④工程状态。

⑤各种界面的状态。

⑥目前的关键问题及其解决的建议。

⑦特别事件说明。

⑧其他。

（三）预计工期计划

（1）下阶段控制性工期计划。

（2）下阶段关键活动范围内详细的工期计划。

（3）以后几个月内关键工程活动表。

第三节　公路工程项目信息管理计划与实施

一、公路工程项目信息需求分析

（一）项目决策阶段的信息需求

公路工程项目决策阶段的信息需求主要有以下几个方面。

（1）项目相关市场方面的信息。如预测建设产品进入市场后的市场占有率、社会需求情况、统计建设产品间隔的变化趋势、影响市场渗透的因素、生命周期等。

（2）项目资源相关方面的信息。如资金筹措渠道、方式、原材料、辅料来源，劳动力，水电、气供应情况等。

（3）新技术、新设备、新工艺、新材料，专业配套能力及设施方面的信息。

（4）自然环境相关方面的信息。如城市交通、运输、气象、地质、水文、地形地貌、建筑废料处理等。

（5）政治环境，社会治安状况，当地法律、政策的信息等。

（二）项目设计阶段的信息需求

设计阶段是公路工程项目建设的重要阶段，在设计阶段需要决定工程规模、形式，工程的概算，技术先进性、适用性，标准化程度等一系列具体的要素。该阶段的信息需求主要有以下几方面。

（1）项目的可行性研究报告，前期相关文件资料，存在的疑点和建设单位的意图，建设单位前期准备和项目审批完成的情况。

（2）设计中的设计进度计划，设计质量保证体系，设计合同执行情况，偏差产生的原因，纠偏措施，专业间设计交接情况，执行规范、规程、技术标准，特别是强制性规范执行的情况，设计概算和施工图预算结果，了解超限额的原因，了解各设计工序对投资的控制等。

（3）同类工程项目的相关信息：建设规模，结构形式，造价构成，工艺，设备的选定，地质处理手段及实际效果，建设工期，采用新材料、新工艺、新设备、新技术的实际效果及存在的问题，经济技术指标等。

（4）勘察、测量、设计单位相关信息：同类工程项目的完成情况和实际效果，完成该项目工程的人员构成，设备投入状况，质量管理体系完善情况，创新能力，收费标准，施工期间技术服务主动性和处理问题的能力，设计深度和技术文件质量，专业配套能力，设计概算和施工图预算编制能力，合同履约情况，采用设计新技术、新设备的能力等。

（三）项目施工投标阶段的信息需求

在公路工程项目施工招投标阶段，为了编写好招标书，选择好施工单位和项目经理、项目班子，签订好施工合同，为保证实现施工阶段的目标打下良好的基础，需要大量的相关信息，主要表现在以下几方面。

（1）建设单位建设前期报审文件：立项文件，建设用的、征地、拆迁文件。

（2）工程造价的市场变化规律及所在地区的材料、构件、设备、劳动力差异。

（3）工程地质、水文地质勘察报告，施工图设计及施工图预算、设计概算，设计、地质勘察、测绘的审批报告等方面的信息，特别是该建设工程有别于其他同类工程的技术要求、材料、设备、工艺、质量要求等有关信息。

（4）本工程适用的规范、规程、标准，特别是强制性规范。

（5）该公路工程所采用的新技术、新设备、新材料、新工艺，投标单位对"四新"的处理能力和了解程度、经验、措施。

（6）当地施工单位的管理水平，质量保证体系，施工质量、设备、机具能力。

（四）项目施工阶段的信息需求

在公路工程项目施工阶段，为了能更好地、按时地完成施工，需要获得施工进程中的动态信息，主要表现在以下几个方面。

（1）项目的施工准备期间所需：施工图设计及施工图预算、施工合同、施工单位项目经理部组成、进场人员资质；进场设备的规格型号、保修记录；施工场地的准备情况；安全保安措施；数据和信息管理制度；检测和检验、试验程序和设备；承包单位和分保单位的资质；施工单位提交的开工报告及实际准备情况；

工程相关建筑法律、法规和规范、规程，有关质量检验、控制的技术法、质量验收标准等。

（2）项目施工实施期间所需：施工过程中随时产生的数据，如设备、水、电、气等能源的动态；施工期间气象的中长期趋势及同期历史数据、气象报告；建筑原材料的相关问题；项目经理部管理方向技术手段；工地文明施工及安全措施；施工中需要执行的国家和地方规范、规程、标准；施工合同情况；建筑材料相关事宜等。

（五）项目竣工保修阶段的信息需求

项目竣工保修期的信息需求是在施工期日常信息积累基础上，真实地反映施工过程，是建设各方最后的汇总和总结。

公路工程项目竣工保修阶段的信息需求主要有以下几个方面。

（1）工程准备阶段文件。

（2）工程监理文件。

（3）施工资料。

（4）建筑安装工程图和市政基础设施工程图。

（5）竣工验收资料。

二、公路工程项目信息编码系统

在公路工程项目管理工作中，随时都可能产生大量的信息，用文字来描述其特征已不能满足现代化管理的要求。因此，必须赋予信息一组能反映其主要特征的代码，用以表征信息的实体或属性。

（一）项目信息编码原则

信息编码是信息管理的基础，进行项目信息编码时应遵循以下原则。

1. 唯一性

每一个代码仅代表唯一的实体属性或状态。

2. 合理性

编码的方法必须是合理的，能够适合使用者和信息处理的需要，项目信息编码结构应与项目信息分类体系相适应。

3. 可扩充性和稳定性

代码设计应留出适当的扩充位置，以便当增加新的内容时可直接利用源代码扩充，而无须更改代码系统。

4. 逻辑性与直观性

代码不但要具有一定的逻辑含义，以便于数据的统计汇总；而且要简明直观，以便于识别和记忆。

5. 规范性

国家有关编码标准是代码设计的重要依据，要严格遵照国家标准及行业标准进行代码设计，以便于系统的拓展。

6. 精炼性

代码的长度不仅会影响所占据的存储空间和信息处理速度，而且也会影响代码输入时出错的概率及输入输出的速度，因而要适当压缩代码的长度。

（二）项目信息编码方法

通常而言，项目信息编码的方法有以下几种。

1. 顺序编码法

顺序编码法是一种按对象出现的顺序进行编码的方法，就是从 001（或 0001，00001 等）开始依次排下去，直至最后。该方法简单，代码较短。但这种代码缺乏逻辑基础，本身不说明任何特征。此外，新数据只能追加到最后，删除数据又会产生空码。所以此法一般只用来作为其他分类编码后进行细分类的一种手段。

2. 分组编码法

这种方法也是从头开始，依次为数据编号。但在每批同类型数据之后留有一定容量，以备添加新的数据。这种方法是在数据编码基础上的改动，也存在逻辑意义不清的问题。

3. 多面编码法

一个事物可能具有多个属性，如果在编码的结构中能为这些属性各规定一个位置，就形成了多面码。该法的优点是逻辑性能好，便于扩充。但这种代码位数较长，会有较多的空码。

4.十进制编码法

该方法是先把编码对象分成若干大类，编以若干位十进制代码，然后将每一大类再分成若干小类，编以若干位十进制代码，依次下去，直至不再分类为止。采用十进制编码法，编码、分类比较简单，直观性强，可以无限扩充下去。但代码位数较多，空码也比较多。

5.文字编码法

这种方法是用文字表明对象的属性，而文字一般用英文编写或用汉语拼音的字头。这种编码的直观性较好，记忆使用也都方便。但当数据过多时，单靠字头很容易使含义模糊，造成错误的理解。

三、公路工程项目信息流程

项目信息流程应反映项目内部信息流和有关的外部信息流及各有关单位、部门和人员之间的关系，并有利于保持信息畅通。

（一）项目内部信息流

项目管理组织内部存在着三种信息流：一是自上而下的信息流；二是自下而上的信息流；三是各管理职能部门横向间的信息流。这三种信息流都应畅通无阻，以保证项目管理工作的顺利实施。

1.自上而下的信息流

自上而下的信息流是指自主管单位、主管部门、业主以及项目经理开始，流向项目工程师、检查员，乃至工人班组的信息，或在分级管理中，每一个中间层次的机构向其下级逐级流动的信息。即信息源在上，接收信息者是其下属。这些信息主要指管理目标、工作条例、命令、办法及规定、业务指导意见等。

2.自下而上的信息流

自下而上的信息流通常是指各种实际工程的情况信息，由下逐渐向上传递，这个传递不是一般的叠合（装订），而是经过归纳整理形成的逐渐浓缩的报告。项目管理者就是做这个浓缩工作，以保证信息浓缩而不失真。通常信息过于详细会造成处理量大、没有重点，且容易遗漏重要说明；而太浓缩又会存在对信息的曲解或解释出错等问题。

3. 横向间信息流

横向流动的信息指项目管理工作中，同一层次的工作部门或工作人员之间相互提供或接收的信息。这种信息一般是由分工不同而各自产生的，但为了共同的目标又需要相互协作、互通有无或互相补充，以及在特殊、紧急情况下，为了节省信息流动时间而需要横向提供的信息。

4. 以顾问室或经营办公室等综合部门为集散中心的信息

顾问室或经理办公室等综合部门为项目经理决策做准备，因此，既需要大量信息，又可以作为有关信息的提供者。它是汇总信息、分析信息、分发信息的部门，帮助工作部门进行规划、任务检查，对有关的专业、技术与问题进行顾问。因此，各工作部门不仅要向上级汇报，而且应该将信息传递给顾问室，为决策做好充分准备。

（二）项目外部信息流

项目作为一个开放系统，它与外界有大量的信息交换，这里包括以下两点。

（1）由外界输入的信息，如环境信息、物价变动信息、市场状况信息、周边情况信息以及外部系统（如企业、政府机关）给项目的指令、对项目的干预等。

（2）项目向外界输出的信息，如项目状况的报告、请示、要求等。

在现代社会，工程项目对社会的各个方面产生影响，它的大量信息必须对外公布，让相关各方有知情权。同时市场（如工程承包市场、材料和设备市场等）和政府管理部门也需要项目信息，如项目的需求信息、项目实施状况的信息，项目结束时的各种统计信息等。对于政府项目、公共工程项目更需要通过互联网让社会各相关方面了解项目的信息，使项目在"阳光"下运作。这也是政府政务公开的一部分。对于企业，存在以企业的项目办公室等综合部门为中心的项目信息流，以及项目经理部与环境组织之间的项目信息流。

第四节　公路工程项目信息过程管理

信息过程管理应包括信息的收集、加工、传输、存储、检索、输出和反馈等内容。应使用计算机技术进行信息过程管理。

一、公路工程项目信息的收集

公路工程参建各方对数据和信息的收集是不同的，有不同的来源，不同的角度，不同的处理方法，但要求各方的数据和信息应该规范。另外，公路工程参建各方在不同的时期对数据和信息收集也是不同的，侧重点有所不同，但也要规范信息行为。因此，项目管理人员应充分了解和掌握这些内容。

（一）项目决策阶段信息的收集

在项目决策阶段，由于该阶段对公路工程项目的效益影响面大，应该在进入工程咨询期间就进行项目决策阶段相关信息的收集。在公路工程项目前期决策阶段，项目管理人员应向有关单位收集以下资料。

（1）批准的"项目建议书""可行性研究报告"及"设计任务书"。

（2）批准的建设选址报告、城市规划部门的批文、土地使用要求、环保要求。

（3）工程地质和水文地质勘察报告、区域图、地形测量图。

（4）地质气象和地震烈度等自然条件资料。

（5）矿藏资源报告。

（6）设备条件。

（7）规定的设计标准。

（8）国家或地方的监理法规或规定。

（9）国家或地方有关的技术经济指标和定额等。

这些信息的收集是为了帮助建设单位避免决策失误，进一步开展调查和投资机会研究，编写可行性研究报告，进行投资估算和工程建设经济评价。

（二）项目设计阶段信息的收集

设计阶段是工程建设的重要阶段，在设计阶段决定了工程规模，建筑形式，工程概预算，技术的先进性、适用性，标准化程度等一系列具体的要素。在这个阶段将产生一系列的设计文件，它们是业主选择承包商以及在施工阶段实施项目管理的重要依据。在公路工程项目设计阶段，管理人员应注意收集以下资料。

（1）可行性研究报告，前期相关文件资料，存在的疑点和建设单位的意图，建设单位前期准备和项目审批完成的情况。

（2）同类工程相关信息：建筑规模，结构形式，造价结构，工艺、设备的选型，地质处理方式及实际效果，建设工期，采用新材料、新工艺、新设备、新技术的实际效果及存在问题，技术经济指标。

（3）拟建工程所在地相关信息：地质、水文情况，地形地貌、地下埋设和人防设施情况，城市拆迁政策和拆迁户数，青苗补偿。周围环境：包括水、电、气、道路等的接入点，周围建筑、学校、医院、交通、商业、绿化、消防、排污等。

（4）工程所在地政府相关信息：国家和地方政策、法律、法规、规范规程、环保政策、政府服务情况和限制等。

（5）设计中的设计进度计划，设计质量保证体系，设计合同执行情况，偏差产生的原因，纠偏措施，专业间设计交接情况，执行规范、规程、技术标准情况，特别是强制性规范执行的情况，设计概算和施工图预算结果，了解超限额的原因，了解各设计工序对投资的控制等。

（三）项目施工招标阶段的信息收集

在施工招标阶段的信息收集有助于协助建设单位编写好招标书，有助于帮助建设单位选择好施工单位和项目经理、项目班子，有利于签订好施工合同，为保证施工阶段监理目标的实现打下良好基础。公路工程项目施工招标阶段，管理人员应注意收集以下方面的资料。

（1）对工程建设起制约作用的合同文件：投标邀请书、投标须知、合同双方签署的合同协议书、履约保函、合同条款、投标书及其附件、工程报价表及其附件、技术规范、招标图纸、发包单位在招标期内发出的所有补充通知、投标单位在投标期内补充的所有书面文件、投标单位在投标时随同投标书一起递送的资料与附图、发包单位发出的中标通知书、合同双方在洽商合同时共同签字的补充文件等。

（2）工程地质、水文地质勘察报告，施工图设计及施工图预算、设计、地质勘察、测绘的审批报告等方面的信息，特别是该建设工程有别于其他同类工程的技术要求、材料、设备、工艺、质量要求等相关信息。

（3）工程造价的市场变化规律及所在地区的材料、构件、设备、劳动力差异。

（4）本工程适用的规范、规程、标准，特别是强制性规范。

（5）建设单位建设前期报审文件：立项文件，建设用的、征地、拆迁文件。

（6）该工程采用的新技术、新设备、新材料、新工艺，投标单位对"四新"的处理能力和了解程度、经验、措施。

（7）当地施工单位管理水平，质量保证体系，施工质量、设备、机具能力。

（8）所在地关于招投标有关规定、法规，国际招标、国际贷款指定适用的范本，本工程适用的建筑施工合同范本及特殊条款精髓所在。在施工招标阶段，要求信息收集人员充分了解施工设计和施工图预算，熟悉法律法规，熟悉招、投标程序，熟悉合同示范范本，特别要求在了解工程特点和工程量分解上有一定能力，才能为建设方决策提供必要的信息。

（四）项目施工阶段信息的收集

1. 收集业主提供的信息

业主作为工程项目建设的组织者，在施工中要按照合同文件规定提供相应的条件，并要不时表达对工程各方面的意见和看法，下达某些指令。因此，应及时收集业主提供的信息。

对业主提供信息的收集工作应从以下方面进行：

（1）当业主负责某些材料的供应时，需收集提供材料的品种、数量、质量、价格、提货地点、提货方式等信息。如一些工程项目，甲方对钢材、木材、水泥、沙石等主要材料，在施工过程中以某一价格提供给乙方使用时，甲方应及时将这些材料在各个阶段提供的数量、材质证明、试验资料、运输距离等情况告诉乙方。

（2）业主在建设过程中对各种有关进度、质量、投资、合同等方面的意见和看法，监理工程师应及时收集，同时也应及时收集甲方的上级单位对工程建设的各种意见和指令。

2. 收集承包商提供的信息

施工单位在施工过程中，现场所发生的各种情况均包含了大量的内容，施工单位自身必须掌握和收集这些内容。经收集和整理后，汇集成丰富的信息资料。施工单位在施工中必须经常向有关单位，包括上级部门、业主、设计单位、监理单位及其他方面发出某些文件，传达一定的内容。如向监理单位报送施工组织设计，报送各种计划、单项工程施工措施、月支付申请表、各种工程项目自检报告、质量问题报告、有关问题的意见等。承包商应全面系统地收集这些信息资料。

3. 工程项目监理地记录

工程师代表（驻地工程师）的监理记录，主要包括工程施工历史记录、工程质量记录、工程计量和工程付款记录、竣工记录等内容。

（1）工程施工历史记录。包括以下内容：

①现场监理人员的日报表。现场监理人员的日报表可采用表格式，力求简明，

要求每日填报，一式两份。主要包括：当天的施工内容；当天参加施工的人员（工种、数量、施工单位等）；当天施工的机械（名称、数量等）；当天发生的施工质量问题；当天的施工进度与计划施工进度的比较（若发生施工进度拖延，应说明其原因）；当天的综合评语；其他说明（应注意的事项）。

②工地日记。主要包括：现场监理人员的日报表；现场每日的天气水情记录；监理工作纪要；其他有关情况与说明等。

③现场每日的天气、水情记录。主要包括：当天的最高、最低气温；当天的降雨、降雪量；当天的风力、当天坝址最大流量；当天最高水位；当天因自然原因损失的工作时间等。若施工现场区域大、工地的气候情况差别较大，则应记录两个或多个地点的气候资料。

④驻施工现场监理负责人日记。主要包括：当天所做的重大决定；当天对施工单位所做的主要指标；当天发生的纠纷及可能地解决办法；该工段项目监理总负责人（或其代表）来施工现场谈及的问题；当天与该工程项目监理总负责人的口头谈话摘要；当天对驻施工现场监理工程师（监理人员）的指示；当天与其他人达成的任何主要协议，或对其他人的主要指示等。该日记属于驻施工现场监理负责人的个人记录，应每日记录。

⑤驻施工现场监理负责人周报。驻施工现场监理负责人应每周向工程项目监理总负责人（总监理工程师）汇报一周内所有发生的重大事件。

⑥驻施工现场监理负责人月报。驻施工现场监理负责人应每月向监理总负责人（总监理工程师）及业主汇报下列情况：工程施工进度状况（与合同规定的进度做比较）；工程款支付情况；工程进度拖延的原因分析；工程质量情况与问题；工程进展中主要困难与问题，如施工中的重大差错，重大索赔时间，材料、设备供货困难，组织、协调方面，异常的天气情况等。

⑦驻施工现场监理负责人对施工单位的指示。主要内容为：正式函件（用于极重大的指示）；日常指示，如在每日工地协调会中发出的指示，在施工现场发出的指示等。驻施工现场监理负责人给施工单位的补充图纸。

（2）工程质量记录。工程质量记录可分为试验记录和质量评定记录。

（3）工程计量和工程款记录。

（4）工程竣工记录。

4. 工地会议记录

工地会议是监理工作的一种重要方法，会议中包含着大量的信息监理工程师必须重视工地会议，并建立一套完善的会议制度，以便于会议信息的收集。会议制度包括会议的名称、主持人、参加入、举行会议的时间及地点等，每次会议都应有专人记录，会议后应有正式的会议纪要。

5. 收集来自其他方面的信息

在公路工程项目的施工阶段，除上述几个方面产生各种信息外，其他方面也有信息产生，如设计单位、物资供应单位、建设银行、国家及地方政府有关部门、供电部门、供水部门、通信及交通运输部门等都会产生大量信息，项目管理人员也应注意收集这些信息，他们同样都是实施项目管理的重要依据。

（五）项目竣工阶段信息的收集

项目竣工阶段的信息是建立在施工期日常信息积累基础上的信息收集。传统工程管理和现代工程管理最大的区别在于传统工程管理不重视信息的收集和规范化，数据不能及时收集整理，往往采取事后补填或做"假数据"应付了事。现代工程管理则要求数据实时记录，真实反映施工过程，真正做到积累在平时，竣工保修期只是建设各方最后的汇总和总结。公路工程项目竣工阶段需要收集的信息有以下几方面。

（1）工程准备阶段文件，如立项文件，建设用地、征地、拆迁文件，开工审批文件等。

（2）监理文件，如监理规划、监理实施细则、有关质量问题和质量事故的相关记录、监理工作总结以及监理过程中各种控制和审批文件等。

（3）施工资料，分为建筑安装工程和市政基础设施工程两大类分别收集。

（4）竣工图，分建筑安装工程和市政基础设施工程两大类分别收集。

（5）竣工验收资料，如工程竣工总结、竣工验收备案表、电子档案等。

二、项目信息的加工、整理与储存

项目信息的加工、整理和储存是数据收集后的必要过程。收集的数据经过加工、整理后产生信息。信息是指导施工和工程管理的基础，要把管理由定性分析转到定量管理上来，信息是不可或缺的要素。

（一）项目信息的加工整理

经过优化选择的信息要进行加工整理，确定信息在社会信息流这一时空隧道中的"坐标"，以便使人们在需要时能够通过各种方便的形式查寻、识别并获取该信息。公路建设工程项目的施工过程中，信息加工整理的内容主要有以下几个方面。

1. 工程施工进展情况

每月、每季度都要对工程进度进行分析对比并做出综合评价，包括当月（季）整个工程各方面实际完成量，实际完成数量与合同规定的计划数量之间的比较。如果某些工作的进度拖后，应分析其原因、存在的主要困难和问题，并提出解决问题的建议。

2. 工程质量情况与问题

系统地将当月（季）施工过程中的各种质量情况在月报（季报）中进行归纳和评价，包括现场管理检查中发现的各种问题、施工中出现的重大事故，对各种情况、问题、事故的处理意见。如有必要的话，可定期印发专门的质量情况报告。

3. 工程结算情况

工程价款结算一般按月进行。对投资耗费情况进行统计分析，在统计分析的基础上做一些短期预测，以便为业主在组织资金方面的决策提供可靠依据。

4. 施工索赔情况

在工程施工过程中，由于业主的原因或外界客观条件的影响使承包商遭受损失，承包商提出索赔；或由于承包商违约使工程蒙受损失，业主提出索赔，提出索赔处理意见。原始数据收集后，需要将其进行加工整理以使它成为有用的信息。一般的加工整理操作步骤如下。

（1）依据一定的标准将数据进行排序或分组。

（2）将两个或多个简单有序数据集按一定顺序连接、合并。

（3）按照不同的目的计算求和或求平均值等。

（4）为快速查找建立索引或目标文件等。

（二）项目信息的传输与检索

在通过对收集的数据进行分类加工处理产生信息后，要及时提供给需要使用数据和信息的部门，信息和数据的传输要根据需要来分发，信息和数据的检索则要建立必要的分级管理制度，一般使用软件来保证实现数据和信息的传输、检索，关键是要决定传输和检索的原则。

1. 信息传输与检索的原则

对信息进行传输与检索时应遵循以下原则：

（1）需要的部门和使用人，有权在需要的第一时间，方便地得到所需要的、以规定形式提供的一切信息和数据。

（2）保证不向不该知道的部门（人）提供任何信息和数据。

2. 信息传输设计内容

信息传输设计的内容主要包括：

（1）了解使用部门（人）的使用目的、使用周期、使用频率、得到时间、数据的安全要求。

（2）决定分发的项目、内容、分发量、范围、数据来源。

（3）决定分发信息和数据的数据结构、类型、精度和如何组合成规定的格式。

（4）决定提供的信息和数据介质（纸张、显示器显示、磁盘或其他形式）。

3. 信息检索设计内容

进行信息检索设计时应考虑以下内容：

（1）允许检索的范围、检索的密级划分、密码的管理。

（2）检索的信息和数据能否及时、快速地提供，采用什么手段实现（网络、通信、计算机系统）。

（3）提供检索需要的数据和信息输出形式、能否根据关键字实现智能检索。

（三）项目信息的储存

信息的储存是将信息保留起来以备将来应用。对有价值的原始资料、数据及经过加工整理的信息，要长期积累以备查询。信息的存储一般需要建立统一的数据库，各类数据以文件的形式组织在一起。组织的方法一般由单位自定，但要考虑规范化。

三、项目信息的输出与反馈

（一）项目信息的输出

信息处理的主要任务是为用户提供所需要的信息。因而输出信息的内容和格式是用户最关心的问题。

1. 信息输出内容设计

根据数据的性质和来源，信息输出内容可分为三类。

（1）原始基础数据类，如市场环境信息等。这类数据主要用于辅助企业决策，其输出方式主要采用屏幕输出，即根据用户查询、浏览和比较的结果来输出，必要时也可打印。

（2）过程数据类，主要指由原始基础数据推断、计算、统计、分析而得，如市场需求量的变化趋势、方案的收支预测数、方案的财务指标、方案的敏感性分析等，这类数据采用以屏幕输出为主、打印输出为辅的输出方式。

（3）文档报告类，主要包括市场调查报告、经济评价报告、投资方案决策报告等，这类数据主要是存档、备案、送上级主管部门审查之用，因而采取打印输出的方式，而且打印的格式必须规范。

2. 信息输出格式设计

信息输出格式设计、输出信息的表格设计应以满足用户需要及习惯为目标。格式形式主要由表头、表底和存放正文的"表体"三部分组成。

（二）项目信息的反馈

信息反馈在工程项目管理过程中起着十分重要的作用。信息反馈就是将输出信息的作用结果再返送回来的一种过程，也就是施控系统将信息输出，输出的信息对受控系统作用的结果又返回施控系统，并对施控系统的信息再输出发生影响的这样一种过程。

1. 信息反馈的基本原则

信息反馈必须遵守以下几项基本原则：

（1）真实、准确的原则。科学正确的决策只能建立在真实、准确的信息反馈基础之上。反馈客观实际情况要尽量做到真实、准确，不能任意夸大事实，脱离实际。

（2）全面、完整的原则。只有全面、完整、系统地反馈各种信息，才能有利于建立科学、正确的决策。因此，反馈的信息一定要有深度和广度，尽可能地保持系统完整。

（3）及时的原则。反馈各种相关信息要以最快的速度进行，以纠正决策过程中出现的偏差。

（4）集中和分流相结合的原则。决策者在运用反馈方法时需要掌握好信息资料的流向，一方面要把某类事务的各个方面集中反馈给决策系统，使管理者能够掌握全局的情况；另一方面要把反馈信息根据内容的不同分别流向不同的方向。

（5）适量的原则。在决策实施过程中要合理控制信息正负两方面的反馈量，过量的负反馈会助长消极情绪，怀疑决策的正确性，影响决策的顺利实施；而过量的正反馈会助长盲目乐观，忽视存在的问题和困难，阻碍决策的完善和发展。

（6）反复的原则。反馈过程中，经过一次反馈后，制订出纠偏措施纠偏措施实施之后的效果需要再次反馈给决策系统，使实施效果与决策预期目标基本吻合。

2. 信息反馈的方法

在公路工程项目信息过程管理中，经常用到的反馈方法主要有以下几种。

（1）跟踪反馈法。主要是指在决策实施过程中，对特定主题内容进行全面跟踪，有计划、分步骤地组织连续反馈，形成反馈系列。跟踪反馈法具有较强的针对性和计划性，能够围绕决策实施主线，比较系统地反映决策实施的全过程，便于决策机构随时掌握相关情况，控制工作进度，及时发现问题，实行分类领导。

（2）典型反馈法。主要是指通过某些典型组织机构的情况、某些典型事例、某些代表性人物的观点言行，将其实施决策的情况以及对决策的反映反馈给决策者。

（3）组合反馈法。主要是指在某一时期将不同阶层、不同行业和单位对决策的反映，通过一组信息分别进行反馈。由于每一反馈信息着重突出一个方面、一类问题，故将所有反馈信息组合在一起，便可以构成一个完整的面貌。

（4）综合反馈法。主要是指将不同地区，阶层和单位对某项决策的反映汇集在一起，通过分析归纳，找出其内在联系，形成一套比较完整、系统的观点与材料，并加以集中反馈。

结　　语

　　我国的公路建设发展较快，但公路工程施工项目管理却存在很多问题，严重影响了工程施工的效率及质量。因此，公路建设企业一定提高对项目施工管理的重视程度，积极分析管理中存在的重要问题，并采取有效措施加强对施工项目的控制和管理，提高企业的经济效益和公路工程施工质量。农村公路建设不仅仅是交通部公路网发展的组成部分，同时也是我国农村经济水平能够全面提升的基础性要求。公路建设的质量，不仅影响到公路的使用价值，同时也对广大农民的生命财产安全产生一定的影响。因而在进行农村公路施工的过程中，必须牢牢把好质量关，从制度及施工技术两个方面进行规范化的要求，切实保障公路建设的施工质量。

　　随着我国的交通行业的迅速发展，公路工程建设越来越多。公路工程具备了覆盖范围广、线路长的基本特点，在实际的施工过程中难度较大，各方面影响因素较多。为此加强公路施工技术管理，不仅能够为一系列施工作业提供指导，还能够显著提升施工质量，保障施工进度。最重要的管理程序为进度管理、质量管理、成本管理、安全管理。如何对这些过程管理内容做出统一合理的规定，在完成公路项目的同时并保证质量是公路工程建设施工管理者的一项重要任务。技术管理能够有效保障公路施工进度和质量，施工单位要重视技术管理模式，并最大化发挥其优势，借助技术管理为各个施工环节提供指导，强化技术管理的适应性。通过技术管理的落实执行，降低公路施工成本，保障施工的安全性和规范性，提升公路项目建设质量。

　　在我国的公路工程项目中，实施施工技术建设具有重要的意义，有利于规范公路工程施工的进度、质量及安全管理和控制，是确保公路工程整体水平的关键条件。公路工程建设中技术管理的应用越来越广泛，不仅带来了先进的管理理念，同时也获得了良好工程建设水平，有利于推动我国公路工程现代化的建设，使得公路工程的各项管理更加规范化，缩短了施工的进度，提高了工程的建设质量，降低出现安全事故发生率，节约施工企业的成本，获得较大的收益。

目前，我国的公路建设管理施工标注化体系建设还处于发展阶段，需要结合实际情况进行进一步的完善。

参 考 文 献

[1] 程义.浙江省高速公路建设创新与实践系列丛书 论文集 [M].北京：人民交通出版社，2022.

[2] 吴向阳.浙江省高速公路建设创新与实践系列丛书 智慧篇 [M].北京：人民交通出版社，2022.

[3] 王伟力.浙江省高速公路建设创新与实践系列丛书 画册 [M].北京：人民交通出版社，2021.

[4] 白永胜，王润民，韩永宏，等.绿色品质公路建设技术与实践 [M].北京：中国城市出版社，2021.

[5] 刘永健，周绪红.矩形钢管混凝土组合桁梁桥 [M].北京：人民交通出版社，2021.

[6] 翁辉.浙江省高速公路建设创新与实践系列丛书：前期篇 [M].北京：人民交通出版社，2021.

[7] 方杏.浙江省高速公路建设创新与实践系列丛书：综合篇 [M].北京：人民交通出版社，2021.

[8] 陈竞.浙江省高速公路建设创新与实践系列丛书：党建篇 [M].北京：人民交通出版社，2021.

[9] 魏道升，丁静声.建设工程监理案例分析 [M].北京：人民交通出版社，2021.

[10] 涂荣辉.农村公路建设与养护实用指南 [M].北京：人民交通出版社，2021.

[11] 汤明，章立峰，白家设，等.高速公路建设管理 BIEM 大数据云平台成套技术 [M].长沙：中南大学出版社，2021.

[12] 庞清阁，李忠奎，姜彩良，等.交通运输大部制改革理论与成效研究 [M].北京：人民交通出版社，2021.

[13] 张华，方应杰.四川公路建设中典型路基病害处治实用案例研究 [M].成都：西南交通大学出版社，2021.

[14] 李海青 . 公路工程造价案例分析 [M]. 北京：人民交通出版社，2021.

[15] 李刚占 . 高海拔特殊土地区高速公路建设关键技术 [M]. 北京：人民交通出版社，2020.

[16] 魏道凯，黄玉刚 . 农村公路建设质量风险及管控措施 [M]. 郑州：黄河水利出版社，2021.

[17] 卢利群，高翔 . 公路工程文明施工指南 [M]. 成都：西南交通大学出版社，2020.

[18] 刘佳亮 . 公路建设及运营安全法律法规 [M]. 北京：人民交通出版社，2021.

[19] 孟昕作 . 季冻区高速公路品质工程创新实践：集安至通化高速公路建设关键技术探索与应用 [M]. 北京：人民交通出版社，2021.

[20] 陈春玲，刘明，李冬子 . 公路工程建设与路桥隧道施工管理 [M]. 汕头：汕头大学出版社，2021.

[21] 刘燕，周安峻 . 建设委员会规划教材 公路工程造价编制与管理 [M]. 4 版 . 北京：人民交通出版社，2021.

[22] 李东昌 . 西藏自治区公路建设项目生态环境保护技术 [M]. 北京：人民交通出版社，2020.

[23] 黄少雄 . 新时代绿色公路建设指南 [M]. 北京：人民交通出版社，2020.

[24] 翁燕珍，褚春超，王先进 . 公路基础设施建设与养护 [M]. 2 版 . 北京：人民交通出版社，2021.

[25] 葛明元 . 公路建设与项目管理 [M]. 长春：吉林科学技术出版社，2020.

[26] 张勇 . 公路工程建设与施工管理研究 [M]. 天津：天津科学技术出版社，2020.

[27] 陈开群 . 高速公路建设项目设计与施工管理 [M]. 北京：中国商务出版社，2020.

[28] 龙兴灿 . 桥梁养护与加固技术 [M]. 北京：人民交通出版社，2021.

[29] 张国祥，陈金云，张好霞 . 公路与桥梁施工技术及管理研究 [M]. 北京：文化发展出版社，2020.

[30] 王晓方，白晓波，普利坚，等 . 高原复杂山区高速公路施工标准化管理：以香丽高速公路的工程管理实践为例 [M]. 成都：西南交通大学出版社，2020.

[31] 毛磊，李俊均，李小青 . 公路隧道钻爆法开挖支护机械化施工与管理技术 [M]. 武汉：华中科技大学出版社，2019.

[32] 王琨，赵之仲.公路工程施工优化管理与新技术 [M].北京：人民交通出版社，2019.

[33] 艾芃杉，邢敬林，刘秀.公路工程施工技术与安全管理 [M].延吉：延边大学出版社，2018.